◆ 河南大学文献研究创新团队建设项目资助

河南大学图书馆学术丛书

隋唐五代宋初雇佣契约研究

以敦煌吐鲁番出土文书为中心

徐秀玲 著

中国社会科学出版社

图书在版编目（CIP）数据

隋唐五代宋初雇佣契约研究：以敦煌吐鲁番出土文书为中心／徐秀玲著．
—北京：中国社会科学出版社，2017.5

（河南大学图书馆学术丛书）

ISBN 978－7－5161－9847－6

Ⅰ.①隋…　Ⅱ.①徐…　Ⅲ.①契约—研究—中国—隋唐时代 ②契约—研究—中国—五代（907－960）　Ⅳ.①D923.62

中国版本图书馆CIP数据核字（2017）第031454号

出 版 人　赵剑英
责任编辑　孔继萍
责任校对　李　莉
责任印制　李寡寡

出　　版　中国社会科学出版社
社　　址　北京鼓楼西大街甲158号
邮　　编　100720
网　　址　http://www.csspw.cn
发 行 部　010－84083685
门 市 部　010－84029450
经　　销　新华书店及其他书店

印刷装订　北京市兴怀印刷厂
版　　次　2017年5月第1版
印　　次　2017年5月第1次印刷

开　　本　710×1000　1/16
印　　张　15.75
插　　页　2
字　　数　261千字
定　　价　68.00元

目　　录

绪　论

一　选题意义

2008年暑假以前，虽然我在敦煌所在地的甘肃省以及敦煌学所在地之一的西北师范大学历史系读书，但是我既没有上过敦煌学的课，也从未去过敦煌。对敦煌学不仅毫无基础，而且视敦煌文书及敦煌学专业的同学写的论文为天书。然而，我跟敦煌学真的有缘。2008年考入南京师范大学历史系的那个暑假，遵导师刘进宝先生的建议开始研读敦煌文书，入学一年以后在面临毕业论文的选题时，刘进宝师建议我以敦煌的农业作为论文的选题。敦煌的农业，前有苏金花先生的博士学位论文，但是刘进宝师认为，虽然有人做过这个题目，但是我完全还可以从不同的角度再做。我说我做不了，更怕无甚新意。某一天下课以后，刘进宝师对我说："你看雇佣契约怎么样?"过了一段时间，当我向老师汇报搜集资料的情况时说，敦煌的雇佣契约内容太少，怕是做不成一篇毕业论文，是否把吐鲁番出土的雇佣契约也加上。并且敦煌吐鲁番出土的雇佣契约中也有一部分是关于农业的。而且依照我的能力也只能做个小题目，由此确定了我的论文选题。

在敦煌吐鲁番出土经济文书的研究中，以往学者更多地将注意力倾向于土地、户籍、租佃、借贷、买卖等资料上，对雇佣契约的探讨虽然在20世纪有研究成果出现，但是学者的关注点多集中于雇佣契约的性质或以雇佣契约为佐证探讨其他经济问题上。近年来，学术界对敦煌吐鲁番出土文书的研究重点也逐渐转向文学、宗教、体育卫生、乐舞等文化史以及文献的整理工作，如敦煌文献经、史、子、集的分类整理上，而对雇佣契约及其反映的问题的研究关注度不够，或者说缺乏系统的研究。细数敦煌吐鲁番出土的雇佣契约，数量不足百件却跨越400余年。但是在这400余年的历史长河中，这不足百件的雇佣契约不仅数量稀少、大部分契约内容残缺不全，而且每个时间段不同领域的契约内容亦十分零散、残缺，反映的问题有限。即使如此，它既然作为一种社会现象而存在，仍然从雇佣的视角反映了隋唐五代宋初时期西北地区人们的生存状态。

此外，由于传统典籍对中国历史上雇佣契约资料的缺载，因而敦煌吐鲁番出土的雇佣契约弥补了中国古代雇佣契约发展史的不足，还可以让我们更好地了解雇佣契约在隋唐五代宋初的发展程度以及它们在中国雇佣史上的历史地位。

总之，敦煌吐鲁番出土的雇佣契约虽然数量不多，在中国古代契约史上的历史地位以及作为经济现象出现也微不足道，但是它仍然在一定程度上反映了中国中古时期，特别是隋唐五代宋初时期社会经济的发展状况，对今天的西北经济史研究亦不无裨益。

二　学术史回顾

学界对中国古代雇佣的研究发轫于20世纪30年代。其时，我国传统史学正向近代史学转变，一些学者开始运用近代西方经济学的理论展开对中国古代社会经济的研究。因此，这时对雇佣或雇佣契约的研究就不可避免地带上了社会大论战的印迹。如陶希圣提出“商业资本主义社会”和“先资本主义社会”，他声称中国的封建制度早在周朝就已经崩坏了，并把唐代的社会经济形态当作由“中世”向“近世”即所谓“先资本主义时期”的过渡形式给予表述，认为宋代已经进入所谓“先资本主义时期”。“自由劳动以代奴隶劳动为社会的重要现象”，“唐代的大庄园到宋代多变为多数独立农场”，“颇有独立的大商工业”等都是从属于他的所谓“商业资本主义社会”“先资本主义社会”说的。[①] 都市中雇佣的工匠，便不得不团结在包工的作头手下，受他的剥削。不在都市便不得不到

① 胡戟、张弓、李斌城、葛承雍主编：《二十世纪唐研究》，中国社会科学出版社2002年版，第292页。

处流浪，以求工作。[①] 而此时，国外也有学者对雇佣契约进行深刻的论述，如日本仁井田陞《唐宋法律文书的研究》之第七章“雇佣文书”[②] 和《斯坦因、伯希和两氏将来敦煌法律史料数种》[③] 两文。当时敦煌吐鲁番文书业已面世三十余年，日本学者利用所谓大谷光瑞探险队等携来之敦煌吐鲁番文书先期对中古时期的雇佣契约文书边整理边研究，受日本国内史学观点“唐宋变革说”影响，仁井田陞判定这一时期雇佣双方之间的关系属于主仆关系。在今天看来，他的观点虽存有一定的局限性，但是在20世纪80年代的中国却成为诸多学者关于中国中古时期雇佣性质问题论战的滥觞。

新中国成立以后，马克思主义意识形态在中国国内占据主导地位，运用马克思唯物史观的基本原理研究中古时期的经济史即成为指导思想。20世纪50年代中期，关于“红楼梦”社会背景问题的讨论引起了史学界对中国资本主义萌芽问题的巨大兴趣和广泛的注意。[④] 孔经纬在《中国封建社会手工业中的资本主义萌芽》[⑤] 一文中根据《太平广记》记载的窦乂的发家史、刘清真的茶叶作坊，《清异录》中记载的“花糕员外”以及《酉阳杂俎》和其《续集》中作者认为的几个属于雇佣的例子，来说明在唐代特别是唐中叶以后，在个别地方似乎也出现了商业资本与家庭手工业相结合的最初的资本主义萌芽形式。文君《唐代的雇佣——评孔经纬先生关于唐代已有资本主义萌芽的意见》一文，对孔氏的观点进行了批评。作者从“佣仆”“手工匠人”等称呼一直在奴隶社会、封建社会甚至在半殖民地半封建的中国存在，和雇匠是强制劳役以及张守珪茶园虽有雇佣、但是不能夸大这种现象等三个方面，驳斥了“孔氏并没有给我们提供足够材料证明唐代已经存在着资本主义性质的作坊”，“并没有充分的理由

---

① 陶希圣、鞠清远：《唐代经济史》，商务印书馆1936年版，第125页。

② ［日］仁井田陞：《唐宋法律文书的研究》，东方文化学院1937年版。

③ ［日］仁井田陞：《斯坦因、伯希和两氏将来敦煌法律史料数种》，载《东方学报》1939年。

④ 陈湛若：《略论红楼梦社会背景》，载中国人民大学中国历史教研室编《中国封建经济关系的若干问题》，生活·读书·新知三联书店1958年版。

⑤ 孔经纬：《中国封建社会手工业中的资本主义萌芽》，载中国人民大学中国历史教研室编《中国资本主义萌芽问题讨论集》，生活·读书·新知三联书店1957年版。

证明是萌芽”。[①] 然而从文章内容看，文氏并未对雇佣劳动及其所反映的雇佣关系做过多讨论。此期，涉及中古时期雇佣研究的文章还有金毓黻《从榆林窟壁画耕作图谈到唐代寺院经济》、[②] 胡节《唐代的田庄》[③] 和唐长孺《魏晋至唐官府作场及官府工程的工匠》[④] 等文。但是，这些研究论文有一个最大的特点就是几乎很少有人利用敦煌吐鲁番出土的雇佣契约。同时，日本学者对雇佣研究的基调未变，如仁井田陞《中国的农奴、雇佣人的法的身份的形成与变质——论主仆之分》、[⑤] 青山定雄《唐代的屯田和营田》[⑥] 以及竺沙雅章《论敦煌寺户》[⑦] 等文。

总之，20 世纪前 70 年，对中国古代雇佣的研究寥若晨星，更毋庸提及对雇佣契约的系统研究。直至 20 世纪 70 年代末以后，中国学术界才迎来了春天，对中国古代雇佣及雇佣契约的研究也焕发了新的生机。学术界开始借助于相继刊布的大量敦煌吐鲁番社会文书，运用马克思主义的史学观点重新审视中国古代的雇佣关系、雇佣性质并对其展开论战，深入探究雇佣问题，研究论著成绩斐然，如雨后春笋。除上揭文提到的论著外，本书现从隋唐五代宋初雇佣的社会性质、雇佣契约、雇佣双方地位身份、雇价以及对雇佣类型等方面对 20 世纪 70 年代末以来学者的研究予以爬梳。

（一）关于中古时期雇佣社会性质研究

对中古时期雇佣社会性质的研究主要集中于 20 世纪 70 年代末到 90 年代后期，国内的学者们跳出了先前的农奴说及资本主义萌芽说的窠臼，

---

① 文君：《唐代的雇佣——评孔经纬先生关于唐代已有资本主义萌芽的意见》，载中国人民大学中国历史教研室编《中国封建经济关系的若干问题》，生活 · 读书 · 新知三联书店 1958 年版。

② 金毓黻：《从榆林窟壁画耕作图谈到唐代寺院经济》，《考古学报》1957 年第 2 期。

③ 胡节：《唐代的田庄》，《历史教学》1958 年第 12 期。

④ 唐长孺：《魏晋至唐官府作场及官府工程的工匠》，载唐长孺著《魏晋南北朝史论丛续编》，生活 · 读书 · 新知三联书店 1959 年版。

⑤ ［日］仁井田陞：《中国的农奴、雇佣人的法的身份的形成与变质——论主仆之分》，载《中国法制史研究——奴隶农奴法、家族村落法》，东京大学，1962 年。

⑥ ［日］青山定雄：《唐代的屯田和营田》，《史学杂志》1954 年第 1 期。

⑦ ［日］竺沙雅章：《论敦煌寺户》，《史林》1961 年第 5 期。

对其进行了重新定位。程喜霖先生《试析吐鲁番出土的高昌唐代雇佣契券的性质》一文利用吐鲁番出土的雇佣契券，认为唐代是我国封建社会上升时期，自给自足的封建经济占统治地位，封建主的家庭杂佣姑且不论，即使是农业、手工业、商业等生产部门的佣作，也并非对资本出卖，也不可能使货币转化为资本，仍是围绕着整个封建的自然经济运转。[①] 冻国栋先生则从雇佣双方的法律地位、雇佣的临时性特点、雇工人身依附关系以及封建经济占支配地位等方面总结唐代的农业雇佣必然是封建性的，与近代雇佣有着本质的区别。[②] 林立平先生认为从理论上看，唐代这种偶发、零散的雇佣劳动既不是由奴隶制进入农奴制的标志，也不是封建制解体过程中诞生的资本主义生产方式的曙光，它仅仅是唐代社会发展进步的重要标志，是资本主义萌芽诞生前的必要准备及当时社会上宗法制和依附关系正在减弱的表现。[③] 杨际平先生《敦煌吐鲁番出土雇工契研究》一文提出雇主的生产目的主要是生产使用价值而不是交换价值，雇主与雇工的关系是“契约关系”，雇工的法律地位是良人，不隶属于雇主，唐代的雇佣“都明显带有前资本主义雇佣劳动的全部特点”。[④] 此外，李天石先生针对近年学者关于部分奴婢逐渐雇佣化问题，从他们是否自立户籍等四个方面比较了唐代法定奴婢身份与雇佣者的异同，探讨了由奴婢而典身、由典身而佣仆、由佣仆而雇工的演变轨迹，唐代的雇佣关系已经渗透到奴婢阶层，奴婢阶层反过来又在一定程度上影响到雇佣者的身份与地位，最终使中古森严的良贱制度渐趋瓦解。[⑤]

---

① 程喜霖：《试析吐鲁番出土的高昌唐代雇佣契券的性质》，载中国古代史论丛编委会编《中国古代史论丛》第3辑，福建人民出版社1982年版。

② 冻国栋：《唐代农业领域内商品经济的发展与经营管理试探——兼论唐代的农业雇佣问题》，《河南师范大学学报》1989年第4期。

③ 林立平：《试论唐代的私人雇佣关系——兼论唐代资本主义萌芽说》，载中国唐史学会编《中国唐史学会论文集》，三秦出版社1989年版。

④ 杨际平：《敦煌吐鲁番出土雇工契研究》，载季羡林主编《敦煌吐鲁番研究》第2卷，北京大学出版社1997年版。

⑤ 李天石：《唐宋时期典身性质的变化及其意义》，《历史研究》1993年第3期；又见李天石著《中国中古良贱身份制度研究》，南京师范大学出版社2004年版。

（二）关于对敦煌吐鲁番雇佣契约的研究

自20世纪敦煌吐鲁番文书面世以后，对敦煌吐鲁番雇佣契约及其相关问题的研究也逐渐增多。主要论著有：黄清连先生《唐代的雇佣劳动》利用敦煌吐鲁番出土的雇佣契约考察了雇佣契约的订立及内容。[①] 国家文物局古文献研究室、新疆维吾尔自治区博物馆、武汉大学历史系合编《吐鲁番出土文书》十册、唐耕耦先生、陆宏基先生合编《敦煌社会经济文献真迹释录》第二辑、沙知先生《敦煌契约文书辑校》、乜小红先生《俄藏敦煌契约文书研究》等著作都对敦煌吐鲁番文书中涉及的雇佣契券进行分类整合、定名、录文，考释出文书的年代及部分文书之间的关系，为研究者提供了极大的方便。[②] 而《俄藏敦煌文献》、《法藏敦煌西域文献》、《英藏敦煌文献》等敦煌文书图版的出版也为研究者带来了更大的惊喜。[③] 程喜霖先生《试析吐鲁番出土的高昌唐代雇佣契券的性质》利用不同时期的雇佣契券详细分析了它们的基本内容及其从初级到完善的过程。陈国灿先生《唐代的民间借贷——吐鲁番、敦煌等地所出唐代借贷契券初探》根据唐代民间借贷取利生息的共同点，认为是以力折酬的借贷契约。[④] 罗彤华先生认为“预雇型借贷以人身役力为主”，因其多属个案，其工作内容、地点不同，不易显示出借贷的性质，具有隐蔽性的特点。[⑤] 吴震先生《吐鲁番出土券契文书的表层考察》以标的的不同将雇佣

① 黄清连：《唐代的雇佣劳动》，《历史语言研究所集刊》1978年第3期。

② 国家文物局古文献研究室、新疆维吾尔自治区博物馆、武汉大学历史系合编：《吐鲁番出土文书》，文物出版社1981—1991年版；唐耕耦、陆宏基编：《敦煌社会经济文献真迹释录》第二辑，全国图书馆文献缩微复印中心1990年版；沙知：《敦煌契约文书辑校》，江苏古籍出版社1998年版；乜小红：《俄藏敦煌契约文书研究》，上海古籍出版社2009年版。

③ 俄罗斯科学院东方研究所圣彼得堡分所、俄罗斯科学出版社东方学部、上海古籍出版社编：《俄藏敦煌文献》十七册，上海古籍出版社、俄罗斯科学出版社东方学部1992—2001年版；上海古籍出版社、法国国家图书馆编：《法藏敦煌西域文献》三十四册，上海古籍出版社1995—2005年版；中国社会科学院历史研究所、中国敦煌吐鲁番学会敦煌古文献编辑委员会、英国国家图书馆、伦敦大学亚非学院合编：《英藏敦煌文献》十四册，四川人民出版社1990—1995年版。

④ 陈国灿：《唐代的民间借贷——吐鲁番、敦煌等地所出唐代借贷契券初探》，载唐长孺主编《敦煌吐鲁番文书初探》，武汉大学出版社1983年版。

⑤ 罗彤华：《唐代民间借贷之研究》，北京大学出版社2009年版。

型券契分为雇入型和雇出型两类。[①] 徐秀玲《晚唐五代宋初敦煌雇佣契约样文研究》对唐宋之际敦煌雇佣契约样文的特征：时代性、同步性以及雇佣契约在唐代发展进行了分析。[②] 此外，对唐代的雇佣契约进行分析的还有：谢全发《高昌契券简介》、唐红林：《初唐西州债法制度研究——以吐鲁番出土文书为中心》、付钟瑶《中国古代雇佣契约制度》、刘志伟《从敦煌契约文书看唐代契约制度》等文。[③]

（三）关于隋唐五代宋初雇佣双方地位身份的研究

关于雇佣双方地位身份的研究，因为研究成果众多，仅选择有代表性及最新的研究成果进行介绍。

黄清连先生《唐代的雇佣劳动》一文认为，唐代的佣作者是自由民，他们通过契约领取佣资，在契约期满后，可以自由迁徙、定居。此说似乎夸大了唐代佣作者的自由身份。韩国磐先生《隋唐五代史论集》认为佣工是由个体自耕农民中分化出来的，有家内仆使、旅途或临时雇工、寺院雇工、农业雇工等，生活困苦，社会地位低下。[④] 姜伯勤先生《敦煌寺院文书中"梁户"的性质》一文，据伦敦所藏卷子，以梁户"究竟是交纳租课还是得取工价"为基点，分析了梁户不是寺户，也不是寺院的雇佣人而是寺院油梁的承租户，他们在承租后再雇佣长工从事榨油活动，地位相当于"包佃土地的二地主或富农，又略近于剥削雇工的小作坊主"。[⑤] 程喜霖先生《试析吐鲁番出土的高昌唐代雇佣契券的性质》一文认为，雇主中有一部分是缺少劳力的自耕农、小作坊主、小商业者，但主要是地

---

① 吴震：《吐鲁番出土券契文书的表层考察》，载季羡林等主编《敦煌吐鲁番研究》第1卷，北京大学出版社1996年版。

② 徐秀玲：《晚唐五代宋初敦煌雇佣契约样文研究》，《中国农史》2010年第4期。

③ 谢全发：《高昌契券简介》，《贵州民族学院学报》2000年增刊；唐红林：《初唐西州债法制度研究——以吐鲁番出土文书为中心》，硕士学位论文，华东政法大学，2004年；付钟瑶：《中国古代雇佣契约制度》，硕士学位论文，吉林大学，2006年；刘志伟：《从敦煌契约文书看唐代契约制度》，硕士学位论文，苏州大学，2007。

④ 韩国磐：《隋唐五代史论集》，生活·读书·新知三联书店1979年版。

⑤ 姜伯勤：《敦煌寺院文书中"梁户"的性质》，《中国史研究》1980年第3期；沙知、孔祥星主编：《敦煌吐鲁番文书研究》，甘肃人民出版社1984年版；姜伯勤：《唐五代敦煌的寺户制度》，中华书局1987年版。

主、牧主、官吏、商人，应属地主阶级；雇佣劳动者主要来自破产自耕农，有的佃佣双兼，有的是浮客流庸，他们受国家和雇主的双重剥削。朱雷先生《论麴氏高昌时期的“作人”》一文颇具影响力，作者对麴氏高昌时期的三种“作人”身份作了深入探讨，认为第二种“作人”是寺院中的雇佣劳动者，第三种“作人”附于主人名籍下，为主人赚取雇价，皆为男性，与唐代的奴婢及部曲客女相似或相同，同时高昌政权也直接对他们进行一定程度的赋役剥削。① 程喜霖先生《从吐鲁番出土文书中所见的唐代烽堠制度之一》从上烽契约雇价的数目上对雇主的家境做了分析，认为雇主家境较好，大概是商人、小地主和富裕的自耕农，而受雇为烽子者大多是下层贫民。② 张弓先生《唐五代敦煌寺院的牧羊人》认为敦煌寺院牧佣的牧羊人基本上“来自本地的百姓或外地流入的农民”。③ 冻国栋先生《唐代农业领域内商品经济的发展与经营管理试探——兼论唐代的农业雇佣问题》指出，唐代农业中的雇主身份一般是地主和官僚，被雇者一般是自耕农、半自耕农或失去土地的农民，其中占很大比重的是“浮客”。林立平先生把唐代雇佣劳动者的社会地位分成三类，即：社会身份确实有所降低；社会地位并未降低，仍然是自由的劳动者；并未完全丧失生产资料，暂时出卖自己的劳动力作为一种副业。④ 分析体现了唐代雇佣发生发展的重要特色。杜文玉先生《论唐代雇佣劳动》认为唐代雇佣劳动者的身份关系及社会地位主要表现在长期雇佣和短期雇佣、农业雇工和工商业及其他雇工之间的差别上，长期和农业雇佣封建色彩较浓，后者相应要淡一点。⑤ 陈良文先生《唐代地主庄园中雇佣劳动者的几个问题》认为地主庄园中的受雇者在签约前似乎是“平等的”，但在契约签订后，“受雇人就完全丧失了自由，与雇主建立在一种不平等的封建剥削关

---

① 朱雷：《论麴氏高昌时期的“作人”》，载唐长孺主编《敦煌吐鲁番文书初探》，武汉大学出版社 1983 年版。

② 程喜霖：《从吐鲁番出土文书中所见的唐代烽堠制度之一》，载唐长孺主编《敦煌吐鲁番文书初探》，武汉大学出版社 1983 年版。

③ 张弓：《唐五代敦煌寺院的牧羊人》，《兰州学刊》1984 年第 2 期。

④ 林立平：《试论唐代的私人雇佣关系——兼论唐代资本主义萌芽说》，载中国唐史学会编《中国唐史学会论文集》，三秦出版社 1989 年版。

⑤ 杜文玉：《论唐代雇佣劳动》，《渭南师专学报》1986 年第 1 期。

系上，实际上又沦为封建依附人口”。[①] 姜伯勤先生《唐五代敦煌寺户制度》从多视域考察了敦煌寺院中的雇佣，他认为，在归义军时期敦煌寺院的油梁、厨田、畜牧、工匠、运输中已经大量使用雇工。雇主大多是上层僧侣，雇工的身份多处于劳役制向雇工转化的过程中。[②] 程喜霖先生《唐代过所文书中所见的作人与雇主》据22件唐代的公验过所文书认为唐代的作人有两类：一类是逃亡农民组成，一类是贫苦著籍农民，他们仍是国家编户，承担国家课役。雇主为官吏及其家属、僧人和挂着某前官、散官之名的商人，其中商人为雇主的大宗。[③] 张泽咸先生《唐代阶级结构研究》第八章“乡村雇佣”和第九章“工匠和手工业者”两章，以大量的史料证明佣工都是些贫苦农民，唐时期雇佣活动已经成为普遍的行为。[④] 雷绍锋先生《论曹氏归义军时期官府之“牧子”》一文实为归义军时期官方畜牧业雇佣研究的开山之篇，作者认为曹氏归义军“牧子”类似于农业中的雇工，长期从事放牧劳作，有一定的身份和社会地位，其中相当一部分是乡村富户或节度使衙下的吏员。[⑤] 苏金花先生《唐五代敦煌绿洲农业研究》指出，敦煌地区因家庭劳动力构成不均衡和土地占有的多少，雇工成为一种补充型的劳动人口，雇佣双方均为乡司百姓，归义军时期官府的牧子，一般都由专门从事畜牧职业的乡司百姓充任，他们的地位相当于农业生产中的雇农及官酒户、硙户、梁户；民间畜牧业以牧羊业为主，雇主一般为富裕家庭的羊主，牧羊人的身份也多是乡司百姓。[⑥] 杨君先生《浅论高昌国时期的民寺寺主》认为，高昌国民寺寺主可以作为寺院全权代表，代表寺院与受雇人进行交涉。[⑦] 乜小红先生《从吐鲁番敦煌雇人放羊契看中国7—10世纪的雇佣关系》一文，分析了这一时期存

---

① 陈良文：《唐代地主庄园中雇佣劳动者的几个问题》，《中国社会经济史研究》1986年第4期。

② 姜伯勤：《唐五代敦煌寺户制度》，中华书局1987年版。

③ 程喜霖：《唐代过所文书中所见的作人与雇主》，载唐长孺主编《敦煌吐鲁番文书初探二编》，武汉大学出版社1990年版；程喜霖：《唐代过所研究》，中华书局2000年版。

④ 张泽咸：《唐代阶级结构研究》，中州古籍出版社1996年版。

⑤ 雷绍锋：《论曹氏归义军时期官府之“牧子”》，《敦煌学辑刊》1996年第1期。

⑥ 苏金花：《唐五代敦煌绿洲农业研究》，博士学位论文，中国社会科学院，2002年；苏金花：《唐五代敦煌农业劳动力的身份结构探析》，《中国经济史研究》2004年第3期。

⑦ 杨君：《浅论高昌国时期的民寺寺主》，《敦煌学辑刊》2002年第1期。

在的承包性质的雇佣和单纯的劳动力雇佣，承包性质的雇佣更能带动受雇者的劳动积极性，劳动者在身份、地位上比高昌国时期有更多的平等性，人身奴役的成分在减少，作为商品的雇佣成分在增加。在其《对敦煌农业雇工契中雇佣关系的研究》一文中，作者认为敦煌农业雇佣中雇主与受雇人之间实际上是劳动力盈与缺之间的一种调节，更多地带有互助、互惠性质，他们地位平等，受雇人的社会地位自由，不存在人身束缚及人身依附。[①] 李鸿宾先生《唐代“作人”考释》认为不论是仆人还是作人已经“脱离了高昌时期纯粹买卖的羁绊”，他们在雇佣关系中的地位显然比此前的高昌时代提高了。[②]

（四）关于雇佣价格的研究

由于敦煌吐鲁番出土的社会文书中，有许多都涉及雇佣价格，特别是各类契约的发现，填补了传世典籍关于这一问题的记载的空白，为研究当时的雇价提供了最为直接的资料。研究包括雇价、雇价的支付方式及其构成。

程喜霖先生《试析吐鲁番出土的高昌唐代雇佣契券的性质》根据西州钱与物价的比率，认为唐代无论是官府还是私人雇佣，无论内地还是西州“都是以雇价低为其特征的”，都比国家规定的“日为绢三尺”低得多。其论点忽视了不同时期雇价的发展变化，有以偏概全之嫌疑。郑学檬先生《十六国至麴氏王朝时期高昌使用银钱的情况研究》认为高昌地区雇工的工资支付以粮食为主，此外还包括银钱。[③] 杨际平先生《吐蕃时期沙州社会经济研究》认为吐蕃时期的敦煌雇工，以粮食计工价很普遍。也有用绢帛者，但很少见。[④] 宋杰先生《吐鲁番文书所反映的高昌物价与

---

① 乜小红：《从吐鲁番敦煌雇人放羊契看中国 7—10 世纪的雇佣关系》，《中国社会经济史研究》2003 年第 1 期；乜小红：《对敦煌农业雇工契中雇佣关系的研究》，《敦煌研究》2009 年第 5 期。

② 李鸿宾：《唐代“作人”考释》，载李鸿宾著《隋唐五代诸问题研究》，中央民族大学出版社 2006 年版。

③ 郑学檬：《十六国至麴氏王朝时期高昌使用银钱的情况研究》，载韩国磐主编《敦煌吐鲁番出土经济文书研究》，厦门大学出版社 1986 年版。

④ 杨际平：《吐蕃时期沙州社会经济研究》，载韩国磐主编《敦煌吐鲁番出土经济文书研究》，厦门大学出版社 1986 年版。

货币问题》以两组数据分析了高昌时期的雇价：甲组以《高昌乙酉、丙戌岁某寺条列月用斛斗帐历》[①] 为例分析了从事普通体力劳动的成年男子每日雇价粟 4.2 斗，劳动强度高者 6.2 斗，少年每日则 3 斗多；乙组以《唐雇人上烽契》为例分析雇人上烽的佣价上涨的原因很可能与当地粮食价格的上涨有关。因粮价上涨高于工价，受雇人的名义工资虽有增加，而实际收入却减少。[②] 宁可先生主编《中国经济通史》（隋唐五代经济卷）认为唐代的雇佣价格一般"日为绢三尺"，农村中的雇佣活动往往用粮食计价给付。[③] 杨际平先生《敦煌吐鲁番出土雇工契研究》一文以敦煌吐鲁番契约记载的雇价，分析当时的雇价，认为雇价的计量单位主要为"驮"。岁作供食一般由雇主提供。朱雷先生《论麴氏高昌时期的"作人"》，以《高昌乙酉、丙戌岁某寺条列月用斛斗帐历》为例分析高昌"外作人"的雇价用粮食支付，雇佣期间还要供给食粮。张弓《唐五代敦煌寺院的牧羊人》把寺院牧羊人的佣值分作雇价、佣食、节日酒食三个部分。徐秀玲《唐宋之际敦煌农业领域受雇人的生活》对雇佣契约中"于某面上雇男"的雇价进行分析，认为这时期的雇价可能有成丁雇价与非成丁雇价之分，成丁雇价每月麦（或麦粟）一驮，非成丁雇价不到一驮。[④]

（五）关于雇佣类型及其相关问题的研究

关于对敦煌吐鲁番雇佣类型的研究，由于研究者视角标准的不同，分类各异。

1. 雇主的类型

黄清连先生在《唐代的雇佣劳动》一文中讨论了唐代的政府雇佣和私人雇佣。认为私人雇佣已经发展出几个新现象：流动性和固定性的佣作者纷纷出现，佣价按月或按日支付，雇佣劳动逐渐商品化等。杜文玉先生《论唐代雇佣劳动》指出唐代雇佣劳动主要有政府雇佣和私人雇佣，除此

---

① 敦煌吐鲁番文书中的"帐历"今写作"账历"，本书中统一使用文书中的"帐"字，即"帐历"。

② 宋杰：《吐鲁番文书所反映的高昌物价与货币问题》，《北京师范学院学报》1990 年第 2 期。

③ 宁可主编：《中国经济通史》（隋唐五代经济卷），经济日报出版社 2000 年版。

④ 徐秀玲：《唐宋之际敦煌农业领域受雇人的生活》，《敦煌研究》2012 年第 5 期。

之外“还有一种为了官事，而由私人出钱雇人的情况”。这种形式成为“一种既非官雇又非私雇的特殊类型的雇佣劳动形式”①。

2. 劳动形态

林立平先生《试论唐代的私人雇佣关系——兼论唐代资本主义萌芽说》按劳动形态分，有非生产性雇佣、生产直接消费品的雇佣和生产商品的雇佣三种类型。

3. 佣期长短

张弓先生《唐五代敦煌寺院的牧羊人》根据放牧或饲养周期把牧羊业雇佣分为长期牧佣和短期牧佣。朱书玉先生《唐五代敦煌地区的园圃种植》提出园圃种植一般是长期雇佣。林立平先生《试论唐代的私人雇佣关系——兼论唐代资本主义萌芽说》按佣期长短把雇佣分为日佣、月作和长期佣工。马翼先生《敦煌地区农民家庭收入若干问题研究》认为短期雇佣是某些自耕农民对家庭经济的补偿，长期雇佣或是逃离土地的自耕农的雇佣则是其家庭收入的主要来源。②

4. 劳作领域

在隋唐五代宋初，雇佣劳动已经在农业、畜牧业、商业、手工业、家内劳动等诸多领域存在。谢重光先生《麴氏高昌寺院经济试探》一文认为，高昌国时期雇工被纳进了寺院劳动力的体系，他们在农业、畜牧业、手工业等领域劳动，并成为寺院劳动力的重要来源，造成这种现象最根本的原因是高昌地处通商要道，商品货币关系渗透寺院经济，雇佣关系逐步在寺院经济中滋长壮大。而在《关于唐后期五代间沙州寺院经济的几个问题》一文认为，归义军时期沙州寺院中的手工业经营门类减少了，畜牧业中寺院高级僧侣的营利性质极为明显，归义军时期寺院领取雇价的牧羊人取代了轮差放牧的寺户，以一定的粮食充作雇价，遇到喜庆活动时还可得到一些费用和酬劳。③ 张泽咸先生则研究了唐代的乡村雇佣广泛存在于农业和园圃业，并扩展到畜牧业、茶业、商业等领域。冻国栋先生说明

---

① 杜文玉：《论唐代雇佣劳动》，《渭南师专学报》1986 年第 1 期。

② 马翼：《敦煌地区农民家庭收入若干问题研究》，硕士学位论文，武汉大学，2005 年。

③ 谢重光：《关于唐后期五代间沙州寺院经济的几个问题》，载韩国磐主编《敦煌吐鲁番出土经济文书研究》，厦门大学出版社 1986 年版。

了唐代地主经营土地一直存在雇佣的方式，中晚唐以后，在地主的茶园中也出现了雇佣。① 此外还有黄正建、郃惠莉、刘勇明等学者的论著也涉及唐代劳作领域的雇佣关系。②

（六）结语

通过学术界对隋唐五代宋初雇佣问题研究的回顾可以看出，对隋唐五代宋初雇佣契约的研究几乎是随着20世纪敦煌吐鲁番文书资料的公布而增多，通过对敦煌吐鲁番文献和传世典籍的比对，对这一时期雇佣的研究已经涉及许多方面，成绩斐然，硕果累累，特别是其中的一些研究成果从不同的视域对当时的雇佣经济作了研究，充分利用出土文书研究当时的雇佣情况，视角独特、观点新颖、不落窠臼，论述深刻透彻。同时，我们也应该看到，这些研究成果对官府雇佣的研究成果比较少，而且其研究成果也主要反映了西北地区的雇佣情况，对整个隋唐五代宋初雇佣情况的反映有限，缺乏整体性的研究。当然，这与史料缺乏及分散有一定的关系。因此，在今后的研究中研究者要注重传世典籍中关于雇佣材料的整理挖掘，还要注重挖掘敦煌吐鲁番出土的少数民族语言文献材料，从而做到相互比对、印证。

三　本书设计及其他

（一）本书设计

本书以敦煌吐鲁番出土的雇佣契约为研究的主体，根据契约记载的相关内容，对雇佣契约的分类、签订契约的原因、雇佣双方的身份和地位、雇价、双方权利和义务以及赔偿和担保等问题进行了分析和探讨。

第一章对敦煌吐鲁番出土的雇佣契约进行了分类。根据受雇人劳作领域的不同对雇佣契约的格式、内容和条款分别进行了分析，并对几件契约的性质作了探讨。

---

① 冻国栋：《唐代的小农经济与经营方式管见》，载冻国栋《中国中古经济与社会史论稿》，湖北教育出版社2005年版。

② 黄正建：《唐代后期的屯田》，《中国社会经济史研究》1986年第4期；郃惠莉：《关于吐蕃时期敦煌汉文写经的几个问题》，载敦煌研究院编《敦煌吐蕃文化学术研讨会论文集》，2008年；刘勇明：《唐宋之际马政变革研究》，硕士学位论文，南京师范大学，2008年。

第二章从雇主和受雇人的角度对隋唐五代宋初雇佣契约产生的原因，如雇主因种秋、种麦，“伏缘家内欠缺人力”、“为少畜乘”；受雇人“为无种子”、“为粮用”、“欠负官债，填纳不还”，以及麴氏高昌时期本主使其外雇与归义军时期“于某面上雇弟（或男）”的区别等因素进行了考察。并在此基础上对雇佣双方的身份和地位进行了探讨。

第三章主要是对隋唐五代宋初时期的雇价及其特点的探讨。通过对麴氏高昌、唐西州以及吐蕃与归义军统治敦煌时期 400 余年雇价变化的分析：逐渐从以货币雇价为主过渡到实物支付。这期间雇工的价格虽然有所增长，但是农业领域里的受雇人若单靠雇工收入难以养活自己及全家。

第四章对隋唐五代宋初雇佣双方的权利和义务作了对比。从劳动工具的管理、受雇人的遭遇及自律等内容，可知雇佣双方的权利和义务是失衡、不对等的。

第五章从悔约、违约赔偿及担保的角度，分析了雇佣契约中从人身惩罚到经济处罚、从掣夺家资到罚雇价的转变。与之相对应的是，契约条文中没有雇主违约受到惩罚的规定。

结语部分对敦煌吐鲁番出土的雇佣契约反映的隋唐五代宋初的社会生产生活及雇佣契约的历史地位进行了概括。从雇佣契约自身发展的历程看，从麴氏高昌国到归义军时期的雇佣契约正处于中国雇佣契约史上承上启下、继往开来的过渡时期。

（二）时间范围

本书以《隋唐五代宋初雇佣契约研究——以敦煌吐鲁番出土文书为中心》为题目。“隋唐五代宋初”所指的时间范围主要是雇佣契约中出现的上限与下限，即 586—1036 年。在研究过程中，根据雇佣契约出现在不同的政权时间把它们分成四个阶段，即麴氏高昌国中后期（586—640 年）、唐西州时期（640—781 年）、吐蕃统治敦煌时期（781—848 年）、①

---

① 敦煌陷蕃说甚多，马德考订为大历十二年（777），向达、藤枝晃主张建中二年（781），苏莹辉认为系贞元元年（785），陈国灿提出贞元二年（786），山口瑞凤、池田温持贞元三年（787）说，安忠义另提贞元四年（788）说。各家论点汇总参阅罗彤华著《唐代民间借贷之研究》，北京大学出版社 2009 年版，第 15 页注①。

归义军统治敦煌时期（848—1036 年）。

（三）其他说明

1. 本书引用的敦煌吐鲁番出土文书，基本上出自唐耕耦、陆宏基编《敦煌社会经济文献真迹释录》五辑、沙知辑校《敦煌契约文书辑校》、国家文物局古文献研究室、新疆维吾尔自治区博物馆、武汉大学历史系合编《吐鲁番出土文书》十册，并尽量参考一些专家学者的录校成果，个别据他人转录的文书，均注明了出处。

2. 文书的录文部分尽量忠实图录版的原文格式，内容有残缺的分别注明，如：（前残）、（后缺）、（残缺）等。因残缺造成文字不全者，如字数不明，以符号“[　]”代替，一般占三个空格，但有时为保持原文格式，则适当减少或延长；如字数确定，则以“□”注明，一个“□”代替一个字。

3. 录用文书之缺字或可据别本或上下文补足时，将所补之字置于“□”内。

4. 凡本书涉及的敦煌文献，在标明出处时，使用学界通用的略写中文词和缩写英文词，如斯（S）—伦敦英国国家图书馆藏敦煌文献斯坦因（Stein）编号；伯（P）—巴黎法国国立图书馆藏敦煌文献伯希和（Peiliot）编号；（北京图书馆简称北图；上海图书馆简称上图；天津艺术博物馆简称天津艺博。）凡涉及吐鲁番出土文书材料，如文物出版社 1981—1991 年出版十册中所引用的文书，均未注明原文编号，但是为查阅方便，笔者统一在附录中注明原文编号及页码。

第一章

隋唐五代宋初雇佣契约的类型

我国历史上的雇佣现象春秋战国时期就已经出现。雇佣劳动的领域，张泽咸先生、王曾瑜先生《试论秦汉至两宋的乡村雇佣劳动》一文探讨了秦汉至两宋时期乡村的佣工劳动主要发生于农业领域中的耕田、种稻、舂稻、刈麦、打麦、种秋，园圃种植蔬菜、采茶、摘花；畜牧业领域里的雇人饲养或牧羊、牧马、牧猪、卖羊，或者佣载运租、守庄、砍柴等。①但是隋唐五代宋初，特别是唐代的雇佣劳动，杜文玉先生指出，除了政府雇佣与私人雇佣以外，还出现了一种为了官事，由私人出钱雇人的情况。其时，农业、手工业、商业、家内劳动以及其他一些部门中都广泛地使用了雇佣劳动者，涉及领域之广是前代不可相比的。② 在唐代，更多逃户也加入到雇佣劳动中去，如大谷文书 2835 号《长安三年（703）三月括逃使牒并敦煌县牒》记载：

1 甘、凉、瓜、肃所居停沙州逃户。
2 牒奉处分，上件等州，以田水稍宽，百姓多
3 悉居城，庄野少人执作。沙州力田为务，
4 小大咸解农工。逃迸投诣他州，例被招
5 携安置。常遣守庄农作，抚恤类若家
6 僮。好即薄酬其佣，恶乃横生构架。为
7 客脚危，岂能论当。荏苒季序，逡巡不

① 张泽咸、王曾瑜：《试论秦汉至两宋的乡村雇佣劳动》，《中国史研究》1984 年第 3 期。
② 杜文玉：《论唐代雇佣劳动》，《渭南师专学报》1986 年第 1 期。

8 归。(下略)[1]

武周长安三年（703）这种括逃农户的情况应该在全国范围内发生，非独针对敦煌地区。从牒文中可知沙州逃户中的一部分被“常遣守庄农作，抚恤类若家僮。好即薄酬其佣，……荏苒季序，逡巡不归”。为人佣作成为他们谋生的手段之一。《旧唐书》卷94《李峤传》记载：“天下编户，贫弱者众，亦有佣力客作以济糇粮，亦有卖舍贴田以供王役。”[2]《旧唐书》卷48《食货志》载：“开元元年（713）十一月，左拾遗刘彤上表曰：‘农余之辈，寒而无衣，饥而无食，佣赁自资者，穷苦之流也。’”[3]《新唐书》卷53《食货志》记载：“宪宗末，天下营田皆雇民或借佣以耕。”[4] 说法虽有些夸张，但由此可见雇工数量之大。雇佣求资已成为无地少地的贫民或逃户的重要生活手段之一。又如张守珪的茶园，在每年的采茶季节也雇佣了不少人，“九陇居人张守珪家甚富，有茶园在阳平化仙居山内，每岁召采茶人力百余辈，男女佣工者杂之园中”[5]。两宋至元明清时期，雇佣现象更多。如宋神宗时，司马光在《谏西征疏》中说，关中一带“民间累年困于科调，素无积蓄，不能相赡，以此须至分房减口，就食西京、襄、邓、商、虢等州，或庸赁客作，或烧炭采薪，或乞丐剽窃，以度朝夕”[6]。南宋时规定：“雇人为婢，限止十年。其限内转雇者，年限、价钱各应通计。”[7]《明史》卷93《刑法志》记载：“庶民当自服勤劳，故不得存养，有犯者皆称雇工人。初未言及缙绅之家也，缙绅之家存养奴婢，势所不免，合令法司酌议。无论官民之家，立券用值。工作有年

① 唐耕耦、陆宏基编：《敦煌社会经济文献真迹释录》第二辑，全国图书馆文献缩微复印中心1990年版，第326页。

② （后晋）刘昫等撰：《旧唐书》卷94《李峤传》，中华书局1975年标点本，第2994页。

③ （后晋）刘昫等撰：《旧唐书》卷48《食货志》，中华书局1975年标点本，第2106—2107页。

④ （宋）欧阳修、宋祁等撰：《新唐书》卷53《食货志》，中华书局1975年标点本，第1373页。

⑤ （宋）李昉撰：《太平广记》卷37《阳平谪仙》，中华书局1961年标点本，第235页。

⑥ （宋）司马光撰：《司马文正公传家集》卷45，商务印书馆1937年版，第569页。

⑦ （宋）罗愿：《罗鄂州小集》卷5，载《北京图书馆古籍珍本丛刊》第八十八册，书目文献出版社1992年版，第580—581页。

限者，以雇工人论。受值微少、工作计日月者，以凡人论。若财买十五以下、恩养日久、十六以上、配有室家者，视同子孙论；或恩养未久，不曾配合者，庶人之家仍以雇工人论。”① 但是纵观中国历史，对雇佣契约及其情况的记载却远少于此。现在我们能见到的最早的雇佣契约是20世纪出土的汉简即《汉陆浑县成更雇工契约》：

> 张掖居延库卒弘农郡陆浑河阳里大夫成更廿四，庸同县阳里大夫赵勋年廿九，贾二万九千。②

从契约内容看，这件文书只记录了雇佣双方的姓名、籍贯、身份、年龄和雇价，却对契约关系中很重要的受雇人的劳动内容没有任何记录，更毋庸说雇佣双方的权利义务及违约处罚了。

迄今为止，传世典籍中我们见到关于雇佣契约最早样式的记载是唐开元二十三年（735）五月敕：“贫下百姓有佣力买卖与富儿及王公已下者，任依常式。”③ 关于“常式”，张泽咸先生认为：“式”是当时常守之法，常式乃是全国最通行的办法。诏敕虽是针对关辅地区而言，表明出卖劳动力自有一定章程，在其他地区也广泛使用。④ 李天石先生认为，此规定既称买卖，又称佣力，显然是指以劳动来偿还身价的质典者。所谓“任依常式”，应指《唐律疏议》卷26《杂律》中“诸妄以良人为奴婢用质债者，各减自相卖罪三等；知情而取者。又减一等，仍计佣以当债直”的规定。⑤ 可见，常式仅仅是出卖劳动力的程序或者为防止“压良为贱”的处理方式。北宋真宗时规定“自今人家佣赁，当时设要契及五年”⑥。知宋代出卖劳动力是要签订契约的。至于雇佣契约的格式及内容如何，传世典籍却未记载。

20世纪在敦煌吐鲁番地区出土的雇佣契约文书为我们了解当时的雇

---

① （清）张廷玉等撰：《明史》卷93《刑法志》，中华书局1974年标点本，第2291页。

② 张传玺编：《中国历代契约汇编考释》（上），北京大学出版社1995年版，第70页。

③ （宋）王钦若等撰，周勋初等校订：《册府元龟》卷147《恤下》，凤凰出版社2008年版，第1780页。

④ 张泽咸：《唐代阶级结构研究》，中州古籍出版社1996年版，第299—300页。

⑤ 李天石：《中国中古良贱身份制度研究》，南京师范大学出版社2004年版，第417页。

⑥ （元）马端临撰：《文献通考》卷11《户口》，江苏古籍出版社1988年版，第120页。

佣状况提供了一个契机。这批契约文书始于 586 年，终于 1036 年，长达 400 余年，涵盖了从隋朝建立以后并与其同时的麴氏高昌国中后期，唐前期的西州、晚唐五代宋初敦煌等地的农业、畜牧业、手工业、建筑业、雇人代役等诸多领域的契约，具体内容分析如下。

第一节　农业雇佣契约的基本格式及内容

敦煌吐鲁番地区出土的农业雇佣契约只存在于麴氏高昌国中后期的吐鲁番地区以及吐蕃与归义军分别统治的敦煌地区，其文书格式及条款内容分析如下。

一　麴氏高昌国时期的农业雇佣契约

麴氏高昌国时期的农业雇佣契券，举典型例证两件如下。

第一件，《高昌延和十二年（613）某人从张相憙等三人边雇人岁作券》：

1 □□□□□癸酉岁正月廿［　　　　　　　　　］

2［　　　］张相憙三人边雇佛奴、□□、相儿用岁作，要迳（经）一□

3［　　　］校（与）雇价银钱二十□□，钱即毕，人即入作。若□

4［　　　］不作一日，到年满头，一□还上一日。若客儿身病，听□

5［　　　］死，到头一日还上一□，若相儿共家中大小人行将作□

6［　　　］者，亡失作具，犯人苗□悉不知。若相儿身独将□

7［　　　］行，亡失作具，六畜犯□仰相儿承了。作具亡□

8［　　　］倍（赔）十。四主和同立卷（券），□□之后，各不得返海（悔），悔者□

9 □□□□悔者。民有私要，要行四□，各自署名为信。

10 倩书张相□

11 时见□善伯①

第二件，《高昌延寿八年（631）张憙儿雇人耕作券》：

1 □□八年辛卯正月十九日，张憙儿□□□

2 [ ] 亩作一次，与钱六文，与□□□

3 斛三斗，与镬一口。若作 [ ] 悉不知，仰□□

4 了。二主和同立卷（券），□□□□□□得反悔，悔者一□□

5 [ ] 有□□□□□□□各自署名为信。

6 □□ □□□

7 时见□□□②

这两件文书均残缺，第一件是岁作，第二件是亩作一次。契约的基本内容及格式包括签约时间、雇佣双方姓名、劳作内容（岁作或亩作一次）、雇价及支付方式、劳动工具的处理、受雇人的入作时间、违约处罚及赔偿、雇佣双方的悔约处罚以及券尾处倩书人和时见人的签署等九项。

---

① 国家文物局古文献研究室、新疆维吾尔自治区博物馆、武汉大学历史系合编：《吐鲁番出土文书》第四册，文物出版社 1983 年版，第 156—157 页。第 2 行末“要经一□”之“要”字和第 9 行“民有私要，要行四□”之“要”字。《论语·宪问》：“久要不忘平生之言。”何晏《集解》引孔安国曰：“久要，旧约也。”《国语·鲁语下》：“夫盟，信之要也。”韦昭注：“要，犹结也。”《史记·苏秦列传》：“要约曰：秦攻楚，齐、魏各出锐师以佐之。”可见，“要”字有相约、盟约、缔约之义，文书中以“要”代“约”，即由此引申为契约（参阅胡如雷《几件新疆出土文书中反映的十六国时期租佃契约关系》，载沙知、孔祥星主编《敦煌吐鲁番文书研究》，甘肃人民出版社 1984 年版，第 35 页）。“民有私要”之“要”，指“契约”，“要从大例”指“契约根据通则、通例来执行”（参阅蒋礼鸿主编《敦煌文献语言词典》，杭州大学出版社 1994 年版，第 65—66 页）。

② 国家文物局古文献研究室、新疆维吾尔自治区博物馆、武汉大学历史系合编：《吐鲁番出土文书》第三册，文物出版社 1981 年版，第 281 页。

二　吐蕃统治时期的农业雇佣契约

唐西州时期的农业雇佣契约缺失，情况不得而知。今选取吐蕃统治敦煌时期的两件契约如下。

第一件，P. 2964 号《巳年（837）二月十日令狐善奴便刈麦价契稿》：

1 巳年二月十日，康悉杓家令狐善奴为粮用，今于龙
2 兴寺　　处便刈价麦一硕六斗，限至秋七
3 月内刈麦一十亩。如主人麦熟吉报，依时请收刈，
4 如法策𬙊了。不得为（违）时限。如若依时吉报不收，
5 或欠收刈不了，其所将斛斗请陪（倍）罚三硕二斗，
6 当日便须佃（填）纳。如违，一任掣夺家资杂物牛畜等，
7 用充麦直。其麦亦一任别雇人收刈。如身东西不在，
8 一仰保人代还。恐人无信，故立此契，两共平
9 章，书指为凭。
10　马明　　　　便刈价人令狐善奴年卌一
11　　　　　　　保人孙愿奴卅五
12　　　　　　　保人
13　　　　　　　见人解善
14　　　　　　　见人
15　　　　　　　见人
16　　　　　　　见人①

第二件，S. 5998 号《年代不详悉宁宗部落百姓王晟子预取刈麦契（习字)》：

甲

1 汉斗如身东西不［　　　　］
2 敕　不（?）在充限。恐［　　　　］

① 唐耕耦、陆宏基编：《敦煌社会经济文献真迹释录》第二辑，全国图书馆文献缩微复制中心 1990 年版，第 94 页。第 7 行“东西”即外出、逃走（参阅蒋礼鸿主编《敦煌文献语言词典》，杭州大学出版社 1994 年版，第 80—81 页）。

（后缺）

乙

1 [ ] 四日。悉宁宗部落百姓王晟子为负官债，填纳不办，今于有

2 [ ] 刈三十亩。其刈麦限至秋七月已前须刈了。如若不刈，或有

3 [ ] 原当时还麦六硕并汉斗。其身或有东西，一仰保人 [ ]①

从上揭文书记载的时间及内容可知，这两件都是刈麦的短期雇佣契约，基本内容及格式包括签约时间、签约原因、雇佣双方籍贯与社会身份、受雇人的入作日期、劳作内容、毁约处罚、担保与契尾签押等八项，其中第一件契约的尾署签押，受雇人和保人还注明了年龄。

三 归义军时期的农业雇佣契约

归义军统治敦煌时期的农业雇佣契约多是长期雇佣，周期为九个月或一年，并且还出现了样文。现以样文为例，并结合同时期的实用契约分析之。

第一件，S. 1897 号《龙德四年（924）雇工契样文》：

1 龙德四年甲申岁二月一日，敦煌乡百姓张厶（某）甲，为家内

2 阙少人力，遂雇同乡百姓阴厶甲，断作雇价从正（二）月至九月末

3 造作，逐月一驮，见分付多少已讫。更残，到秋物［收获］

---

① 此件据沙知解释，此件朱书，二片，甲片字略大，笔迹相似，甲乙关系不明。俟考。契约拟名据乙。笔者以为乙片第3行处有“汉斗。其身或有东西”字样，与甲片第1行“汉斗。如身东西不［ ］”。二者内容大部分重复。沙知在其《敦煌契约文书辑校》里也注明是“习字”，在英藏图版录文标明“杂写”二字。笔者以为，有可能甲、乙两件碎片当系同一件契券的习字抄件（参阅沙知辑校《敦煌契约文书辑校》，江苏古籍出版社 1998 年版，第 246 页）；《英藏敦煌文献》定名为《悉宁宗部落百姓王晟子放刈契》（参阅中国社会科学院历史研究所、中国敦煌吐鲁番学会敦煌古文献编辑文员会、英国国家图书馆、伦敦大学亚非学院合编《英藏敦煌文献》第十册，四川人民出版社 1995 年版，第 17 页）。

4 之时收领。春衣一对，袮袖并裈、皮鞋一量，余外

5 欠阙，仰自排批。入作之后，比至月满，便须兢心，勿□（得）

6 二意。时向不离，城内城外，一般获时造作，不得

7 抛涤工夫。忽［若］忙时，不就田畔，蹭蹬闲行，左南

8 直北，抛工一日，克物二斗。应有沿身使用农

9 具，兼及畜乘，非理失脱、伤损者，陪在厶甲身

10 上。忽若偷盗他人麦粟牛羊鞍马逃走，一仰厶甲亲眷

11 祇当，或若浇溉之时，不慎睡卧，水落在

12 □处，官中书罚，仰自祇当。亦不得侵损他

13 □（人）田苗针草，须守本分。大例，贼打输身却者，

14 无亲表论说之分。两共对面平章为定，

15 准法不许翻悔。如先悔者，罚上羊一口，充

16 入不悔人。恐人无［信］故立明文，用为后验（后有勾）

17　　　　见人厶甲（倒写）　　　雇身厶甲

18　　　　见人厶甲（倒写）　　　口承人厶甲①

---

① 唐耕耦、陆宏基编：《敦煌社会经济文献真迹释录》第二辑，全国图书馆文献缩微复制中心1990年版，第59页。第4行“皮鞋一量”之“量”字，量词。犹“双”，用于鞋袜。“量”“两”都是成双的意思（参阅蒋礼鸿主编《敦煌文献语言词典》，杭州大学出版社1994年版，第197—198页）；第5行“排批”即安排、准备（参阅江蓝生、曹广顺编著《唐五代语言词典》，上海教育出版社1997年版，第271页）。《敦煌变文校注》解释，“排比”原作“排批”，“批”字涉“排”字而类化。排比，准备（参阅黄征、张涌泉注《敦煌变文校注》，中华书局1997年版，第52页注414）；第7—8行“左南直北”犹走东闯西。“左”为旁侧义，与“直”相对（《唐五代语言词典》，第464页）；第7行“抛涤”又作“抛敌”，“涤”“敌”皆“擿”的音借字。抛擿即抛掷，引申为荒废。“蹭蹬”之意有三：一、脚步疲乏困顿，踉跄不稳状；二、喻人困顿失意；三、闲逛、游荡。此处“蹭蹬”之意据校注者所引本文书看，应是第三个意思（江蓝生、曹广顺编著《唐五代语言词典》，上海教育出版社1997年版，第275—276、48页）；第8行“沿身”亦作“缘身”，义为全身（《敦煌变文校注》第85页注171，又见于同书第366页注122）；第11行“祇当”一词，即承当，应对；在有的文书中写作“知当”，亦即“承担”的意思（《唐五代语言词典》，第448、443页）。第13行，“贼打”即毒打，狠打（《唐五代语言词典》，第430页）。但是笔者结合其他文书中记录的“贼打”，以为其意应该是“被贼毒打、狠打”，“贼”即回鹘、南山、嗢末、龙羌等少数民族，这些民族在归义军政权统治的周边地区相为寇盗、频仍侵扰，归义军统治下的民众有的被他们寇略而去，有的被杀。具体参见书稿第四章第三节。

第二件，P. 3441 号背《康富子雇工契（样式）》：

1 厶年厶月厶日，百姓康富子，为缘欠少人力，遂雇厶乡百姓厶专
2 甲男，雇使一周年。断作雇价每月多少，临事酌度。立
3 契已后，便须入作。所有笼具什物等，一仰受雇
4 人收什（拾），若是放畜牧，畔上失却，狼咬煞，一仰售雇人
5 祗当与充替。若无替，克雇价物。一定已后，比年限
6 满，中间不得抛直。若有抛直五日已外，便算日克勿（物）。
7 若有年未满，蕃（翻）悔者，罚在临时，入不悔人。官有政
8 法，人从私契。两共对面平章，书纸为记，用为后凭。①

从这两件契约样文知，归义军时期的农业雇佣契约基本格式及内容为：立契时间、雇佣原因、雇佣双方籍贯与姓名、雇佣时限、雇价及支付方式、入作要求、受雇人对农具的使用与管理、受雇人的违约处罚与自律，雇佣双方的悔约处罚、契尾见人（倒写）、口承人及受雇人的签署等十项。

稍微不同之处：一、S. 1897 号样文是雇主直接雇佣受雇人。P. 3441 号背样文是雇主“雇厶乡百姓厶专甲男”或者是实用文书中的“于某面上雇弟（或男）”。如 S. 5578 号《戊申年（948）李元昌雇工契》中李元昌“于赤心乡百姓彭铁子面上雇男章三”。② 二、S. 1897 号样文记载有雇主给受雇人的春衣汗衫等物，而 P. 3441 号背样文没有。三、对于受雇人的抛工，S. 1897 号样文规定“抛工一日，克物二斗”，但是在 P. 3441 号背中则规定“抛直五日已外，便算日克物”。四、在 P. 1897 号样文中还有自律的规定“忽若偷盗他人麦粟牛羊鞍马逃走，一仰厶甲亲眷祗当”。五、S. 1897 号样文契尾的签押处为见人、口承人、雇身（受雇人）。其中见人名字倒写，“见人”是雇佣双方签约时的人证，其重要性不言而喻。因此，据雇工契约样文推测，规范的雇工契约中的“见人”应该倒写。此外，因 P. 3441 号文书尾署签押残，“雇厶乡百姓厶专甲男”或“于某

① 唐耕耦、陆宏基编：《敦煌社会经济文献真迹释录》第二辑，全国图书馆文献缩微复制中心 1990 年版，第 66 页。

② 同上书，第 63 页。

面上雇弟（或男）”的签押情况不明，但是我们从同时期农业雇佣的实用文书如 P. 2877 号背《乙卯年（955?）正月一日孟再定雇工契》记载孟再定雇龙勒乡百姓马富郎弟盈德，其尾署签押为：

11　　兄富郎（押）

12　　入作弟盈德（押）[①]

与雇主直接雇某人的签署不同，如 P. 2869 号《残契》记载：

4　　售雇

5　　口承人兄

6　　见人[②]

由此可见，受雇人在契约中表现的关系，即受雇人是否属于“某”之“子”或“弟”，受雇人和“某”在契约中的签署与雇主直接雇某人的签署不同：在雇主直接雇某人的契约中其亲属一般是以口承人的身份出现，否则不是。

综上所述，从麴氏高昌国至归义军时期的农业雇佣契约的基本格式及内容发生了很大的变化。首先，吐蕃统治敦煌时期出现了签约原因。如吐蕃时期的受雇人“为负官债，填纳不办”，归义军时期的雇主“伏缘家内欠少人力”。而在此前的雇佣契约不见签约原因。

其次，契券尾署签押。在麴氏高昌国农业雇佣契券尾署签押的人有倩书人和时见，但是雇佣双方不签押。到吐蕃统治敦煌时期，保人和见人要在契尾签押。此外，受雇人也必须签押。并且吐蕃时期的受雇人和保人还须标注各自的年龄；归义军时期，保人换成了“口承人”。然而，保人和受雇人的年龄却不再出现。

再次，从契约内容看，农业雇佣契约历经 400 余年的发展变化，契约

---

① 唐耕耦、陆宏基编：《敦煌社会经济文献真迹释录》第二辑，全国图书馆文献缩微复制中心 1990 年版，第 67 页。

② 同上书，第 74 页。

的基本格式与内容越来越完善。如受雇人的责任或义务规定得更加详尽，归义军时期的雇佣契约与麴氏高昌时期的对比，增加了诸如受雇人闲、忙时节抛工、偷摸别人瓜果、被贼打等意外事故的处理。并且归义军时期雇佣契约样文的出现进一步说明了在敦煌农业领域中雇工耕作的现象已经很普遍，雇佣情况的发展需要更加规范、标准的契约样文为雇佣双方的签订提供了范本，可界定双方的责任与义务，保护双方的既得利益，惩罚违约行为，以期有法可依、有据可查。

第二节　畜牧业等领域雇佣契约的基本格式及内容

畜牧业领域中的雇佣契约包括雇人放牧契和雇车牛、驴、驼等契约。雇人放牧契仅有四件：麴氏高昌国时期两件、唐西州时期一件、归义军时期一件；雇车牛、驴、驼等契约计八件：唐西州时期三件，归义军时期五件，其格式及内容条款的变化分析如下。

一　雇人放牧契约基本格式及内容

1. 麴氏高昌国时期

麴氏高昌国时期的两件都是牧羊券，一件是长期雇佣，时间为十多个月；另一件是冬季短期雇佣，时间为三个多月。转录文如下。

第一件，《高昌午岁（586）武城诸人雇赵沙弥放羊契》：

1 [　　　　　　　　　　] 午岁十月廿五日赵沙弥为武城诸人放羊

2 [　　] 中羊三口，与粟一斗。从未岁正月到未岁十月卅日，羊五口，与钱 [　　]

3 □正月内偿放羊价钱使毕。羊朋大偿大，朋小偿小。若羊[　　　]

4 折骨，仰放羊儿。若 [　　　　　　　　　　　　　　]

5 卅日，羔子入郡（群），与大麦一斗。若羊迳（经）宿具（俱）死，放羊儿悉不知。

6 □上有破坏处，仰大（打）放羊儿了。诸人和可后为卷（券）要，卷□□

7 □□□不得返悔，悔者壹罚二入不悔者。民有私要，要行二主，各

8 [ ] 放羊儿，放羊儿悉不知。

9 □□法 贤

（后缺）①

第二件，《高昌延寿元年（624）张寺主明真雇人放羊券》：

1 □□□年甲申岁九月十日，张寺主明真师从严 [ ]

2 □阳（羊）一百五十口，从九月十日至到（腊）月十五日与雇价糜□□

3 □伍斛一日与放阳（羊）儿一分饼与糜二斗。雇价十月上半□□

4 上使毕。阳（羊）不得出寺阶门，若出寺阶门住，一罚二入张寺□。

5 冬至日，䑅（腊）日，真（罢）放阳（羊）儿，仰张寺主边得贾（价）食。二主和同立□□

6 □之后，各不得返悔，悔者一罚二□□□□□□私要，□□□□

---

① 国家文物局古文献研究室、新疆维吾尔自治区博物馆、武汉大学历史系合编：《吐鲁番出土文书》第五册，文物出版社 1983 年版，第 155—156 页。第 3 行“羊朋大偿大，朋小偿小”之“朋”字，蒋礼鸿解释：游戏或竞赛时临时组成的集体。《敦煌歌辞总编》卷 3《普通聊章·水鼓子·宫辞》有“寒食两朋方内宴，朝来排 为清明”。又“每朋一百人为定，遣赌三千正彩罗”（参阅蒋礼鸿主编《敦煌文献语言词典》，第 242—243 页）。张弓在《唐五代敦煌寺院的牧羊人》中直接将“朋”字注为“群”字，“偿”为“赏”并未指明缘由（参阅《兰州学刊》1984 年第 2 期）。乜小红：《从敦煌吐鲁番雇人放羊契看中国 7—10 世纪的雇佣关系》将“朋”字释为“群”，“羊朋大，即指羊群增大”（参阅《中国社会经济史研究》2003 年第 1 期）。据此，在本件文书中的“朋”字和“羊”字连在一起，羊朋即羊群，因此这里的“朋”字很有可能是“群”字。

7 □□□名为信。　倩书［　　］

8 　　　　　　时□［　　］[①]

这两件文书均残，但从残存的部分可知，麹氏高昌国时期畜牧业雇佣契约的基本格式及内容包括签约时间、雇佣双方姓名、雇价及其支付方式、责任与义务、违约处罚、悔约处罚，契尾处倩书人和见人签押七项。不同之处在于，第一件契券中雇主不但规定了“羊朋大偿大，朋小偿小”，“羔子入群，与大麦一斗”等奖励措施，还规定了对受雇人的人身惩罚“若羊有破坏处，打放羊儿”。可谓奖罚分明。第二件契券中写明了羊的数量，规定了受雇人要看护好羊群，不得出寺阶门以及冬至日雇主供食等内容。

2. 唐西州时期

唐西州时期的一件是关于放马的契约，即《唐杜定欢雇人放马契》，转录文如下：

1［　　　］二月七日，崇化乡杜定□

2 □宁大乡□善欢放马［　　　］

3 □钱十，［　　］

4 残钱四□钱使了□

5 过限不毕，日别生钱□交。立契

6［　　　　　　］和可［　　］

（后缺）[②]

这件文书残缺甚多，但残存的记载包含的契约基本格式有签约时间、雇佣双方籍贯与姓名、签约内容、雇价及支付方式、违约处罚等五项内容。契

① 国家文物局古文献研究室、新疆维吾尔自治区博物馆、武汉大学历史系合编：《吐鲁番出土文书》第三册，文物出版社1981年版，第207页。“斛”字，吐鲁番文书中一般写作“斛”，今统一改作“斛”。以下所引吐鲁番出土文书如此同，不再一一注明。

② 国家文物局古文献研究室、新疆维吾尔自治区博物馆、武汉大学历史系合编：《吐鲁番出土文书》第六册，文物出版社1985年版，第590页。第2行“□宁大乡”方框内是残字，故放在□内。

尾缺，签押情况不明。

3. 归义军时期

归义军时期的放牧契亦一件，即дх1323＋5942号《年代不详押衙刘某雇牧羊人契》，具体时间不明。但笔者根据吐蕃统治敦煌时期契约文书中的保人以及买卖、租佃契约中的卖主或租佃人在尾署签押时注明了年龄，归义军时期的契约中不见标注年龄，[①] 可推知本件契约属于归义军统

① 关于吐蕃归义军时期契约文书中的保人、买主或卖主、借贷者等在文书尾署签押现象。如S.1475号5v《未年（827）安环清卖地契》尾署：地主安环清年二十一，母安年五十二；P.3394号《唐大中六年（852）僧张月光、吕智通易地契》尾署：保人男坚坚，保人男手坚，保人弟张日兴；P.3331《丙辰岁（896或956）宋欺忠卖宅舍契》尾署为：舍主兵马使宋；S.3877号5－6v《唐天复九年（909）安力子卖地契》尾署：地主安力子；S.1285号《后唐清泰三年（936）杨忽律哺卖宅舍地基契》尾署：出卖舍主杨忽律哺（左指头），出卖舍主母阿张（右中指）；P.3643《唐咸通二年（861）齐像奴与人分种土地契》尾署：地主齐像奴（押），保人齐像清（押）；S.5820＋5826《未年（803）尼僧明相卖牛契》尾署：牛主尼僧明相年五十五，保人尼僧净情年十八，保人僧寅照□，保人王忠敬年廿六；S.1475号6v《寅年（822）令狐宠宠买牛契》尾署：牛主令狐宠宠年廿九，兄和和年卅四，保人宗广年五十二，保人赵日进年卌五，保人令狐小郎年卅九；P.4803《癸未年（923）张幸德赊买斜褐契》尾署：买褐人兄张幸德，口承弟僧文会；S.1946《宋淳化二年（991）韩愿定卖妮子契》尾署：卖身女人醦胜（押），出卖女人娘主七娘子（押），出卖女人郎主韩愿定（押）；P.3964《乙未年（935）赵僧子典儿契》尾署：质典身男荀子（押），质典口承兄佛奴（押）；P.3150《癸卯年（943）吴庆顺典身契》尾署：质典兄吴庆顺（押），同取物口承弟吴方昇（押），同取物口承弟吴庆信（押），口承见人房叔吴佛婢（押）；北图59：500背即咸字59号《寅年（822）氾英振承造佛堂契》尾署：博士氾英振年三十二；P.5008《戊子年（928或988）梁户史氾三雇工契》尾署：雇兄愿弘（押），雇身弟愿长（押）；P.4053《唐天宝十三载（754?）道士杨神岳便粟契》尾署：便粟人道士杨神岳载四十二，保人?辅朝载十五；S.4192《未年（803?）四月五日张国清便粟契》尾署：便麦人张国清年四十三，保人罗抱玉年五十五；P.3444号背《寅年（810?）四月五日上部落百姓赵明明便豆契》尾署：便豆人赵明明年二十三（押），保人弟僧义超（押）；S.1475号4v《酉年（817）下部落百姓曹茂晟便豆种帖》尾署：便豆人曹茂晟年五十，保人男砂（沙）弥法珪年十八；S.1475号7v《酉年（817）行人部落百姓张乜奴便麦契》尾署：便麦人张乜奴年四十（押），保人男黑奴年四十，保人张年十一；S.1475号8v－9v《某年（817年前后）沙州寺户严君便麦契》尾署：便麦人严君年四十，保人刘归子年二十等。由此可见，在借贷、买卖、雇佣中保人及买主或卖主在吐蕃统治时期除部分因文书残缺，看不清其是否有标注年龄外，其余均标注年龄，但是从归义军时期起，年龄的标注已不在契约中出现（以上列举例证见唐耕耦、陆宏基编《敦煌社会经济文献真迹释录》第二辑，全国图书馆文献缩微复制中心1990年版，第1、2、4、8、9、24、33、34、44、49、50、51、54、60、76、79、80、83、84、85页）。更多例证参见本辑。另：天复无九年，实为梁开平三年，因归义军政权与中原交通信息往来时常阻断，敦煌地区纪年仍采用前朝皇帝年号纪之。下文龙德四年、大历十七年、建中八年、清泰四年、纪年情况也是如此。对此，笔者不再一一注明。

治时期。转录文如下：

1 [ ] 五日立契。押衙刘 [ ]

2 [ ] 羊，三年断作 [ ]

3 [ ] 子共计五个粮 [ ]

4 一两，冬衣羊皮两张，杂？[ ]

5 羊人虎（当）王白羊大 [ ]

6 般十四口，儿只般八 [ ]

7 羊九口，羯羊三口，□般六口，[ ]

8 羖羊大小廿口，都计白羊羖羊七 [ ]

9 [ ] 羊本在，其羊立凭日分付 [ ]

10 [ ] 者。不关当（虎）王之事。若狼吃 [ ]

11 [ ] 仰当知赏（当）。其羊逐年保生 [ ]

12 [ ] 羊一分。两共对平章。比至 [ ]

13 [ ] 休悔，如先悔者，罚羊一口入 [ ]

14 羊主押衙刘（签）

15 牧羊人当王（押）

16 口丞（承）人阿孃（押）

17 [ ] 人目令竖竖（押）

18 何神神①

这是一件长达三年的雇人牧羊契，文书虽然残缺，但保存了雇人放牧契最基本的格式及内容：签约日期、雇佣双方社会身份与姓名、雇期、雇价及支付方式、雇主提供冬衣、羊的数量、受雇人的义务、违约悔约赔偿、契

① 沙知辑校：《敦煌契约文书辑校》，江苏古籍出版社1998年版，第292—293页。第16行“阿孃”，对母亲的称呼。“孃”也写作“娘”（江蓝生、曹广顺编著《唐五代语言词典》，上海教育出版社1997年版，第3页）。“孃”字，《敦煌变文校注》解释，“娘”字，经本作“孃”。按《说文》“孃”字段玉裁注云：“按广韵，孃，女良切，母称；娘，亦女良切，少女之号。唐人此二字分用画然，故耶孃字断无有作娘者，今人乃罕知矣。”按：敦煌写本中“孃”与“娘”已混用，则至迟晚唐五代时耶孃字已可书作“娘”（参阅黄征、张涌泉校注《敦煌变文校注》，中华书局1997年版，第979页注⑤、1021页注⑦、1067页注㊽）。

尾签押等九项。

从这四件不同时期的放牧雇佣契约的具体内容可知，雇人放牧契文书格式基本变化不大。不同之处在于，在麴氏高昌国时期出现的人身惩罚到唐西州和归义军时期特别是归义军时期已经消失。此外，归义军时期的雇主也要签署。可能缘于这些羊是雇主的重要财产，而受雇人的劳作方式是在野外，如 S. 3928 号背《牧羊人安于略牒》记载牧羊人安于略“长在山内，守护羊畜”①。即安于略并不经常和雇主在一起劳动，雇主不能时刻监督受雇人。而雇主为保证对财产的所有权有可能与买卖牲畜的契约一样在契约中签押。

二　雇车牛、驴、驼等契约的基本格式及内容

唐西州与归义军统治敦煌时期的雇车牛、骆驼、驴等契约基本格式及内容分析如下。

1. 唐西州时期

唐西州时期的雇车牛契约，受雇人雇车牛的目的基本与上烽有关。转录文两件如下：

第一件，《唐龙朔四年（664）西州高昌县武城乡运海等六人赁车牛契》：

1 龙朔四年正月廿五日，武城乡［　　　］

2 运海、范欢进、张［　　　］

3 六人赁［　　　］

4 具到□□□一道。［　　　］

5 文，更依乡价输送，□具有失脱，一仰

6 □□知当。若车牛到赤亭，□依价仰

7 ［　　］依乡价上，两和立契，获指

8 □□。

9 　　　　　车牛主张贵儿

① 唐耕耦、陆宏基编：《敦煌社会经济文献真迹释录》第三辑，全国图书馆文献缩微复印中心 1990 年版，第 603 页。

10　　　　　　　赁车牛人范□□

11　　　　　　　赁车牛人［　　］

12　　　　　　　赁车牛人翟［　　］

13　　　　　　　赁车牛人［　　］

（后缺）①

第二件，《武周长安三年（703）三月酒泉城人雇车往方亭戍契》：

1　长安三年三月八日酒泉城［　　　　］

2　户边雇车一乘，送□□往方

3　停，一日雇直一车一［　　　］

4　银钱［　　　　］

5□□子车替［　　　］

6　［　　　　］要行二主［　　　　］

7　［　　　　］

8　　　　　　　　［　　　］

9　　　　　　　　［　　　］

10　　　　　　　　保人［　　　　］

11　　　　　　　　知见张［　　　］②

这两件雇车牛契约，雇主雇车牛的目的是上烽。赤亭和方亭在唐代都是戍亭所在地。③ 赤亭是唐西州时期烽戍之一；“方亭”，据陈国灿先生研究，

---

① 国家文物局古文献研究室、新疆维吾尔自治区博物馆、武汉大学历史系合编：《吐鲁番出土文书》第五册，文物出版社 1983 年版，第 147—148 页。

② 荣新江、李肖、孟宪实主编：《新获吐鲁番出土文献》，中华书局 2008 年版，第 367 页。

③ 据笔者统计唐西州时期的雇人代役契约涉及烽子戍守的地点有河头、□付县、柳中县、神山、交河、赤亭，共 6 个地点，分布于西州境内。据程喜霖先生统计，唐西州境内的烽戍地点至少有 29 处。伊州及下辖的各县计至少 36 处，庭州至少 3 处（从现存的吐鲁番出土文书看，实际肯定高于此数）。唐代西北边疆在安西、北庭都护府的辖区内镇戍烽堠夹天山南北二道构成防御体系，东起伊吾，西终碎叶，又伊吾向东与瓜州玉门关五烽相接。概言之，从碎叶的警烽可由南北二路烽堠传入河西，北路从伊吾传递至玉门关，南路由于阗传递至阳关，形成完整的烽堠网（参见程喜霖《汉唐烽堠制度研究》，三秦出版社 1990 年版，第 168、333—336 页）。

应是指在蒲昌县东的“方亭戍”。吐鲁番阿斯塔那226号墓所出《唐西州都督府上支度营田使牒》中列有全州镇戍名，其中方亭戍被列入无营田名单中。方亭是由伊州直通往西州赤亭的驿路（赤亭道，又名伊西南道）的中间站，其戍兵由蒲昌府派出番上戍守。大谷文书3030号《唐西州蒲昌府卫士番上配注仗身、守府番佐及送上名簿》中，就有“六人来月一日方亭戍上”。本文书中的酒泉城，在蒲昌军府的辖境内，雇车往方亭戍去，恐亦是属蒲昌府卫士番上事。①

这两件文书的格式及内容包括签约日期、雇佣双方籍贯与姓名、雇价及支付方式、违约处罚、签押等五项。契尾的签押，第一件有车牛主及至少四位赁车人的签押；第二件第8、9行文书缺失，无法得知雇佣双方的签押情况，但是第10、11行处有保人及见证人的签押，推知第8、9行处应该是车牛主和雇主的签押。

2. 归义军时期

归义军时期的雇牛、驴、驼等契约大都集中于张承奉建立的西汉金山汉国以及曹元深时期。② 与农业雇佣契约一样，此时的雇牛、驼、驴也出现了样文。为明晰起见，转录文两件如下：

第一件，S. 6341号《壬辰年（932?）雇牛契样文》：

1 壬辰年十月六日洪池乡百姓厶乙缺少牛畜，遂雇
2 同乡百姓雷粉堆黄牸牛一头，年八岁，十月至九月末。
3 断作雇价每月一石，春价被四月三匹。若是牸牛病死者，
4 不关雇人之事。若驮高走煞，不关牛主诸事。两共对
5 面平章，不许休悔。如先悔者［罚］一驮。

① 陈国灿：《鄯善新发现的一批唐代文书》，载新疆吐鲁番地区文物局编《吐鲁番学研究》（第二届吐鲁番学国际学术研讨会论文集），上海辞书出版社2006年版，第9页。

② 现存有纪年的雇牛驴驼等契约的年代多集中在公元896—946年，详细情况见附表三。并且这些雇牲畜的契约其最终目的绝大多数是对外出使，由此可见当时归义军政权面临的外部形势及外交特点。

6 许①

第二件，P.2652 号《丙午年（946）宋某雇驼契样文》：

1 丙午年正月廿二日，洪润乡百姓宋专甲充

2 使西州，欠少驼畜，遂于同乡百姓厶专甲

3 面上，雇八岁父驼一头，断作驼价生绢一疋，

4 正月至七月便须填还，于限不还者，依乡

5 元例生利，所有路上驼伤走失，驼［　　　］

6 在须立［还］本驼，驼价本在。如若疮出病死者，得同行三人征见。

若有身东西不平

7 善者，一仰男厶某专甲面上折［却］雇价，立［还］本驼。②

这两件雇牛、雇驼契约样文均不完整，残存的契约基本格式有立契时间、雇佣双方、签约原因、牲畜齿貌、雇价及支付方式、责任义务、违约与悔约处罚等七项，契尾残缺，签押情况均不明。

相同之处在于雇牲畜者的责任或义务。其一，牲畜生病死掉，与雇佣之人无关，即雇主无须赔偿。如 S.6341 号规定，“若是牸牛病死者，不

① 唐耕耦、陆宏基编：《敦煌社会经济文献真迹释录》第二辑，全国图书馆文献缩微复制中心 1990 年版，第 40 页。第 1 行“十月六日”，“月”后有“生”，或者是“廿”，图版不清，删；第 2、3 行“黄牸牛”之“牸”图版为“自”，“病死”之“病”字图版为“并”；“疋”即“匹”，契约原文中的“疋”字，据图版照录，非引文中一律使用“匹”字，下文不再一一注释。第 4 行“不关雇人之事”之“事”图版为“是”；“驮高走煞”之“煞”字，蒋礼鸿《敦煌语言文献词典》释为“极、甚，表示程度之深”（蒋礼鸿主编：《敦煌文献语言词典》，杭州大学出版社 1994 年版，第 278 页）；《唐五代语言词典》释为：甚辞，相当于“极”“甚”“很”“非常”“太”等，可以作状语，又可以作补语。唐宋时“煞”字此义读去声，“煞”又作“杀”（江蓝生、曹广顺编著《唐五代语言词典》，上海教育出版社 1997 年版，第 329 页）。根据文意，此处“驮高走煞”之“煞”字，有可能作状语。第 5 行“面平章”，“面”后有衍字“张”，删；“章”图版为“障”，改。

② 唐耕耦、陆宏基编：《敦煌社会经济文献真迹释录》第二辑，全国图书馆文献缩微复制中心 1990 年版，第 41 页。第 3 行“雇”图版为“故”，第 5 行“元例生利”，“例”“利”图版分别为“礼”“理”，改。

关雇人之事”；P. 2652 号规定，“如若疮出病死者，得同行三人征见”。其二，当牲畜丢失时，都需要赔偿。S. 6341 号规定“若驮高走煞，不关牛主诸事”，P. 2652 号规定“所有路上驼伤走失，驼［　　　　］在须立［还］本驼，驼价本在”，“若有身东西不平善者，一仰男厶某专甲面上折［却］雇价，立［还］本驼”。可知，若是牲畜生病死掉，可能是牲畜自身的健康有问题，因而雇主不要赔偿。而丢失则不一样，这是因为雇主没有尽到看护责任。

不同之处在于，雇佣的目的与雇价的支付不同。P. 2652 号文书签约的原因是出使外州，雇价“生绢一疋”要在“正月至七月”间填还，属于一次性支付；S. 6341 号契约签订的目的是耕种，雇价按月分期支付，即“十月至九月末。断作雇价每月一石，春价被四月三匹”。此外，即使是牲畜生病死亡，二者的规定也有差别，如 P. 2652 号文书记载驼生病死掉，需同行三人见证，这可能与雇主出使，驼在路上有关；而雇牛耕作，牛主与雇主都在本地，可前去查看病牛，故不需要证人。

关于雇牲畜的契约签押情况，上述样文虽然缺载，但我们可以从其他雇牛、驼的实用契约文书中看到相关人员的签押，以弥补样文的不足：

第一件，P. 2825 号背《唐乾宁三年（896）二月冯文达雇驼契（稿）》：

5　驼主①

第二件，上图 174（6）号《丁丑年（917?）赤心乡百姓郭安定雇驴契》：

6　十月廿七日雇驴人郭安定（押）
7　　口承人妻张氏知
8　　见人孔员道（押）
9　　见人郭保安（押）②

---

① 唐耕耦、陆宏基编：《敦煌社会经济文献真迹释录》第二辑，全国图书馆文献缩微复制中心 1990 年版，第 36 页。

② 沙知辑校：《敦煌契约文书辑校》，江苏古籍出版社 1998 年版，第 304—306 页。

第三件，津博 4402 号背《壬午年（922?）苏永进雇父驼契》：

4　立契押衙苏永进①

第四件，P. 3448 号背《辛卯年（931?）董善通张善保雇驼契》：

11　驼主刘达子（押）
12　雇人董善通（押）
13　雇［人］张善保（押）
14　口承人史男? 子（押）
15　口承押衙张庆明（押）②

第五件，S. 1403 号《某年十二月程住儿雇驴契》：

10　十二月十六日雇驴人程住儿（押）
11　口承人父兵马使程庆庆（押）
12　见人徐贤者
13　见人队头程憨奴（押）
14　见人程善住（押）
15　竹加进（押）③

第六件，S. 10619 号《年代不详白兆唑雇驴契》：

1　雇驴人白兆唑（押）
2　口承男骨子（押）④

---

① 沙知辑校：《敦煌契约文书辑校》，江苏古籍出版社 1998 年版，第 307 页。

② 唐耕耦、陆宏基编：《敦煌社会经济文献真迹释录》第二辑，全国图书馆文献缩微复制中心 1990 年版，第 39 页。

③ 同上书，第 42 页。

④ 沙知辑校：《敦煌契约文书辑校》，江苏古籍出版社 1998 年版，第 318 页。

这6件文书残存的尾署签押，第一件仅有“驼主”二字；第二件和第五件有雇人、口承人、见人的署名及“押”；第六件有雇人和口承人的署名及“押”；第三件只有雇人的署名和“押”；第四件有驼主、雇人、口承人的署名和“押”。经过整合后，我们可以推测雇车牛、驴、驼契尾的完整格式如下：

1　驼（牛、驴）主某（押）
2　雇人　某（押）
3　口承人（若干）某（押）
4　见人（若干）某（押）

总之，从唐西州到归义军时期的雇车牛、驴、驼等契约发展的历程可知，到归义军时期，雇车牛、驼等契约出现了雇佣原因。从内容上看，条款的规定更加详尽，细到归义军时期的牛、驴、驼等牲畜在生病、走失等情况时都有详细的规定。由此知牛、驴、驼等大型牲畜作为家庭的重要财产，人们对它们非常重视。

第三节　手工业、建筑业雇佣契约的基本格式及内容

有关手工业、建筑业方面的出土契约只有麴氏高昌国、唐西州以及吐蕃统治敦煌三个时期。

一　麴氏高昌国时期的手工业雇佣契约基本格式及内容

麴氏高昌国时期与手工业有关的雇佣契券有三件，转录文如下。

第一件，《高昌巳岁（609）王庆祐等三人取银钱作孤易券》：

1　[　　]巳岁二月二日，王庆祐、刘婆□、张□□□
2　[　　　　　]取银钱究（九）文。到三月卅日钱一文得
3　[　　]个。到作孤易之日，要得镬一口，洛余一，孤易
4　[　　]树五寸，孤易破□□□，赵不用，若

孤[　　　　]

5 [　　　　　　　　　　] 十日孤易不毕，一鉬 [　　　　　　]

6 [　　　　　　　　] 若王刘张三人身东西无，仰妇儿收[　　　　　　]

7 [　　　　] 前却不上（偿），听措家财，平为孤易直。四主和 [　　　　]

8 [　　　　] 之后，各不得返悔，□□一罚二入不悔者，民 [　　　　]

9 [　　　　] 二主，各自署名为□。

10 倩□　高住儿

11 时□　令狐□□

12 [　　　　] 令狐延庆取钱二文　　　　　　孤易 [　　　　]

13 [　　　　] 捉友薄依上卷（券）[　　　　]

14 [　　　　] □要间（涧）西冠曹坞 [　　　　][①]

第二件，《麴氏高昌张显佑等雇人作墙残卷》：

（前缺）

1 [　　] 张显佑、阚怀祐 [　　　　]

2 [　　] □合中墙与 [　　　　]

3 [　　] 作卷（券）以竟□ [　　　　]

4 [　　] 即得脱 [　　　　]

5 [　　] 罚二 [　　　　]

① 国家文物局古文献研究室、新疆维吾尔自治区博物馆、武汉大学历史系合编：《吐鲁番出土文书》第三册，文物出版社 1981 年版，第 40—41 页。

（余白）[①]

第三件，《麴氏高昌雇人作墙残卷》：

（前缺）

1 [　　] 仰治墙人了。作卷（券）[　　　]

2 [　　] □水入商（墒），治墙人即得脱 [　　　]

3 [　　] □者一罚二。民有私要，厶行 [　　　]

（余白）[②]

关于这三件契券[③]的格式及内容。第一件作孤易契券的基本格式为签约日

---

① 荣新江、李肖、孟宪实主编：《新获吐鲁番出土文献》，中华书局 2008 年版，第 296 页。

② 同上。

③ 第一件文书内容是作“孤易”。郑学檬先生认为“孤易”一词的“孤”字，应属别字，即“估”字。“估”通“贾”。“孤易”亦即“贾易”。“估”也写作“沽”，见阿 48 号之四“买田券”的记载。可见这件估易券就是为买卖物品而贷银作本的文书。郑先生认为到作孤易之日要得镬一口，镬是铁器，是作为抵押品存在的（参见郑学檬《十六国至麴氏王朝时期高昌使用银钱的情况研究》，载韩国磐主编《敦煌吐鲁番出土经济文书研究》，厦门大学出版社 1986 年版，第 300 页）。王素先生考释：“孤易”之“孤”字是“沽”的假借字，在高昌、西州地区，习惯上称“买卖”为“沽易”，假作为“孤易”（参见王素《吐鲁番所出高昌取银钱作孤易券试释》，《文物》1990 年第 9 期，第 94 页）。但是我们从文书“孤易 [　　] 树五寸，孤易破□□□”知道，镬不是用来作抵押品的，它和洛余一样都是制作孤易的工具。那么，孤易到底是什么东西呢？吴震先生对此解释道：孤易实即土砖。孤宜读若“狐”或“胡”。今陕西俗语犹呼砖为若“胡易”之音，而不记其字。同券“洛余”即制砖木模，或作“洛釐”，当时名称也许是“落砖”。直到近代，当地居民犹以土砖为房舍建筑主要材料（吴震：《吐鲁番出土契券文书的表层考察》，载季羡林、饶宗颐、周一良主编《敦煌吐鲁番研究》第 1 卷，北京大学出版社 1995 年版，第 256 页）。两相对比，吴文解释更为合理。

第二、三件内容是“作墙”。“作墙”之“墙”字，《说文解字》：“墙，凷也。从土；凷，墣也，从土、一屈。象形；墣，块也。从土。”《玉篇》：“墙，土块也”[（汉）许慎撰，（宋）徐铉校订：《说文解字》，长江文艺出版社 2005 年版，第 377 页]。朱雷先生认为：“‘墙’字本意为土块。高昌官府征发大量劳动者去武城（在高昌城西，与交河相邻）‘墙作’。我们看到吐鲁番出土北凉及唐代文书中，有不少关于‘作砖’的记载，‘砖’是以黏土做成的土坯砖，经晒干即可作城墙及房舍建筑用。在麴氏高昌国时期的文书中，目前却未见有‘砖’字，疑此处‘墙作’即是‘作砖’。”（朱雷：《论麴氏高昌时期的“作人”》，载唐长孺主编《敦煌吐鲁番文书初探》，武汉大学出版社 1983 年版，第 60 页）。蒋礼鸿先生《敦煌文献语言词典》解释：“墙作，土木建筑方面的差役。”“墙作额”即充任“墙作人”的名额（蒋礼鸿主编：《敦煌文献语言词典》，杭州大学出版社 1994 年版，第 19 页）。但是笔者以为，墙作和治墙一样，应该都是制作土块之意。

期、雇佣双方姓名、雇价及支付方式、劳作内容及产品要求、违约赔偿、担保以及悔约处罚、契尾签押的倩书人和时见等七项；第二、三件作塥的契券皆残缺，但是两件可以互补，残存格式及内容有雇佣一方的姓名、雇主对产品的要求、责任义务以及悔约处罚等四项。

二 唐西州时期的手工业雇佣契约

唐西州时期的手工业雇佣契约两件，一是制作白水，二是作緤花等物。白水，有可能是“白水饼子”。据高启安考证，“水饼，敦煌文献中没有给我们提供更多线索。……今天的河西农家，仍有‘水饼’的叫法。‘水饼’也叫‘白水饼子’，其做法是用滚烫开水烫好面，然后烙成饼。……面经过开水烫后，略带点甜味，比较适口”①。但是古代吐鲁番地区的“白水”和古代敦煌地区的水饼不知是否为同一物。緤的一个意思是棉花，② 在古代的吐鲁番地区早已有种植。③ 现转相关录文如下。

第一件，《唐咸亨元年（670）五月二十二日西州高昌县宁大乡白欢信雇人契》：

1 □亨元年五月廿二日，宁大乡人

2 □欢信交用钱三文，故（雇）同乡人［ ］

3 □守议作白水为用五日，若有□［ ］

4 □者，一仰守议知当官罪。白欢［ ］

5 □两合立契，画指为信。

6 钱主 白欢信 （后缺）④

---

① 高启安：《唐五代敦煌饮食文化研究》，民族出版社 2004 年版，第 121 页。

② 关于“緤”字的发展变化，参阅刘进宝著《唐宋之际归义军经济史研究》，中国社会科学出版社 2007 年版，第 243—252 页。

③ 参阅沙比提《从考古发掘资料看新疆古代的棉花种植和纺织》，《文物》1973 年第 10 期；赵冈《唐代西州的布价——从物价看古代中国的棉纺织业》，《幼狮月刊》1977 年第 6 期；又见陈国栋、罗彤华主编《经济脉动》，中国大百科全书出版社 2005 年版，第 95—109 页。

④ 荣新江、李肖、孟宪实主编：《新获吐鲁番出土文献》，中华书局 2008 年版，第 63 页。

第二件，《唐景龙二年（708）宋悉感取钱作物契》：

1 景龙二年四月十七日交河县安乐城人

2 宋悉感于高昌县人成义感边铜钱三百

3 二十文。至其年八月卅日内六十四文作緤花二十

4 斤；六十四文至九月三日内作乌麻高昌平斗中九

5 斗；钱一百九十六文作粟一十斛八斗。其物

6 至九月三日内不得一罚二入成。如身东西不

7 在，一仰收［　　］不

（后缺）[①]

从两件文书提供的信息看，第一件作白水契约的基本格式及条款内容主要包括签约时间、雇佣双方的籍贯与姓名、雇价、受雇人的义务、雇主（钱主）的签押等五项。第二件作緤花、乌麻等物的契约格式及内容包括签约日期、雇佣双方籍贯与姓名、雇价及支取方式、不同工作物交付日期、违约处罚及担保五项。契尾缺，签押情况不明。两件文书不同之处，即第一件作白水的契约中有“若有□［　　］□者，一仰守议知当官罪”。[②] 与唐代前期雇人代役契约中的条款对比，本件契约很可能是一件雇人代役的手工业契约。

三　吐蕃时期的手工业、建筑业雇佣契约

吐蕃时期有关手工建筑方面的雇佣契约有两件，转录如下。

第一件，S. 6829 背《卯年（811?）张和和预支麦价承造檛篱契》：

1　卯年四月一日，悉董萨部落百姓张和和，为无种子，

① 国家文物局古文献研究室、新疆维吾尔自治区博物馆、武汉大学历史系合编：《吐鲁番出土文书》第七册，文物出版社 1986 年版，第 504 页。

② 本件契约中有和雇人上烽契与送练契中同样的义务即“官有逋留，不关雇主之事”等类似用语，故此件极有可能也是雇人代役契。参阅杨际平《敦煌吐鲁番出土雇工契研究》，载《敦煌吐鲁番研究》第 2 卷，北京大学出版社 1997 年版，第 217 页。

2 今于永康寺常住处取栛篱价麦一番驮，断
3 造价栛篱二十扇，长九尺，阔六尺。其栛篱限四月
4 廿五日已前造了。如违其限，栛篱请倍，麦
5 一驮倍两驮。恐人无信，故勒此契。卯年四月一日，
6 张和和手帖。中间或身东西，一仰保人等代还。
7 麦主
8 取麦人 张和子年卅一
9 保人弟 张贾子年廿五
10 见人氾老（画押）
11 见人 康赞（画押）
12 见人 齐生（画押）①

第二件，北图59：500背咸字59号《吐蕃寅年（822）氾英振承造佛堂契》：

1 寅年八月七日，僧慈灯于东河庄造佛堂一所，为
2 无博士，遂共悉东萨部落百姓氾英振平章
3 造前佛堂，断作麦八汉硕。其佛堂外面一
4 丈四尺，一仰氾英振垒，并细泥一遍。其佛堂从
5 八月十五日起首。其麦平章日付布一疋，折麦
6 四硕二斗，又折先负慈灯麦两硕一斗，余
7 欠氾英振一硕七斗，毕功日分付。一定以后，不
8 许休悔。如先悔者，罚麦三驮，入不悔人。恐
9 人无信，故立此契。两共平章，画纸为记。
10 博士氾英振年三十三（朱印）
11 见人僧海德②

① 唐耕耦、陆宏基编：《敦煌社会经济文献真迹释录》第二辑，全国图书馆文献缩微复制中心1990年版，第82页。栛蓠一作芘蓠，又作蓖蓠，一种用草梗或枝条编织的帘箔（参阅李正宇著《敦煌学导论》，甘肃人民出版社2008年版，第257页页下注）。

② 唐耕耦、陆宏基编：《敦煌社会经济文献真迹释录》第二辑，全国图书馆文献缩微复制中心1990年版，第54页。

这两件吐蕃管辖敦煌时期的手工业、建筑业方面的契约文书基本格式包括签约日期、雇佣双方籍贯与姓名、签约原因、雇价及支付方式、受雇人的责任或义务、悔约处罚、契尾签押等七项。契尾是受雇人及见人等的签押，其中受雇人、保人标明了年龄，见人的年龄不见标注。在第一件契约的尾署还有“麦主”字样，但不见雇主的签押。此外，从签订契约的原因看，第一件是因为受雇人张和和缺少种子，第二件是雇主僧慈灯为缺少工匠造佛堂。

通过以上两件不同时期的手工业、建筑业方面的雇佣契约文书可知其格式基本相同。但是随着社会的不断发展，有些契约内容已悄然发生了变化，如倩书人在吐蕃时期已经消失；雇佣的原因也发生了变化，如吐蕃、归义军时期的雇佣原因既有雇主的原因也有受雇人的因素，悔约处罚也由唐西州时期的一罚二等模糊的规定一改而为吐蕃与归义军时期的具体数目“如先悔者，罚麦三驮”。

第四节　雇人代役契约的基本格式及内容

雇人代役契主要出现于唐西州时期，包括雇人上烽（番）、送练、做白水[1]等诸多内容，并以雇人上烽契为主。这批文书的出现，为我们了解唐前期西州地区雇佣契约的发展及社会经济军事形势的变化提供了珍贵的历史资料。现选取唐西州时期不同年代的雇人上烽契文书五件分析其基本格式及内容如下。

第一件，《唐张隆伯雇范住落上烽契》（贞观永徽年间）：

1 [　　　] 正月廿八日武城乡 [　　　]

2 [　　] 文雇同乡人范住落用柳 [　　　]

3 十五日，即日与钱四文，残钱三□

① 即上文提到的《唐咸亨元年（670）五月二十二日西州高昌县宁大乡白欢信雇人契》，参阅荣新江、李肖、孟宪实主编《新获吐鲁番出土文献》，中华书局2008年版，第63页。

4 [　　] [迴]来，上钱使毕。若烽上有 [　]

5 [　　　　] 不在，并烽前[忽]有杂 [　]

6 [　　　　　　] 契以后，先有悔[者]，

7 [　　　　　　] [从]私契。两主和可

8 □□人范住落（手印）

9 [　　] 张隆伯（手印）

10 [　　　　]

11 □书人赵武亮①

第二件，《唐显庆三年（658）西州范欢进雇人上烽契》（唐显庆三年）：

1 [显][庆]三[年]十一月二日交河府卫士范欢进[交]

2 用银钱七文雇前庭府卫士白憙欢用 [　]

3 [　] [十]五日。若有逋留，官罪，一 [　　]

4 范悉不知。若更有别使白，计日还钱

5 [　] [两]主和可立契，获指为信。（指节印）

6 钱主　范欢进（指节印）

（后缺）②

第三件，《唐西州高昌县武城乡张玉埴雇人上烽契》（唐总章元年[668]?）：

1 [　　] 正月廿八日，武城乡 [　　　　]

2 [　　　] 银钱八文，雇同乡人解知德当柳中□ [
]

① 国家文物局古文献研究室、新疆维吾尔自治区博物馆、武汉大学历史系合编：《吐鲁番出土文书》第五册，文物出版社 1983 年版，第 59—60 页。

② 同上书，第 142 页。

3　[　　　　]一次十五日。其钱即日交相付□

4　若烽上有逋留，官罪，一仰解知德

5　当。张玉塠悉不知。□有先悔者，一罚

6　二，入不悔人。□指为记。

7　　　　　　钱主　　□□塠

8　　　　　　受雇人　□知德（手印）

9　　　　　　保人　　张板德（手印）

10　　　　　 知见人　张仁豊（手印）①

第四件，《唐西州赵某雇人上烽契》（武周初期长安年间）：

1　[　　　　]六月□海[　　　　]

2　[　　　　]十文雇□李愈居[　　　　]

3　[　　　　]交何（河）上烽□其钱即日付

[　　　　]

4　烽上有逋留官□□仰李自当，赵

5　□□知□□□别二□□悔人。两和立契，获

6　□为。□

7　　　　　钱□　赵

8　　　　　受□□李駋居

（后缺）②

第五件，《武周雇高昌县人康黑奴替番上契》：

---

① 国家文物局古文献研究室、新疆维吾尔自治区博物馆、武汉大学历史系合编：《吐鲁番出土文书》第五册，文物出版社1983年版，第164—165页。

② 国家文物局古文献研究室、新疆维吾尔自治区博物馆、武汉大学历史系合编：《吐鲁番出土文书》第七册，文物出版社1986年版，第272页。

（前缺）

1 [ ] □交用银钱六，铜钱二

2 □文，雇高昌县人康黑奴替

3 [ ] 若□□槽官

4 [ ] 延一日并

5 [ ] 康，其钱

6 [ ] 过期限，今

7 [ ] 不知，更欠

8 [ ] □指为记

9 钱主 [ ]

10 替上 [ ]

11 保知 [ ]

12 知见 [ ]①

这五件雇人上烽契，记载了从唐贞观、永徽年间到武周时期计60余年间雇人上烽契的格式、内容条款的发展变化。基本格式包括签约日期、雇佣双方籍贯姓名、佣作内容、期限、雇价及支付方式、受雇人的责任与义务、违约处罚、契尾（钱主、受雇人、保人）签押等八项。不同之处，结合其他雇人代役契约可知，其一在于雇主对雇价的支付，有的是一次性支付，如张玉埳雇人上烽雇价银钱八文是“其钱即日交相付”；有的分批支付，如《唐张隆伯雇范住落上烽契》规定：“即日与钱四文，残钱三□ [ ] 迴来，上钱使毕。”其二是受雇人附带责任或义务、悔约处罚与尾署签约等不同。如尾署签约的变化，武周之前的契约有“倩书人”字样，武周之后消失，代之而来是“保人（保知）”字样。总之，从唐贞观到武周长安年间雇人代役契的格式及内容条款变化不大，一直处于比较稳定的发展状态。

① 荣新江、李肖、孟宪实主编：《新获吐鲁番出土文献》，中华书局2008年版，第368页。

第五节　借贷还是雇佣：关于几件契约文书性质的探讨

在敦煌吐鲁番出土的契约文书中，有一部分属于雇主预先支付雇价，之后受雇人再以劳力偿还的契约。这种类型的文书主要有《高昌巳岁（609？）王庆祐等三人取银钱作孤易券》、《高昌延和十二年（613）某人从张相憙等三人边雇人岁作券》、《高昌延寿九年（632）范阿僚取钱作酱券》、《唐景龙二年（708）宋悉感取钱作物契》以及吐蕃时期的几件刈麦契与一件承造檛篱契。①

对此，陈国灿先生根据唐代民间借贷的共同点：取利生息，以其内容、手段和特点为标准，认为这是“以劳力偿付债务的契约”，把它归入借贷契约中，但是他又认为这“实际上都是以借贷形式出现的雇佣剥削”。② 童丕先生以 S. 6829 号 4V《卯年悉董萨部落百姓张和和预取造檛篱契》为例，认为这是“以役力偿付借贷”的方式，并且“是一种最悲观消极的偿还方式”。③ 唐耕耦先生指出，敦煌吐鲁番出土的契约文书可分为两部分：一是借贷契约；二是与借贷有关的契约，即其内容既包括借贷，又包括买卖、雇佣、租佃等。在这两种形态的借贷契外，另有一部分契约，虽然也称举麦、取麦、取钱，但实际上不是借贷契，而是预支工价、货款契，它们表面看似无利息，实际上已通过曲折的手法，如压低工价、物价、虚契等，计算了利息。④ 罗彤华先生在《唐代民间借贷之研究》之《借贷之类型》一章将它们列入特殊形态的借贷即预雇型借贷之中，他认为“预雇型借贷以人身役力为主”，⑤ 但是又因其多属个案，其工作内容、地点不同，很难分析其发展趋势，因此“不易显示出借贷的

---

① 参阅国家文物局古文献研究室、新疆维吾尔自治区博物馆、武汉大学历史系合编《吐鲁番出土文书》第三、四、五、七册，文物出版社 1981—1986 年版；唐耕耦、陆宏基编《敦煌社会经济文献真迹释录》第二辑，全国图书馆文献缩微复制中心 1990 年版。

② 唐长孺主编：《敦煌吐鲁番文书初探》，武汉大学出版社 1983 年版，第 224、242 页。

③ ［法］童丕：《敦煌的借贷——中国中古时代的物质生活与社会》，余欣、陈建伟译，中华书局 2003 年版，第 134 页。

④ 唐耕耦：《唐五代时期的高利贷——敦煌吐鲁番出土借贷文书初探》，《敦煌学辑刊》1985 年第 2 期，第 11—14 页。

⑤ 罗彤华：《唐代民间借贷之研究》，北京大学出版社 2009 年版，第 63 页。

性质"。[①] 李正宇先生认为，吐蕃统治敦煌后期的北图 59：500 背即咸字 59 号《吐蕃寅年（822）氾英振承造佛堂契》和 S. 6829 背《卯年张和和预支麦价承造楇篱契》中的雇工都是"以工偿债"或"告借—抵债形式"的借贷。[②]

通观以上学者的观点，可知他们一方面把这种预取雇价的契约视为借贷，但是在另一方面又认为它们具有雇佣的特性。那么，这批文书的性质究竟如何呢？按照现代雇佣的特点，雇佣是一种一方提供劳务、他方支付报酬的关系。《一切经音义》卷 6《劝学注》也记载："佣，卖力也。"[③]《史记》卷 48《陈涉世家》载陈涉"尝与人庸耕"。《索隐》："《广雅》云：'庸，役也。'按：谓役力而受雇直也。"[④] 古代给付佣价的方式，如雇佣契所见，或于毕功之日付值，或采用按月计酬之法，亦即多在工作结束后，或至少依工作进度来给付。但是出土文书中偶然也会见到尚未工作前，受雇人已先向雇主领取雇价的契约，都不外是工作之前先取得酬劳，到约定日期再交付工作物。[⑤] 可知雇价的支付方式有多种，预付工价仅是其中的一种。

此外，这些契约文书还有一个最大的特点，即契约的发起人都是从受雇人的角度出发签订的契约。

如麴氏高昌时期作孤易券中规定"巳岁二月二日，王庆祐、刘婆□、张□□□［　　］取银钱究（九）文，……到作孤易之日"，即受雇人先取雇价再劳动；作酱券中范阿僚四月一日从道人元某处先取银钱二十文；唐西州时期宋悉感在成义感处预取"铜钱三百二十文"；吐蕃时期的令狐善奴"为粮用"，张和和"为无种子"，贺胡子与王晟子"为负官债，填纳不办"等都是如此，受雇人因种种原因要提前预支雇价，即所谓言"借"。但是我们发现在那些因为雇主缺少劳动力为出发点签订的

① 罗彤华：《唐代民间借贷之研究》，北京大学出版社 2009 年版，第 188 页。

② 李正宇：《敦煌学导论》，甘肃人民出版社 2008 年版，第 255、257 页页下注。

③ （唐）释元应撰，清庄炘、钱坫、孙星衍校：《一切经音义》，载《丛书集成初编》本，商务印书馆 1936 年版，第 280 页。

④ （汉）司马迁撰：《史记》卷 48《陈涉世家》，中华书局 1982 年版，第 1949 页。

⑤ 罗彤华：《唐代民间借贷之研究》，北京大学出版社 2009 年版，第 61 页。

契约则很少被人看作借贷契。虽然罗彤华先生认为《高昌延和十二年（613）某人从张相憙等三人边雇人岁作券》中并无借贷字样，但也不能排除是经济弱势之受雇人，请求雇主先行预支以应急。① 但是此券雇价的支付亦如朱雷先生所解释："此处是雇主与被雇人的主人之间发生直接关系，订立契约，规定不得返悔，悔者当受契约所规定的条件受罚。……雇主不虞被雇人逃亡，而将雇价一次性付与被雇人的主人。""颇疑契券中的被雇人'相儿'亦即作人名籍上的'作人相儿'，那么这份契券应是主人将他所有的作人出租以取利。"② 在这种情况下，即使雇主一次性支付全部雇价他也不怕被雇人逃亡，因为他的雇价是支付给受雇人的主人的。受雇人如果逃亡，雇主可以找其主人赔偿由此带来的损失。因此这件契约非借贷契约。而北图 59：500 背号《吐蕃寅年（822）氾英振承造佛堂契》氾英振被雇，是因为僧慈灯要造佛堂"为无博士"，雇主雇价的支付方式："其麦平章日付布一疋，折麦四硕二斗，又折先付慈灯麦两硕一斗。"可知氾英振并不是因为先前的欠债而以役力还钱，虽然之前的欠债在承造佛堂的雇价中扣除，但二者不能混为一谈。

总之，雇佣契约的发生无论受雇人的原因还是雇主的原因，它的发生必须是雇佣双方的行为：雇主一方有劳动力的需求，否则雇主一方完全可以采用借贷生息的方式来获取利润。当然，敦煌吐鲁番出土的这部分雇佣契约既然以借贷的形式出现，只能说明它与借贷契约有着千丝万缕的联系，与借贷契约脱离得还不彻底，还不是非常地成熟、完善，正处于中国古代雇佣契约发展史中的过渡形态，但是本质上仍然属于雇佣契约。

小　结

综上可知，敦煌吐鲁番地区出土的隋唐五代宋初时期雇佣契约无论是农业、畜牧业、手工业、建筑业还是雇人代役等领域里的契约，在这 400

① 罗彤华：《唐代民间借贷之研究》，北京大学出版社 2009 年版，第 61 页。

② 朱雷：《麴氏高昌时期的"作人"》，载唐长孺主编《敦煌吐鲁番文书初探》，武汉大学出版社 1983 年版，第 45、46 页。又见朱雷著《敦煌吐鲁番文书论丛》，甘肃人民出版社 2000 年版，第 54—55 页。

余年间，不同领域里的雇佣契约都经历了一个相同的发展历程，其发展具有同一性、同步性。同时，从文书的具体内容看，这些雇佣契约也都经历了一个由简单到复杂、由简略到详细的过程。如对受雇人义务的规定，细到劳作工具的使用，放羊人对羊群的管理。归义军时期，在农业、畜牧业领域里大部分的雇主还“增加了给受雇人衣物和发生盗贼事件时责任的归属等条款”[①]。而雇佣契约样文如以雇工耕作、雇牛、雇驼契约等为代表的样文的出现，则标志着雇佣契约在中古时期几百年甚至是千余年的历史长河中，经过萌芽、发展、完善、成熟，到唐宋之际终于有了质的飞跃。

---

① 程喜霖：《试析吐鲁番出土的高昌唐代雇佣契券的性质》，载中国古代史编委会编《中国古代史论丛》第3辑，福建人民出版社1982年版，第311页。

第二章

隋唐五代宋初雇佣契约签订的原因及雇佣双方身份

第一节　雇佣双方签约原因

敦煌吐鲁番出土雇佣契约签订的原因，主要有两个因素，一是雇主方面的需求；二是受雇人方面的因素。为明晰起见，笔者从雇主与受雇人两个角度探讨这一时期雇佣契约签订的深层次原因。

一　雇主签约原因

从敦煌吐鲁番出土的雇佣契约知，雇主需要雇佣劳动力的原因有如下几种。

1. 雇主缺少放牧人、"伏缘家内欠缺人力"

在麴氏高昌和唐西州时期，农业和畜牧业领域里的雇佣契约都没有签订契约的原因。农业领域的契约文书，如《高昌延和十二年（613）某人从张相憙等三人边雇人岁作券》中雇主从"张相憙三人边雇佛奴、□□、相儿用岁作，要迳（经）一□［　　　　］校（与）雇价银钱二十□□，钱即毕，人即入作"[①]。《高昌（637?）康保谦雇刘祀海券》中"康保谦雇刘祀海"[②] 以及《高昌延寿八年（631）张憙儿雇人耕作券》中"张憙

① 国家文物局古文献研究室、新疆维吾尔自治区博物馆、武汉大学历史系合编：《吐鲁番出土文书》第四册，文物出版社1983年版，第156页。

② 国家文物局古文献研究室、新疆维吾尔自治区博物馆、武汉大学历史系合编：《吐鲁番出土文书》第三册，文物出版社1981年版，第225—234页。

儿□□□［　　］亩作一次”，支付钱六文，粮食□□□斛三斗。[①] 畜牧业领域里的契约，如《高昌延寿元年（624）张寺主明真雇人放羊券》中“张寺主明真师从严［　　　　］”处雇放羊儿，[②] 唐西州时期的《唐杜定欢雇人放马契》中雇主崇化乡杜定欢雇人放马，[③] 可知这些契约中虽然没有明确写明雇主需要劳动力，但是契约的开头都是以雇主的需求为出发点签订的契约。

归义军统治敦煌时期，雇主签订契约的理由一般是“伏缘家中缺乏人力”、“伏缘家中欠少人力”抑或“家中欠少人力”，已经是比较成熟的套语。如 S. 3877 号《甲寅年（894）五月二十八日张纳鸡雇工契（抄）》中“龙勒乡百姓张纳鸡家内欠少人力，遂取神沙百姓龙憨儿造作一年”，[④] P. 5008 号《戊子年（928 或 988）梁户史汜三雇工契》中“梁户史汜三家中欠少人力，遂于平康（乡）百姓杜愿弘面上雇弟愿长”，[⑤] P. 2451 号《己酉年（925 或 985）二月十二日乾元寺僧宝香雇百姓邓仵子契》记载“乾元寺僧宝香为少人力，遂雇百姓邓仵子八个月”[⑥]等（详情见表 2—1）。

表 2—1　　　　　　归义军时期雇主缺少劳动力雇佣契约

编号	文书名称	雇佣原因
1	S. 3877 号 4V《戊戌年（878）令狐安定雇工契（抄）》	为缘家内欠阙人力
2	S. 1921 号 1V《唐乾宁二年（895）二月雇工契残片》	少人力
3	S. 3011 号 7V《辛酉年（901 或 961）李继昌雇工契（抄）》	伏缘家内阙乏人力
4	S. 6452 号 1V《癸未年（923 或 983）樊再升雇工契（抄）》	伏缘家中欠少人力

① 国家文物局古文献研究室、新疆维吾尔自治区博物馆、武汉大学历史系合编：《吐鲁番出土文书》第三册，文物出版社 1981 年版，第 281 页。

② 同上书，第 207 页。

③ 国家文物局古文献研究室、新疆维吾尔自治区博物馆、武汉大学历史系合编：《吐鲁番出土文书》第六册，文物出版社 1985 年版，第 590 页。

④ 唐耕耦、陆宏基编《敦煌社会经济文献真迹释录》第二辑，全国图书馆文献缩微复制中心 1990 年版，第 56 页。

⑤ 同上书，第 60 页。

⑥ 同上书，第 70 页。

续表

编号	文书名称	雇佣原因
5	S. 5509 号 1V《甲申年（924 或 984）苏流奴雇工契（抄）》	伏缘家内欠少人力
6	P. 3946 号背《后唐清泰二年（935）雇工契（抄）》	今缘及家中阙少人力
7	ДX12012 号《丙申年（936）正月赤心乡百姓宋多胡雇工契》	缘家内欠少人力
8	S. 2710 号《清泰四年（937）残契》	为家中力欠
9	天津艺博 0735 号背《后晋天福四年（939）姚文清雇工契（抄）》	为无人力
10	S. 5578 号《戊申年（948）李员昌雇工契（抄）》	为缘家（内）欠少人力
11	P. 3649 号背《丁巳年（957）贺保定雇工契（抄）》	为缘家内欠少人力
12	S. 1485 号背《己亥年（939?）安定昌雇工契（抄）》	家内欠少人力
13	P. 2877 号背《乙卯年（955?）正月一日孟再定雇工契》	阙少人力
14	P. 3826 号《丁亥年（987）邓憨多雇工契（抄）》	为缘家中欠少人力
15	北图 309：8374 即生字 25 号《甲戌年（974）窦跛蹄雇工契（抄）》	伏缘家中欠少人力
16	P. 2249 号背《壬午年（922 或 982）康保住雇工契》	为缘家中欠少人力
17	P. 3875 号《雇工契残片》	欠阙人力
18	S. 766 号背《壬午年（982）七月贷生绢契（抄）背》	伏缘家内欠少人力
19	S. 1478 号背《丙子年（916?）赤心乡百姓安富通雇工契（习字）》	伏缘家内欠少人力
20	S. 6614 号背《庚辰年（920）洪池乡百姓唐丑丑等雇工契（习字）》	欠少急用，遂雇厶乙
21	北殷 41 号《癸未年（923?）龙勒乡口文德雇工契（习字）》	欠阙人力
22	S. 10564 号《庚子年（940?）洪润乡百姓阴富晟雇工契（习字）》	为家中乏少人力
23	P. 3706 号背《丙午年（946?）莫高乡张再通雇工契（习字）》	为缘家中欠少人力
24	P. 3908 号《丙寅年（966?）慈惠乡百姓张通子雇工契（习字）》	欠少人力
25	S. 0766 号背《壬午年（982）平康乡百姓雇工契（习字）》	伏缘家内欠少人力

注：本表以及下揭文所列表格中引用雇佣契约文书除特别注明出处外，其余皆在文末附表中注明，以下不再一一解释。

由此可知，归义军时期的雇主，多数是因为农业领域缺少劳动力。这与归义军政权中后期土地更多地集中到少数人手中有关。如曹氏归义军时期以来，敦煌的百姓中有土地达到百亩以上者比较普遍，有的甚至是三四百亩。[①] 与此同时，无地或少地的人口增多，他们虽然拥有富余的劳动力，但是无地可耕可种。在这种情况下，土地比较多的雇主，家内的劳动人手可能并不充足，他们需要雇佣一部分人耕种土地。

2. 种麦、秋收等事宜以及战争因素

在出土的雇人代役契约中，除吐蕃时期 P. T. 1098 号《于阗贡使岁赋事》提到受雇人被雇是因为“秋季岁赋贡使轮于阗部落玉来当值……恰逢玉来不在家，从悉董萨部落雇请百姓慕恩子（代替）”[②] 外，在唐西州时期出现的雇人代役契约雇佣的具体原因不明确，但是我们从《新获吐鲁番出土文献》中的两组文书可找到相关佐证。为方便分析，特转录两组文书如下。

第一组，《唐永徽五年（654）九月西州诸府主帅牒为请替番上事》：

（一）1　□：□□身　当今月一日番上，配城西门［　　］

（二）1［　　］湛示

2［　］一日

（三）1［　］当今月一日番上，□［　］

2　［　　］正，秋收　时忙，咨请［　　］

3　［　　］□替处，谨以牒陈，［　　］

4　永徽五年九月一日岸头府旅帅张［　　］

5　依　替　湛　示

6　　　　　　二　日

（四）1　［　　］湛　示

2　［　　］二　日

（五）1　牒：元相□［　　］

---

① 刘进宝：《唐宋之际归义军经济史研究》，中国社会科学出版社 2007 年版，第 20、88 页。

② 王尧、陈践译注：《敦煌古藏文文献探索集》，上海古籍出版社 2008 年版，第 284 页。

2　宅北□［　　］

3　左右□［　　］

4　　　永徽五年九月二日蒲昌府队正张元相［　］

5　　　依替［　　］[①]

第二组，《唐永徽六年（655）五月西州诸府主帅牒为请替番上事》：

（一）1 牒：叠举身当今月十六日番［　　　］

2　虞候职当，即时种麦，［　　　］

3　憧护替处，谨以牒陈，［　　　］

4　永徽六年［　　］

5　　　　依替□［　　］

（二）1　□：□□身当今月十六日番至，配在□

2　平仓职掌，种麦时忙，咨请雇左右

3　辛武俊替上，谨以牒陈，请□□［　　］

（三）1　［　　］湛示

2　十七日

（四）1　□准□［　　］

2　左右刘［　　］

（五）1　［　　］职掌，种麦［　　］

2　［　　］□替上，谨以［　　］

3　　　［　　］蒲昌府队副康护牒。

4　　　　　　　［　］示

（六）1　　　　　［　　］上，配在东［　　　］

2　　　［　　］□内□［　　］[②]

这两组文书所展示的内容是唐西州蒲昌府和岸头府的低级武官因为秋收或

① 荣新江、李肖、孟宪实主编：《新获吐鲁番出土文献》，中华书局 2008 年版，第 114—117 页。

② 同上书，第 118—119 页。

者种麦农忙时节不能及时番上，请求允许由他人顶替的牒文，而上级的批示多是“依替”。在第二组文书（二）中还出现了“雇”字。可能是西州府某低级武官因当平仓执掌，又时逢家里“种麦时忙”，故雇请辛武俊替其番上。虽然在这两组文书出现“雇”字的地方只有这一处，但是我们从第一组文书（三）“秋收时忙，咨请［ ］［ ］□替处”；第二组文书（一）“即时种麦，［ ］憧护替处”和文书（五）“种麦［ ］［ ］□替上”中的“替”字上可以推知，这些“替”上的人员应该也是当值人员雇请的。从其他文书看，“替上”二字也出现于武周时期的一件雇佣契约文书即《武周雇高昌县人康黑奴替番上契》中，在契约的签署中康黑奴是“替上”。① 有可能，在这种类型的契约中“雇”、“受雇”和“替”、“替上”是同一个意思。而且我们从这两组文书中的低级武官请人替番的时间都集中于永徽五年的九月和永徽六年的五月知道，这应该是农忙季节因为秋收、种麦等事宜的缘故而出现的替番文书。唐开元二十五年（737）令规定：“内外官五月给田假，九月给授衣假，分为两番，各十五日。其田假若风土异宜，种收不等，通随便给之。”② 但是因为他们正值番上时间，所以即使在国家规定的法定节假日期内，他们也不能随意一走了之，只好雇人替代。可见，在唐西州时期，即使低级武官的当值也是可以雇人代替的。那么，由此我们也可以推测，在唐西州时期的雇人上烽、雇人送练、作白水等契约中，当上烽、送练或作白水者本人有事脱不开身的情况下，也可以像西州府的低级武官们以种麦、秋收等理由向上级提出申请，并雇人替代。

此外，一个非常重要的原因可能与唐前期西州地区战争导致的人口逃亡或政府迁民有关。唐占领高昌之后，设立唐西州地区，为巩固吐鲁番地区的统治，曾几次迁民于中原内地。《文馆词林》记载：“今即于彼置立州县管领，其伪王以下及官人头首等，朕并欲亲与相见，已命行军发遣入京，秋序稍冷，想比无恙，家门大小，当并平安。”③《旧唐书》载：“其

---

① 荣新江、李肖、孟宪实主编：《新获吐鲁番出土文献》，中华书局 2008 年版，第 368 页。

② （宋）王溥撰：《唐会要》卷 82《休假》，中华书局 1955 年影印本，第 1519 页。

③ 罗国威撰：《日藏弘仁本文馆词林校证》卷 66《贞观年中慰抚高昌文武诏》，中华书局 2001 年版，第 247—248 页。

智盛君臣及其豪右，皆徙中国。”[①] 《新唐书》载：“徙高昌豪桀于中国。”[②] 据刘安志先生研究，唐初西州时期，迁入中原内地的高昌旧民并不在少数。而且从吐鲁番出土文书、碑刻墓志看，有的是举家、举族迁入，有的则是有选择地被强制迁入。也有一些似乎并非高昌望族的人户被强制内徙。这从唐占高昌初期统计人户由原来的8046户降到6466户，少了1580户可知。[③] 冻国栋先生认为，唐前期西州地区户均人口4—5人。[④] 如若按此计算，唐政府迁民口总数当亦是不少。加之先前的战争引起的人口死伤、逃亡，即使唐政府为稳固西州地区的统治从内地迁徙来一批民户或罪囚，但并不能从根本上解决西州地区人口缺少问题。如上述契约中，张隆伯在永徽年间到付县、河头等地三次上烽，这在一定程度上说明可能因为西州人口稀少，上役人数不够。《唐律疏议》冒名相代条规定：“诸征人冒名相代者，徒二年；同居亲属代者，减二等。”疏议曰：“介胄之士，有进无退，征名既定，不可假名。赏罚须有所归，何宜辄相冒代。如有违者，首徒二年，从减一等。同居亲属代者，减二等……若部内有冒名相代者，里正笞五十，一人加一等；县内一人，典笞三十，二人加一等；州所管县多少，通计为罪。各罪止徒二年。主司知情，与冒名者同罪。”[⑤] 可见，唐政府对于假冒征人是严格禁止的。程喜霖先生指出，卫士雇人替代公然见之契约，想必也为官府所承认。府兵尚且如此，州县镇戍烽堠当然也允许雇人上番。[⑥] 杨际平先生认为，唐代的上烽之役是现役，政府不收代役钱。应役民丁或躬行践役，或自行雇人替代。根据契约条款中的受雇人违番不上，或上番后失职，皆由受雇人承当罪责。这也表明，当时当地的雇人上烽代役，得到官方的认可。[⑦] 因为政府迁民和战争原因，西州

---

① （后晋）刘昫撰：《旧唐书》卷198《高昌传》，中华书局1975年标点本，第5296页。

② （宋）欧阳修、宋祁撰：《新唐书》卷221《高昌传》，中华书局1975年标点本，第6223页。

③ 刘安志：《唐初西州的人口迁移》，《中华文史论丛》2007年第3期。

④ 冻国栋：《中国人口史·隋唐五代卷》，复旦大学出版社2002年版，第450页。

⑤ （唐）长孙无忌等撰，刘俊文点校：《唐律疏议》卷16《擅兴》“征人冒名相代”条，中华书局1983年版，第303页。

⑥ 程喜霖：《汉唐烽堠制度研究》，三秦出版社1990年版，第214页。

⑦ 杨际平：《敦煌吐鲁番出土雇工契约研究》，载《敦煌吐鲁番研究》第2卷，北京大学出版社1997年版，第216页。

地区人口减少，在这种情况下，政府默认此地雇人代役，应是无奈之举。

3. “为少畜乘”

从雇主需求的角度出发签订的契约还有雇车、牛、驴、驼等牲畜的契约。从已知文书，我们可以了解到这种类型的雇佣契约主要存在于唐西州和归义军时期。唐西州时期这类契约中的雇主一般都是上烽服役的人。如上文提到的《唐龙朔四年（664）西州高昌县武城乡运海等六人赁车牛契》中有武城乡运海等六人因为去赤亭雇车，《武周长安三年（703）三月酒泉城人雇车往方亭戍契》中酒泉人某雇车往方亭去，《唐贞元四年（788）雇驴契残片》中某人雇驴一头作脚力等[①]。虽然在这些契约的正文中并未写明雇主是因为缺少代步工具而雇用车牛，但其目的使契约产生的原因一目了然。

归义军时期雇牛、驼等契约签订的原因已经出现在契约的正文中（详见表2—2），如P. 2825号背《唐乾宁三年（896）二月冯文达雇驼契（稿）》中“平康乡百姓冯文达奉差入京，为少畜乘，今于同乡百姓李略延边，遂雇八岁黄父驼一头”；[②] S. 1403号《某年十二月程住儿雇驴契》中“队头程住儿，因往甘州充使，缺少畜乘，遂于僧福性面上雇七岁怀身”驴一头；[③] S. 6341号《壬辰年（932?）雇牛契（样式）》中“洪池乡百姓厶（某）乙缺少牛畜，遂雇同乡百姓雷粉堆黄自（牸）牛一头”[④]等。可知，这些出使人员因为缺少脚力，因此与牛主、驼主等人签订雇佣牲畜的契约。也由此可知，归义军政权派遣的出使人员，政府并不配给交通工具，需要出使人员自己雇佣牛、驼等牲畜作为脚力。[⑤]

---

① 陈国灿：《斯坦因所获吐鲁番文书研究》，武汉大学出版社1997年修订本，第550页。

② 唐耕耦、陆宏基编：《敦煌社会经济文献真迹释录》第二辑，全国图书馆文献缩微复制中心1990年版，第36页。

③ 同上书，第42页。

④ 同上书，第40页。

⑤ 归义军政权时期，为其自身的生存，不得不开展对周边少数民族政权的外交关系，遣派使团出使西州、甘州、伊州、长安等地，交往通好，派出的人员身份异常复杂，有官吏、百姓、僧尼等。反映了归义军政权所面临的险恶形势和相应的对外关系。归义军政权的历史实际上是一部与周边民族和平争战的历史。参阅郑炳林、冯培红《唐五代归义军政权对外关系中的使头一职》；郑炳林、冯培红：《晚唐五代宋初归义军政权中都头一职考辨》，载郑炳林主编《敦煌归义军史专题研究》，兰州大学出版社1997年版，第49—91页。

表 2—2　　　　归义军时期缺少脚力或畜力雇佣契约

编号	文书名称	雇佣原因
1	北图殷字 41 号《癸未年（923?）四月十五日张修造雇父驼契》	西州充使，欠阙驼叶（乘）
2	北图殷字 41 号《癸未年（923?）七月十五日张修造雇父驼契》	西州充使，欠阙驼叶（乘）
3	P. 3448 号背《辛卯年（931?）董善通张善保雇驼契》	往入京，欠少驼畜
4	P. 2652 号《丙午年（946）宋某雇驼契（样式）》	使西州，欠少驼畜
5	津博 4402 背《壬午年（922?）苏永进雇父驼契》	于阗充使，欠少畜剩（乘）

二　受雇方签约原因

在敦煌吐鲁番出土的雇佣契约中，因为受雇人的原因签订的契约有以下几种情况。

（一）麴氏高昌时期本主使其外雇与归义军时期“于某面上雇弟（或男）”对外出雇的比较

1. 麴氏高昌时期本主使其外雇赚取雇价

麴氏高昌国时期的雇佣契约，除因雇主需要劳动力签订的契约外，还有一种受雇人一方的签约人非亲自参加劳动的契约，与签约人亲自参加劳动的契约不同的是，这种契约类型的人员外出受雇，主要是因为受雇人的主人即本主有富余的劳动人手，同意出雇人以岁出或者由他们出面和雇主签订契约的方式把家里闲置的劳动力外雇，为本主赚取雇价获得经济收益。如《延昌廿二年（582）康长受从道人孟忠边岁出券》中的岁出者康长受人身隶属于道人孟忠，他在征得主人的同意下，以岁出价“縻麦五十斛”，换得在一定时间内自由安排社会经济活动的权利，对其主人来说，岁出价“五十斛”即是他为主人获得的经济利益。又如《高昌延和十二年（613）某人从张相憙等三人边雇人岁作券》中的受雇者佛奴、相儿等三人，他们也是隶属于其主人张相憙等三人的。朱雷先生指出，契约是“由雇主与佣作人的主人之间签订的，佣作者无权签订他与雇主之间雇佣岁作的契券”，“四主和同立券”，雇价也是直接支付给主人的。再如《高昌延寿元年（624）张寺主明真雇人放羊券》中的放羊儿之相对于其主人严某来讲亦是富余的劳动力，他被主人在以经济利益为目的驱动下以出雇的方式外出赚取收益，张寺主支付给严某雇价“糜□□□五斛”，但是一日只给放羊儿“一分饼与糜二斗”。“这里表明，他们的主人把他们如同自己的牲畜一样，出赁给需要劳动力的雇主。”① 由此可见放羊儿等人仅仅是本主赚取经济收益的工具，具有剥削性。

2. 归义军时期“于某面上雇弟（或男）”的对外出雇

在归义军时期出现了一部分“于某面上雇弟（或男）”的契约，从契约内容表达的信息可知，“某”一般是家长，他们是受雇人的父亲或兄长。由表2—3所列18件契约内容可知，其中父子关系比较明确的有12件，兄弟关系2件，余4件家长与受雇人的关系虽然不是非常明确，但他们仍属于家长与家庭成员之间的关系。在古代中国，父亲或兄长处于家长的地位，有权力决定受雇人是否与雇主签约，甚至出雇。所以，这种雇佣契约中的受雇人是在家长的同意下外出劳动，赚取雇价，贴补家用。

综上可知，归义军时期“于某面上雇弟（或男）”中的受雇人与麴氏高昌国时期隶属于其主人的受雇人之间不同的是，麴氏高昌国时期的受雇人人身是直接隶属于其主人，他们是主人赚取经济利益的工具，没有人身自由。不仅与本主，而且与雇主之间的社会地位关系也是不平等的，他们没有和雇主自由签订契约的权利。但是归义军时期的受雇人和家长之间是家庭成员之间的关系，他们在家长的监护下与雇主签订契约，与雇主的地位平等。最终这种社会地位的不同直接导致了他们佣工所得收益的归属不同。

表2—3　　归义军时期“于某面上雇弟（或男）”契约

编号	文书名称	雇主	受雇人	与家长关系
1	S.3877号4V《戊戌年（938）令狐安定雇工契（抄）》	洪润乡百姓令狐安定	龙勒乡百姓龙聪儿［面上雇　　］	不明

① 朱雷：《论麴氏高昌时期的“作人”》，载唐长孺主编《敦煌吐鲁番文书初探》，武汉大学出版社1983年版，第44页；又见朱雷《敦煌吐鲁番文书论丛》，甘肃人民出版社2000年版，第54页。

续表

编号	文书名称	雇主	受雇人	与家长关系
2	北殷41《癸未年（923?）龙勒乡口文德雇工契（习字）》	龙勒乡□□□文德	于赤心乡贺康三雇取□	不明
3	P.2877号背《乙卯年（955?）正月一日孟再定雇工契》	莫高乡百姓孟再定	龙勒乡百（姓）马富郎弟盈德	兄弟
4	S.5509号1V《甲申年（924或984）苏流奴雇工契（抄）》	敦煌乡百姓苏流奴	效谷乡百姓韩德儿面上，雇壮儿	父子
5	S.1485号背《己亥年（939?）安定昌雇工契（抄）》	通颊乡百姓安定昌	赤心乡百姓曹愿通面上［　］	不明
6	ДX12012号《丙申年（936）正月赤心乡百姓宋多胡雇工契》	赤心乡百心（姓）宋多胡	洪池乡百姓马安住男	父子
7	天津艺博0735号背《后晋天福四年（939）姚文清雇工契（抄）》	百姓姚文清	同乡百姓程义深男	父子
8	S.5578号《戊申年（948）李员昌雇工契（抄）》	敦煌乡百姓李员昌	赤心乡百姓彭铁子［面上雇　］	不明
9	P.3826号《丁亥年（987）邓憨多雇工契（抄）》	敦煌乡百姓邓憨多	莫高乡百姓耿憨多面上雇男	父子
10	北图309：8374生25《甲戌年（974）窦跛蹄雇工契（抄）》	慈惠乡百姓窦跛蹄	龙勒乡邓纳儿钵面上雇男延受	父子
11	P.2249号背《壬午年（922或982）康保住雇工契》	慈惠乡百姓康保住	莫高乡百姓赵紧近面上雇男	父子
12	P.3094号背《某某雇工契》	不明	［　］面上雇男愿千	父子
13	S.766号背《壬午年（982）七月贷生绢契背雇工契（抄）》	平康乡	赤心乡百姓罗不奴面上雇男长盈	父子

续表

编号	文书名称	雇主	受雇人	与家长关系
14	P. 3441 号背《康富子雇工契（样式）》	百姓康富子	厶乡百姓厶专甲男	父子
15	P. 3706 背《丙午年（946?）莫高乡张再通雇工契（习字）》	莫高乡张再通	赤心乡百姓安万定男永昌	父子
16	P. 3441 号背《康富子雇工契（样式）》	百姓康富子	厶乡百姓厶专甲男	父子
17	S. 3011 号 7V《辛酉年（901 或 961）李继昌雇工契（抄）》	神沙乡百姓李继昌	慈惠乡百姓吴再通男住儿	父子
18	P. 5008 号《戊子年（928 或 988）梁户史氾三雇工契》	梁户史氾三	平康乡百姓杜愿弘面上雇弟愿长	兄弟

（二）赚取雇价贴补家用、“为无种子”、“为粮用”、“欠负官债，填纳不还”

在敦煌吐鲁番出土的雇佣契约中也有很多契约的签订是由于受雇者家庭贫困。这种情况的契约，既存在于受雇人与雇主主动签订的契约中，也存在于雇主“伏缘家内欠缺人力”签订的契约中。

1. 麴氏高昌及唐西州时期的贴补家用

吐鲁番出土的雇佣契约中虽然并未标明契约产生的真正原因，但是我们从这时期的雇佣契约大都是短期雇佣，如麴氏高昌时期的雇人作酱券、唐西州时期的雇人代役契，特别是后者，雇主雇人上烽（番）一次 15 天，雇价银钱从贞观、永徽年间的四文、五文上涨到武周时期的八文、九文、十文不等。即使替烽的危险性很大，然而这种比较优厚的待遇还是吸引着一部分生活贫困的人去替烽。如阿斯塔那 518 号墓文书《唐神龙二年（706）西州交河城人张买苟辞为诉受雇上烽事》记载：

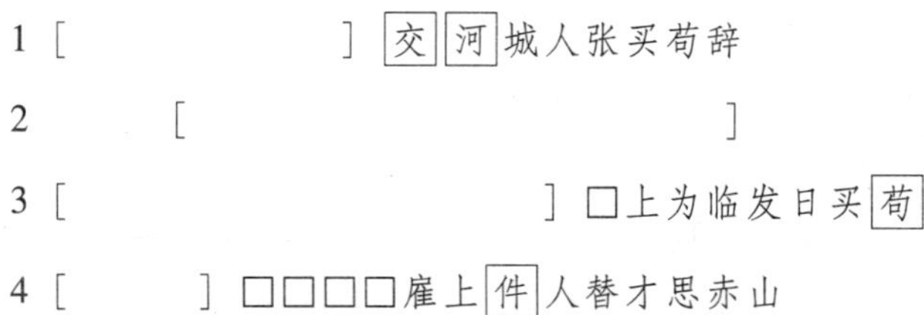
1 [　　　　] 交河城人张买苟辞

2 [　　　　　　]

3 [　　　　　　] □上为临发日买苟

4 [　　　] □□□□雇上件人替才思赤山

5 [　　　] □到镇，所有逋留官罪及逃检不到

6 [　　　　] 上日　　　将军□□其人点□

7 [　　　　　　　　　　　] 买苟贫儿

8 [　　　　　　　　　　　　] □钱，其守亮

9 [　　　　　　　　　　　　]

10　　　　[　　　　　] 示

11　　　　[　　　　　] 日

12　　　　[　　　　　] □州[①]

在诉辞中，交河城人张买苟自诉替才思去赤山上烽，但是之后并未拿到工钱，因此请求州府依法批判才思支付雇价。在上辞中，张买苟自称是“贫儿”。又如送练契中的受雇人赵申君在文书《唐张相□等佃田契》中是佃田人。[②] 赵申君既佃种土地，又受雇替役，可见生活也不宽裕。

2. 吐蕃时期的“为无种子”、“无粮用”

吐蕃统治敦煌时期，由于经过长年战乱，敦煌的社会生产生活遭到极大破坏，敦煌各部落百姓生活比较贫困，吐蕃时期的徭役或者赋税又重，所以这时期雇佣契约的签订有很大一部分原因是受雇人缺少种子或食粮。如 S. 6829 号背《卯年（811）张和和预支麦价承造楬篱契》记载悉董萨部落百姓张和和，为“无种子”于永康寺常住处取楬篱价麦一番驮等。P. 2964 号《巳年（837）二月十日令狐善奴便刈麦价契稿》记载康悉杓家令狐善奴“为粮用”，从龙兴寺便刈价“麦一硕六斗”。[③] 他们都因为贫困而受雇。

3. “欠负官债，填纳不办”

吐蕃时期还有一类雇佣契约的签订是因为受雇人“欠负官债，填纳

① 国家文物局古文献研究室、新疆维吾尔自治区博物馆、武汉大学历史系合编：《吐鲁番出土文书》第七册，文物出版社 1986 年版，第 330—331 页。

② 国家文物局古文献研究室、新疆维吾尔自治区博物馆、武汉大学历史系合编：《吐鲁番出土文书》第六册，文物出版社 1985 年版，第 176 页。

③ 唐耕耦、陆宏基编：《敦煌社会经济文献真迹释录》第二辑，全国图书馆文献缩微复制中心 1990 年版，第 82、94 页。

不办”。如 S. 5998 号背《年代不详悉宁宗部落百姓贺胡子预取刘价契》中悉宁宗部落百姓贺胡子为“负□□□纳不办”,[①] S. 5998 号《年代不详悉宁宗部落百姓王晟子预取刘麦契（习字)》中悉宁宗部落百姓王晟子“为负官债，填纳不办”。[②] 吐蕃占领河陇地区以后，占领区的百姓要缴纳众多的赋税，有农业税、畜牧税、金银税、商业税、关卡税、酥油税、纸张税、草税、官布税、酒税、贡赋等多种,[③] 这些赋税给占领区的百姓带来了沉重的负担。雇佣契约中的受雇人“为负官债”，通过雇佣取得工价，偿还官债。也是因为贫困而受雇。

综上所述，敦煌吐鲁番出土的雇佣契约不论是短期雇佣还是长期雇佣签订契约的原因，无论是从雇主的角度出发还是从受雇人的角度出发，都说明了在当时的社会经济条件下，一方面是雇主需要劳动力，另一个方面是受雇人无地或少地，家庭又比较贫困或有富余的劳动力（麴氏高昌时期的本主和雇主直接签订的雇佣契约除外）在农闲或者农忙季节为人佣作，赚取雇价贴补家用或偿还债务。

第二节　雇佣双方的身份与地位

关于中古时期雇佣关系中雇佣双方的身份与地位，黄清连、朱雷、姜伯勤、程喜霖、张泽咸、王素诸位先生认为这时期的雇主一般是庄园主、地主、小地主、商人或官僚，有的是卫士；受雇人一般是比较贫穷的自耕农、佃农或流民等（详见学术史回顾部分）。那么，在敦煌吐鲁番出土的雇佣契约或其他文书中所涉及的雇佣双方的身份及地位又如何呢?

---

① 沙知辑校:《敦煌契约文书辑校》，江苏古籍出版社 1998 年版，第 244 页。

② 同上书，第 246 页。吐蕃占领区的百姓承担着繁重的赋税，主要有地租、一种税收(khral)、劳役地租、贡赋等。

③ 王尧主编:《王尧藏学文集·吐蕃简牍综录·藏语文研究》，中国藏学出版社 2012 年版，第 183 页；旦扎西、杨永红:《西藏古近代军事史研究》，西藏人民出版社 2012 年版，第 120 页；陆离:《吐蕃统治河陇西域时期制度研究》，中华书局 2011 年版，第 197 页；格藏才让:《吐蕃经济研究》，硕士学位论文，西藏大学，2015 年，第 30—33 页。

一　雇主的身份及地位

为分析方便，列举麴氏高昌国、唐西州时期、吐蕃与归义军统治敦煌时期的雇主，如表2—4至表2—8所示。

1. 麴氏高昌国时期的雇主

表2—4　　麴氏高昌国时期的雇主与受雇人

编号	文书名称	雇主	受雇人	佣种	受雇人来源
1	《高昌巳岁（609）王庆祐等三人取银钱作孤易券》		王庆祐、刘[婆]□、张□□、令狐延庆	作孤易	
2	《高昌延和十二年（613）某人从张相憙等三人边雇人岁作券》	雇主某	佛奴、□□、[相]儿	岁作	张相憙等三人边
3	《高昌延寿元年（624）张寺主明真雇人放羊券》	张寺主明真	放羊儿某	放羊	严某处
4	《高昌午岁武城诸人雇赵沙弥放羊契》	武城诸人	赵沙弥	放羊	
5	《高昌延寿八年（631）张憙儿雇人耕作券》	张憙儿		亩作一次	
6	《高昌康保谦雇刘祀海券》	康保谦	刘祀海	疑同上	
7	《麴氏高昌张显佑等雇人作塸残券》		张显佑、阚怀祐等	作塸	
8	《麴氏高昌雇人作塸残券》		治塸人	作塸	
9	《高昌乙酉丙戌岁某寺条列月用斛斗账历》	寺院	外作人、小儿	掘葡萄沟、政车、刈麦、蒿糜	
10	《高昌某寺月用麦、粟、钱、酒账》	寺院	大客儿、小客儿、小儿		
11	《麴氏高昌延寿九年(632)范阿僚举钱作酱券》	道人	范阿僚	作酱、酉乍或苦酒	

表2—4所列雇主是寺院或寺主3件，道人1件，武城诸人1件，其他7件契约中的雇主或缺载或身份不明。高昌国时期的地主和富裕的平民或建有家寺。多数寺院以姓氏为名，如牛寺、王寺、孔寺、田寺、许寺等。因一姓之中或有数寺，故常于寺名之后加上寺主姓名，甚或径直名为某某人寺。[①] 如表中第3件以姓氏加寺主命名：张寺主明真。高昌国时期的寺院有的占据着大量的土地或其他资产，如张寺主明真雇人放羊150只。又如第9件账历中记载的某寺在开春之前的准备工作或者农忙时节的劳作都是通过雇人来完成，其中的一次掘葡萄沟雇佣竟然达到20人，五月"雇外作人十人，用刈麦"，六月"雇六人种秋"。由此应可推算该寺田土至少也在一顷以上。[②] 谢重光先生认为麴氏高昌时期的多数寺院占有大量田园，雇工耕种成为其主要经营形式之一。[③] 寺院成为麴氏高昌国时期的重要雇主之一。

此外，麴氏高昌国时期的雇主还有一部分是富裕的平民。如第5件雇主张憙儿，据同墓出土《高昌重光三年（622）张憙儿入俗租粟条记》、《高昌延寿元年（624）十二月租粟条记》、《高昌延寿三年（626）正月张憙儿入租酒条记》以及《高昌张憙儿入俗银钱残条记》[④] 等文书，可知张憙儿连续几年交租粟或租酒银钱分别为：622年8斗粟、624年8斗粟、626年租酒、某年银钱2文。张憙儿某年交银钱2文，大概张憙儿至少有田地50亩，[⑤] 结合本件契约张憙儿631年雇短工耕作契券，张憙儿也应是有大量土地的富裕百姓。又第6件雇主康保谦还出现在《高昌延寿十四年（637）康保谦买园券》中，康保谦买园花费银钱至少20文，[⑥] 康保谦既买园，又雇人上烽。据此，康保谦的家境应该比较富裕。

---

① 杨际平：《麴氏高昌土地制度试探》（上），《新疆社会科学》1987年第3期。

② 同上。

③ 谢重光：《麴氏高昌寺院经济试探》，《中国经济史研究》1987年第1期。

④ 国家文物局古文献研究室、新疆维吾尔自治区博物馆、武汉大学历史系合编：《吐鲁番出土文书》第三册，文物出版社1981年版，第271—276页。

⑤ 杨际平：《麴氏高昌土地制度试探》（下），《新疆社会科学》1987年第4期。

⑥ 国家文物局古文献研究室、新疆维吾尔自治区博物馆、武汉大学历史系合编：《吐鲁番出土文书》第四册，文物出版社1983年版，第37页。

2. 唐西州时期的雇主

表 2—5　　　　　　　　唐西州时期的雇主和受雇人

编号	文书名称	雇主（身份）	雇人（身份）	佣种
1	《唐西州高昌县赵某雇人契》	高昌县赵某	范某	武城口口
2	《唐龙朔四年（664）西州高昌县武城乡运海等六人赁车牛契》	武城乡运海、范欢进、翟某、张某等六人	高昌县车牛主张贵儿	脚力
3	《武周长安三年（703）三月酒泉城人雇车往方亭戍契》	酒泉城人	酒泉[城]人	脚力
4	《唐某人雇人送练契》	唐某	张迴君	送练
5	《唐张某等雇赵申君送练契》	唐某	赵申君	送练
6	《唐杜定[欢]雇人放马契》	崇化乡杜定[欢]	宁大乡□善[欢]	放马
7	《唐西州交河县严某受雇上烽契》		交河县□□乡严某	上烽
8	《唐张隆伯雇董悦海上烽契》	高昌县武城□□□张隆伯	宁戎乡董悦海	河头上烽
9	《唐张隆伯雇范住落上烽契》	高昌县武城乡张隆伯	同乡人范住落	正月上烽
10	《唐张隆伯雇人上烽契》	高昌县武城乡张隆伯	□悦	□付县上烽
11	《唐张信受雇上烽契》		同乡张信	上烽
12	《唐永徽六年（655）匡某雇人上烽契》	高昌县武城乡匡某	□乡易隆仁	上烽
13	《唐永徽六年（655）西州高昌县宁昌乡令狐相□受雇上烽契》		宁昌乡令狐相□	上烽
14	《唐显庆三年（658）西州范欢进雇人上烽契》	交河府卫士范欢进	前庭府卫士白憙欢	上烽
15	《唐西州高昌县武城乡张玉塠雇人上烽契》	高昌县武城乡张玉塠	同乡人解知德	柳中县上烽

续表

编号	文书名称	雇主（身份）	雇人（身份）	佣种
16	《唐牛定武雇人上烽契》	牛定武		上烽
17	《唐牛某雇人残契》		令狐海幢	
18	《唐辛某残契》			疑雇人上烽
19	《唐西州高昌县严某雇人上烽契》	高昌县严某	交河县赵松	交河上烽
20	《唐西州高昌县阳某雇人上烽契》	高昌县阳某	交河县某	神山上烽
21	《唐西州赵某雇人上烽契》	赵某	李愈居	交河上烽
22	《唐侯某雇人上烽契》	侯某		上烽
23	《武周雇高昌县人康黑奴替番上契》		高昌县康黑奴	
24	《唐雇□黑奴上烽契残片》		□黑奴	
25	《唐咸亨元年（670）五月二十二日西州高昌县宁大乡白欢信雇人契》	宁大乡白欢[信]	同乡[人]□[守]议	作白水
26	《唐某年二月十四日西州高昌县宁大乡何善慈雇人契》	宁大乡[何]善慈	同□人肯石□	往赤亭，一道差……

从表2—5所列唐西州时期的雇主籍贯可知，这时期的雇主一般是唐西州时期各县府或乡的百姓。其中高昌县12人，包括崇化乡1人、武城乡5人、宁大乡2人，不明乡籍4人；交河府1人，酒泉城1人；其他县或乡不明身份12人。程喜霖先生指出，唐西州时期的雇主一般是商人、小地主和富裕的自耕农民①，有的是卫士，或者是西州府的低级武官②。如第6件崇化乡杜定欢雇“宁大乡杜善欢”放马，雇价“□钱十”，据同

① 程喜霖：《从吐鲁番出土文书中所见的唐代烽堠制度之一》，载唐长孺主编《敦煌吐鲁番文书初探》，武汉大学出版社1983年版，第292页。

② 在《新获吐鲁番出土文献》中《唐永徽六年（655）五月西州诸府主帅牒为请替番上事》之（二）有西州折冲府低级武官们上番的请假文书，其中某人应当番平仓执掌，因种麦时忙，“雇”辛武俊替上，据孟宪实考证，这些武官们都是西州诸折冲府的低级官吏（参阅孟宪实《唐代府兵“番上”新解》，《历史研究》2007年第2期）。由此可知，在唐西州时期，雇主当中也有低级官员。

墓出土的《唐杜定欢举钱残契》与《唐杜定欢赁舍契》[①] 中所载信息，可推测杜定欢借钱或租赁证圣寺三纲僧练伯房屋“中下房五口”，与“钱三十文□”，似乎杜定欢需要租赁房屋来放置货物，但是他又签订了借钱契约，因资金一时周转不开借钱。在《唐康辰花残契》（一、二）[②] 康辰花向杜定欢买物花钱“六文”，但是只“与钱二文”，余下的钱暂时赊欠。据此，杜定欢有可能是商人。又如第14件雇主范欢进是交河府卫士，在《唐贞观二十三年（649）高昌县范欢进买马契》和《唐永徽元年（650）高昌县范欢进买奴契》[③] 中知范欢进拥有马匹、奴婢。当时高昌市场上的一匹马价高达银钱35—38文，奴婢价格大练40匹，[④] 程喜霖先生认为，范欢进是“均田民中的富户”，[⑤] 白须净真先生认为，范欢进属于“家境殷实的平民”。[⑥]《旧唐书》卷43《职官志》记载：卫士“皆取六品已下子孙，及白丁无职役者点充。”[⑦]《唐律疏议》卷16《擅兴》检点卫士征人不平条记载：唐初置府兵时的原则是“财均者取强，力均者取富，财力又均先取多丁”。[⑧] 范欢进身份为卫士，可以雇人代番，并买马蓄奴，结合同墓出土的《唐龙朔三年（663）西州范欢进等送果毅仗身钱抄》[⑨]，范欢进纳课支付仗身钱，从而免去充当折冲府副职右果毅（都尉）仗身的杂税。虽然这些文书都在范欢进雇人上烽之后的几年里，

---

① 国家文物局古文献研究室、新疆维吾尔自治区博物馆、武汉大学历史系合编：《吐鲁番出土文书》第六册，文物出版社1985年版，第586—588页。

② 同上书，第591—592页。

③ 国家文物局古文献研究室、新疆维吾尔自治区博物馆、武汉大学历史系合编：《吐鲁番出土文书》第五册，文物出版社1983年版，第104—105、108页。

④ 国家文物局古文献研究室、新疆维吾尔自治区博物馆、武汉大学历史系合编：《吐鲁番出土文书》第九册，文物出版社1990年版，第27、48页。

⑤ 程喜霖：《从吐鲁番出土文书中所见的唐代烽堠制度之一》，载唐长孺主编《敦煌吐鲁番文书初探》，武汉大学出版社1983年版，第292页。

⑥ ［日］白须净真：《吐鲁番的古代社会——新兴平民阶层的崛起与望族的没落》，载殷晴主编《吐鲁番学新论》，新疆人民出版社2006年版，第649—650页。

⑦ （后晋）刘昫等撰：《旧唐书》卷43《职官志》，中华书局1975年标点本，第1834页。

⑧ （唐）长孙无忌等撰，刘俊文点校：《唐律疏议》卷16《擅兴》“检点卫士征人不平”条，中华书局1983年版，第302页。

⑨ 国家文物局古文献研究室、新疆维吾尔自治区博物馆、武汉大学历史系合编：《吐鲁番出土文书》第五册，文物出版社1983年版，第109—110页。

但是不影响他有可能出身于低级官吏家庭，或者是在经济上富裕、政治上颇有势力的地主。再如第 8、9、10 件雇主都是武城乡张隆伯，在不同的时间里他三次雇人上烽，雇价银钱分别是 5 文、7 文，第三次虽雇价不明，当也不少于 5 文。张隆伯如此频繁地雇人上烽，并且雇价基本上一次性支付，这也从一定程度上反映了张隆伯家资丰厚。

3. 吐蕃时期的雇主

表 2—6　　　吐蕃统治敦煌时期的雇主及受雇人

编号	文书名称	雇主（身份）	雇人（身份）	佣种
1	S. 6829 背《卯年（811?）张和和预支麦价承造𢇛篱契》	永康寺常住处	悉董萨部落百姓张和和	造𢇛篱
2	北图 59：500 背即咸字 59 号《寅年（822）氾英振承造佛堂契》	僧慈灯	悉东萨部落百姓氾英振	造佛堂
3	P. 2964《巳年（837）二月十日令狐善奴便刈麦价契稿》	龙兴寺	康悉杓家令善狐奴年	刈麦
4	S. 5998 背《年代不详悉宁宗部落百姓贺胡子预取刈价契》	丝绵	悉宁宗部落百姓贺胡子	收割
5	S. 5998 号《年代不详悉宁宗部落百姓王晟子预取刈麦契》	不明	悉宁宗部落百姓王晟子	刈麦
6	P. T. 1297（4）《收割青稞雇工契》	比丘张海增	谢比西	收割十畦青稞
7	P. T. 1098 号《于阗贡使岁赋事》①	于阗人玉来	慕恩子	送贡史岁赋

① 王尧、陈践译注：《敦煌古藏文文献探索集》，上海古籍出版社 2008 年版，第 284 页。

表2—6中的7件文书中的雇主分别是寺院如永康寺与龙兴寺或僧人（第1、2、3、6件）。这主要是因为吐蕃统治者信奉佛教，占领敦煌以后继续推崇佛教，僧人和寺院在吐蕃社会中占据着特殊的地位，聚敛了大量的财富，占有大量的土地与属民。当劳动力缺乏时寺院或僧人需要雇人劳作。第4、5两件中的雇主身份不明，但是受雇人收割田地的数量，一为20亩，一为30亩。可知，雇主对土地的占有至少超过这20亩或30亩，或不只签订一份雇人刈麦契约。因此，吐蕃时期非寺院或僧人身份的雇主应当也是比较富裕的吐蕃占领区的部落百姓。

4. 归义军时期的雇主

表2—7　　归义军时期农业契约中的雇主及受雇人

编号	文书名称	雇主（身份）	雇人（身份）	佣种
1	S.3877号4V《戊戌年（878）令狐安定雇工契》	洪润乡百姓令狐安定	龙勒乡百姓龙聪儿	造作一年
2	S.3877号《甲寅年（894）五月二十八日张纳鸡雇工契》	龙勒乡百姓张纳鸡	神沙乡百姓龙憨儿	造作一年
3	S.1921号1V《唐乾宁二年（895）二月雇工契残片》	缺	漠高乡	缺
4	Дx1323—5942《年代不详押衙刘某雇牧羊人契》	押衙刘某	当王	牧羊三年
5	S.3011号7V《辛酉年（901或961）李继昌雇工契》	神沙乡百姓李继昌	慈惠乡百姓吴再通	造作一年
6	S.6452号1V《癸未年（923或983）樊再升雇工契》	龙勒乡百姓贤者樊再升	效谷乡百姓樊再员	造作营种九个月
7	S.5509号1V《甲申年（924或984）苏流奴雇工契》	敦煌乡百姓苏流奴	效谷乡百姓韩德儿之子壮儿	营种九个月
8	P.5008号《戊子年（928或988）梁户史氾三雇工契》	梁户史氾三	平康乡百姓杜愿弘弟愿长	造作
9	P.3946号背《后唐清泰二年（935）雇工契》	阎佳、阎进子	缺	缺
10	S.2710号《清泰四年（937）残契》	洪润乡百姓氾富川	缺	缺

续表

编号	文书名称	雇主（身份）	雇人（身份）	佣种
11	天津艺博 0735 号背《后晋天福四年（939）姚文清雇工契》	百姓姚文清	同乡百姓程义深之子	造作
12	S. 5578 号《戊申年（948）李元昌雇工契》	敦煌乡百姓李元昌	赤心乡百姓彭铁子	造作一年
13	P. 3649 号背《丁巳年（957）贺保定雇工契》	敦煌乡百姓贺保定	赤心乡百姓龙员定	造作一年
14	S. 1485 号背《己亥年（939?）安定昌雇工契》	通颊乡百姓安定昌	赤心乡百姓曹愿通	缺
15	P. 2877 号背《乙卯年（955?）正月一日孟再定雇工契》	莫高乡百姓孟再定	龙勒乡百姓马富郎弟盈德	造作一年（九个月）
16	P. 3826 号《丁亥年（987）邓憨多雇工契》	敦煌乡百姓邓憨多	莫高乡百姓耿憨多之子	造作一年
17	北图 309：8374《甲戌年（974）窦跛蹄雇工契》	慈惠乡百姓窦跛蹄	龙勒乡邓纳儿钵之子延受	造作一年
18	P. 2451 号《己酉年（925 或 985）二月十二日乾元寺僧宝香雇百姓邓仵子契》	乾元寺僧宝香	百姓邓仵子	造作八个月
19	P. 2249 号背《壬午年（922 或 982）康保住雇工契》	慈惠乡百姓康保住	莫高乡百姓赵紧进之子	造作一年
20	P. 3094 号背《某某雇工契》	缺	男愿千	造作九月
21	S. 6946 号 2V《太平兴国九年（984）契》	莫高乡百姓押衙阴丑挞	缺	缺
22	P. 3875 号《雇工契残片》	兵马使曹庆庆	缺	缺
23	S. 766 号背《壬午年（982）七月贷生绢契》背后	平康乡百姓某	赤心乡百姓罗不奴男长盈	造作一年
24	S. 1478 号背《丙子年（916?）赤心乡百姓安富通雇工契》	赤心乡百姓安富通	赤心乡百姓宋通子	造作九个月
25	S. 6614 号背《庚辰年（920）洪池乡百姓唐丑丑等雇工契》	洪池乡百姓唐丑丑	慈惠乡百姓氾子通	不明
26	北殷 41 号《癸未年（923?）龙勒乡□文德雇工契》	龙勒乡□文德	赤心乡百姓贺康三	不明

续表

编号	文书名称	雇主（身份）	雇人（身份）	佣种
27	S. 10564 号《庚子年（940?）洪润乡百姓阴富晟雇工契》	洪润乡百姓阴富晟	同乡百姓阴阿朵	造作一年
28	P. 3706 号背《丙午年（946?）莫高乡张再通雇工契》	莫高乡张再通	赤心乡百姓安万定男永昌	营作九个月
29	P. 3908 号《丙寅年（966?）慈惠乡百姓张通子雇工契》	慈惠乡百姓张通子	赤心乡百姓索和信	造作一年
30	ДX12012《丙申年（936）正月赤心乡百姓宋多胡雇工契》①	赤心乡百姓宋多胡	洪池乡百姓马安住男	营作九个月

表 2—8　　归义军时期雇牛、驴、驼等出使契约中的雇主、牛主

编号	文书名称	牛（驴、驼）主	雇主	佣种	备注（雇价）
1	P. 2825 号背《唐乾宁三年（896）二月冯文达雇驼契》	平康乡百姓李略延	同乡百姓冯文达	脚力入西州	准绢五疋
2	北殷 41 号《癸未年（923?）四月十五日张修造雇父驼契》	押衙王通□	张修造	脚力入西州	官布十六疋，长七八
3	北殷 41 号《癸未年（923?）七月十五日张修造雇父驼契》	押衙贾延德	张修造	脚力入西州	官布十疋长二丈六七
4	P. 3448 号背《辛卯年（931?）董善通、张善保雇驼契》	百姓刘达子	百姓董善通、张善保	脚力入京	生绢六疋（三疋，长三十尺，又三疋，长三丈玖尺），楼机一疋，看行内骆驼价
5	上图 174（6）《丁丑年（917）赤心乡百姓郭安定雇驴契》	赤心乡百姓高兴达	百姓郭安定	脚力	不明

① 乜小红：《俄藏敦煌契约文书研究》，上海古籍出版社 2009 年版，第 188 页。

续表

编号	文书名称	牛（驴、驼）主	雇主	佣种	备注（雇价）
6	津博 4402 背《壬午年（922?）苏永进雇父驼契》	都头邓栽连	押衙苏永进	脚力入于阗	大紫帛绫一疋
7	S. 10619《年代不详白兆唑雇驴契》	缺	白兆唑	不明	不明
8	S. 1403 号《某年十二月程住儿雇驴契》	僧佛性	队头程住儿	脚力入甘州	上好羊皮九张
9	S. 6341 号《壬辰年(932?) 雇牛契（样式)》	同乡百姓雷粉堆	洪池乡百姓厶（某）乙	耕作?	期限一至九月，雇价每月一石，春价被四月三匹

由表 2—7 可知，归义军时期的 30 件农业雇工契约中的雇主大部分是敦煌各乡的百姓，其中有明确乡籍者计 10 乡 22 人：神沙乡 1 人、通颊乡[①] 1 人、敦煌乡 4 人、平康乡 1 人、洪润乡 3 人、龙勒乡 3 人、洪池乡 1 人、莫高乡 3 人、赤心乡 2 人、慈惠乡 3 人，其中带有押衙头衔者 1 人，贤者 1 人。此外不明乡籍者计 8 人，包括普通百姓 4 人（表 2—7 第 9 件雇主 2 人为一家人）、梁户 1 人、押衙 1 人、兵马使 1 人、乾元寺僧 1 人。表 2—8 雇牛、驴、驼出使契约 9 件，雇主分别是平康乡百姓 1 人、洪池乡百姓 1 人，不明籍贯百姓 6 人、押衙 1 人、队头 1 人，计 10 人。除效谷乡、玉关乡、退浑乡[②]三乡外，归义军时期的敦煌各乡大部分有雇主存在，其中有些雇主还是僧人或者是带有归义军政权押衙、都头、兵马使、队头等称号的政府官员。但是雇主中数量最多的还是那些没有任何头衔的敦煌各乡百姓，表 2—7 与表 2—8 合计 29 件，占总数 39 件的 74.4%，由此可知，归义军时期的雇主不担任职衔的人数之多。虽然这些雇主没有任何头衔，但是他们长年雇人耕作，其家庭条件应该比较富裕。

综上所述，麴氏高昌国到归义军时期的雇主，他们的身份一般是僧

---

① 关于通颊乡的建置，参阅刘进宝《试谈归义军时期敦煌县乡的建置》，《敦煌研究》1994 年第 3 期。

② 同上。

人、道人、卫士、低级武官、押衙、队头、兵马使等人员以及归义军时期比较富裕的乡司百姓。

二 唐西州的雇主称钱主

在敦煌吐鲁番出土的雇佣契约中，从麴氏高昌国到归义军时期，雇主的称谓在不同时代有不同的变化。麴氏高昌国时期雇佣双方在契约中并不签署本人姓名，雇主的称谓不得而知；唐西州时期雇主的签押一律为“钱主”；吐蕃统治敦煌时期雇主一般并不在契约中签押，有的仅存“麦主”字样。归义军时期农业契约中的雇主一般也不签押。但是关于唐西州时期的雇主称“钱主”以及吐蕃时期的雇主称“麦主”或者受雇人称“刈麦人”或“便刈价人”，有学者据此认为这就是借贷契约的标志，因此把这部分契约认做借贷契;① 笔者以为不能以钱主作为判断契约性质的标准，现以唐西州时期的契约为例分析其原因。

首先，在唐西州时期的买卖契约中，买主也有称为“钱主”的。如《唐总章元年（668）左憧憙买草契》：

1 总章元年六月三日，崇化乡人左憧憙交用银
2 钱四十，顺义乡张潘塠边取草九十书（束）。如到
3 高昌之日不得草九十书者，还银钱六十文。
4 如身东西不到高昌者，仰收后者别还。若
5 草好恶之中，任为左意。如身东西不
6 在者，一仰妻儿及保人知当。两和
7 立契，获指为信。如草□高昌□。
8 钱主左
9 取草人张潘塠（手印）

① 罗彤华先生认为，对照为数不算太少的西州雇人上烽契，纵然不能说所有这类雇契尽皆与借贷有关，但其中大概不乏假雇佣形式，行借贷之实的案例。附表六 B 的数件受雇上烽契（1—5），不仅立契时即付雇价，署名栏的雇主还皆改称为“钱主”，与消费借贷契的称谓如出一辙，似乎大增主雇间之借贷关系。至于其他同样预支雇价的上烽契，在不明其署名方式，或因其非借贷式之署名法，而存疑其与借贷之关联，未列入表中。参阅罗彤华《唐代民间借贷之研究》，北京大学出版社 2009 年版，第 64 页。

10　　　　保人竹阿阇利（手印）
11　　　　保人樊曾□（手印）
12　　　　同伴人和广护①

又《唐乾元二年（759）康奴子卖牛契》：

1　驾车咽（㹊）犍牛□年八岁
2 乾元二年正月十日，　　交用钱
3 三阡（千）五伯（百）文，于康奴子边买取前件牛。
4 其钱及牛，即立契日各交相分付。如
5 立契已后，在路有人寒盗认识者，一仰
6 牛主康奴子知，不□□□□。恐人无
7 信，故立此契为□。
8　　　　钱主□
9　　　　牛主康□子年五十二（手印）
10　　　　保人妻康年卌八（手印）
11 保 人□忠感年卅（手印）
12 □□曹庭勖年廿四（手印）
13 □契人　高元定②

在这两件唐西州时期的买卖契约中，第一件契约中买主崇化乡人左憧憙从顺义乡张潘塠处取草九十束支付银钱40文；第二件买主某人从康奴子边买八岁驾车㹊犍牛支付钱3500文，根据西州市场上牛、马的价格③，此处

① 国家文物局古文献研究室、新疆维吾尔自治区博物馆、武汉大学历史系合编：《吐鲁番出土文书》第六册，文物出版社1985年版，第424—425页。

② 国家文物局古文献研究室、新疆维吾尔自治区博物馆、武汉大学历史系合编：《吐鲁番出土文书》第十册，文物出版社1991年版，第241—242页。

③ 西州市场上马的价格一般为35—38文。参阅国家文物局古文献研究室、新疆维吾尔自治区博物馆、武汉大学历史系合编《吐鲁番出土文书》第九册，文物出版社1990年版，第48页。

的钱 3500 文应该是铜钱。可见，唐西州时期的买卖契约，支付货币的不论是银钱还是铜钱，买主都可以称为“钱主”。

其次，在租佃契约中，也有称呼租佃人为钱主的。如《唐总章三年（670）左憧憙夏菜园契》：

1 总章三年二月十三日，左憧憙于张善
2 憙边夏取张渠菜园一所，在白赤举
3 北分墙。其园三年中与夏价大麦十
4 六斛；秋十六斛。更四年，与银钱三十文。
5 若到佃时不得者，一罚二入左。祖（租）殊（输）
6 伯（佰）役，仰园主；渠破水谪，仰佃人当。为
7 人无信，故立私契为验。——
8 　　　　　　钱主　左
9 　　　　　　园主　张善憙（手印）
10 　　　　　　保人　男君洛
11 　　　　　　保人　女如资
12 　　　　　　知见人 王父师（手印）
13 　　　　　　知见人 曹感[①]

又《唐垂拱元年（685）十一月十一日酒泉城吕某租取田尾仁等常田契》：

1 垂拱元年十一月十一日酒泉城吕［　　］

① 国家文物局古文献研究室、新疆维吾尔自治区博物馆、武汉大学历史系合编：《吐鲁番出土文书》第六册，文物出版社 1985 年版，第 428—429 页。第 2 行“夏”字，通“假”，租赁。《释名·释天》：“夏，假也。”“夏”“假”二字古通用（参阅蒋礼鸿主编《敦煌文献语言词典》，杭州大学出版社 1994 年版，第 341 页）。第 6 行“渠破水谪”之“谪”字，朱雷先生解释，在麴氏高昌立国到唐代之西州时期，但凡土地租佃契约中，除规定佃户交租外，皆有一项规定有关用水浇灌的责任，即“渠破水谪，仰耕田人”了。由于租佃人取得所租耕地，就应保证该段土地之渠道的完整。若有损坏，因渠水流散，所造成损失，官中必然要责罚。“谪”字，诸字书所引诸类古籍，皆作“责”“罚”也（参阅朱雷《敦煌吐鲁番文书论丛》，甘肃人民出版社 2000 年版，第 325 页）。

2 用小麦二斛五斗，粟二斛五斗，于同城 [

3 田尾仁并弟养欢二人边租取□□□

4 常田一亩。契讫垂拱二□ [ ]

5 到夏子之日，不得 [ ]

6 □罚二入吕，田中租 [ ]

7 [ ]，两和立契，[ ]

8 钱 [ ]

9 田 [ ]

10 同城 [ ]

11 知见 [ ]

12 知见 [ ]

13 知见 [ ]①

再如《唐傅阿欢夏田契》：

1 [ ] 阿欢从同乡人范酉□

2 □□孔进渠常田二亩，亩□

3 交与银钱□文。钱即日交□

4 相了。租殊（输）佰□，仰田主承了；

5 渠破水，仰佃□人承了。田要□

6 □年中佃种。两和立契———

7 获指为信。

8 钱主傅阿欢（手印）

9 夏田人范酉隆（手印）

10 知见人左素胡（手印）[ ]

① 荣新江、李肖、孟宪实主编：《新获吐鲁番出土文献》，中华书局2008年版，第364页。

11　　　　　　知见人□□□①

上述三件租佃契约，第一件左憧憙在张善憙边租佃张渠菜园一所，三年中支付租价夏价用大麦16斛，秋价用大麦16斛；再四年支付银钱30文。第二件酒泉城吕某租取田尾仁等人的常田等地，支付租价用小麦2斛5斗、粟2斛5斗。第三件，傅阿欢租佃同乡人“范酉□□□孔进渠常田二亩”，支付租价“银钱□文”。可见同样是在租佃契约里，租佃人支付的租价不论是大麦、小麦、银钱，他们在契约的签署中都写作“钱主”。

此外，在吐鲁番出土的契约中还有一类即使同是买卖契约或租佃契约的尾署签押也不相同。买卖契约，如《唐贞观二十三年（649）西州高昌县范欢进买马契》：

1 贞观廿三年［　　　］
2 乡卫士犯（范）欢□［　　　］
3 于蒲州汾阴［　　　］
4 驲父八岁［　　　］
5 草，一仰［　　　］
6 海（悔）者，　　　有政法，民［　　　］
7 画指为□。
8　　　　　练主犯欢进
9　　　　　马主王［……
10　　　　　知见葛垣曲（手印）
11　　　　　知见李障传（手印）
12　　　　　知见党积善（手印）②

本件文书内容残缺，但已有的信息记载了买主范欢进用练买马，并在契尾签押处写作“练主犯欢进”。

① 国家文物局古文献研究室、新疆维吾尔自治区博物馆、武汉大学历史系合编：《吐鲁番出土文书》第五册，文物出版社1983年版，第78—79页。

② 同上书，第105—106页。

租佃契约，如《唐贞观二十三年（649）傅阿欢夏田契》：

1 □□□□年八月廿六日，武城乡傅阿欢［　　］
2 范西隆边夏孔进渠廿四年中常田二亩。即
3 交与夏价银钱十六文。钱即日交相付了。
4 □到廿四年春耕田时，傅、范边不得田时，一□
5 谪银钱三文入傅。田中租殊（输）佰役，仰田主承了；渠□
6 □讁，仰傅自承了。两和立卷（券），画指为信。
7 　　　　　　田主　范西隆（手印）
8 　　　　　　夏田□傅阿欢
9 　　　　　　知见□□□恩（手印）
10 　　　　　　知见［　　］①

在这件同样是傅阿欢佃田的契约里，租佃人傅阿欢交付田主范西隆的是银钱16文，但是在契约签押时傅阿欢的签署是“夏田□”，而在《唐傅阿欢夏田契》中的签署是“钱主”。可知出钱者在契尾的签署一般随着契约的内容改变。此种例证还有很多，不再一一枚举。②

综上例证可知，唐西州时期的雇主称作“钱主”，仅是当时社会对这一时期对出钱一方的习惯称呼，与受雇人是否因家庭贫困或借贷或雇佣都无关。

三　受雇人的身份及地位

麴氏高昌国至归义军时期受雇人的身份主要有两类：一是麴氏高昌时

① 国家文物局古文献研究室、新疆维吾尔自治区博物馆、武汉大学历史系合编：《吐鲁番出土文书》第五册，文物出版社1983年版，第76—77页。

② 如租佃契约中佃田人签押处写作：麦主（国家文物局古文献研究室、新疆维吾尔自治区博物馆、武汉大学历史系合编：《吐鲁番出土文书》第十册，文物出版社1991年版，第277、281、287页）、租田人（《吐鲁番出土文书》第十册，第279页）、租地人（《吐鲁番出土文书》第十册，第308页）、耕田人（《吐鲁番出土文书》第四册，文物出版社1983年版，第142页）、夏田人（《吐鲁番出土文书》第四册，第144页）、租田人（《吐鲁番出土文书》第七册，文物出版社1986年版，第406页）等。

期特殊的封建隶属者，一类是不同时期不同政权下的编户百姓。现对这两种不同类型的受雇者身份情况分析如下（详见表2—4至表2—8中受雇人一栏）。

关于第一种类型的受雇者，朱雷先生《麹氏高昌时期的“作人”》一文认为，这种特殊的封建隶属者，他们其中的一部分被主人外雇，但他们无权签订与雇主之间雇佣岁作的契券。他们的主人把他们如同自己的牲畜一样，出赁给需要劳动力的雇主，他们虽然像工具、牲畜那样被主人租赁与他人以收利，却又有一定财力（尽管非常微薄）承当经济赔偿的责任。从而构成了麹氏高昌时期这种封建隶属关系很深，而又有别于奴隶的“作人”身份。[①] 如《岁出券》中的康长受、张寺主雇佣的放羊儿都是此种身份。这些受雇人有自己的财产，但仍处于被支配的地位，他们的人身依附关系逐渐得到削弱，正处于奴隶向良人过渡的变革时期，但是随着唐占领西州之后这类作人消失，是否因为唐政府的释放还是现有文书的缺载，不得而知。

第二种类型的受雇者，如麹氏高昌国时期寺院中雇佣的外作人、大客儿、小客儿及小儿，非寺院中的劳动者如作孤易的王庆祐等三人，作塪残卷中的作塪人，以及《高昌午岁武城诸人雇赵沙弥放羊契》中的赵沙弥等人，他们并没有隶属的主人。唐西州时期的受雇者，也都是唐西州各县、乡有合法身份的编户，有佃农、自耕农等。如送练人赵申君在文书《唐张相□等佃田契》中是佃田人。[②] 又由于这时期的雇佣契约大都是雇人代役契，属于短期雇佣。因此，本类契约中的受雇人，身份应该和赵申君一样，平时他们以自耕或佃田为生，偶尔以打短工贴补家用。此外，在一件《唐显庆三年（658）西州范欢进雇人上烽契》中还记载了交河府卫士范欢用银钱七文雇前庭府卫士白憙欢上烽，可见，受雇上烽的人群中还有卫士。

---

① 朱雷：《论麹氏高昌时期的“作人”》，载唐长孺主编《敦煌吐鲁番文书初探》，武汉大学出版社1983年版，第44—53页；又见朱雷著《敦煌吐鲁番文书论丛》，甘肃人民出版社2000年版，第44—68页。

② 参阅国家文物局古文献研究室、新疆维吾尔自治区博物馆、武汉大学历史系合编《吐鲁番出土文书》第六册，文物出版社1985年版，第176页。

吐蕃时期的受雇者除部分是寺户外[①]，我们从其签订雇佣契约的时间多是每年青黄不接，签约多是因为缺少种子、年粮或者“欠负官债，填纳不办”等知道，这时期的受雇人大都因为贫困而受雇，但是他们又不是一贫如洗。如张和和为永康寺常住处承造二十扇椡篱换的雇价麦1番驮做种子，据此知张和和有自己耕种的土地。在一件藏文译件P.T.1115号《青稞种子借据》中记载：“蛇年春，宁宗木部落百姓宋弟弟在康木琼新垦地一突半，本人无力耕种。一半交与王华子和土尔协对分耕种，种子由王华子负责去借。共借种子二汉硕（石）。”[②] 吐蕃驮与汉斗的关系，杨际平先生指出，“一番驮等于两番石，又大体相当于一汉石”[③]。即宋弟弟新开垦土地一突半需要种子2汉硕（石）。吐蕃时期田亩采取“突”计量，“一突”相当于唐制十亩，“半突”相当于5亩，[④] 宋弟弟新开垦的土地一突半即15亩是生地，可能需要的种子较多，若是熟地，种子不会超过2汉硕。据此张和和至少有耕地7.5亩左右。由此可知张和和除平时耕种土地之外，还利用编织椡篱的手艺在农闲时节贴补家用。又如令狐善奴因为缺少粮食于龙兴寺常住处取得刈价麦1硕6斗，其家庭状况可从违约处罚“掣夺家资杂物牛畜等”，知道他拥有家产，不是一贫如洗之人。再如受雇人氾英振，其雇价的一部分要折先负雇主慈灯麦“两硕一斗”，氾英振虽然是工匠，但是他的家境也不富裕，否则不会在慈灯雇佣他工作之前借债。由此可知，吐蕃时期的受雇者“家境一般都很贫寒，衣食不充，充当短期雇工”，但是他们又都或多或少有自己的“独立的家庭经济”[⑤]。

归义军时期的受雇人的身份，从表2—7所列30人可知，他们属于清一色的乡司百姓，分布于敦煌的10个乡：龙勒乡3人、神沙乡1人、赤心乡8人、慈惠乡2人、洪池乡1人、洪润乡1人、莫高乡3人、效谷乡

---

① P.3047号《辰年七月沙州寺户张昌晟等取面麦搬木历》中记载寺户张昌晟、辛什六、张岸等人搬木获取雇价麦、面。参阅唐耕耦、陆宏基编《敦煌社会经济文献真迹释录》第二辑，全国图书馆文献缩微复制中心1990年版，第402页。

② 王尧、陈践译注：《敦煌古藏文文献探索集》，上海古籍出版社2008年版，第286页。

③ 杨际平：《敦煌吐鲁番出土雇工契研究》，载季羡林、饶宗颐、周一良主编《敦煌吐鲁番研究》第2卷，北京大学出版社1997年版，第221页。

④ 姜伯勤：《突地考》，《敦煌学辑刊》1984年第1期。

⑤ 杨际平：《敦煌吐鲁番出土雇工契研究》，载季羡林、饶宗颐、周一良主编《敦煌吐鲁番研究》第2卷，北京大学出版社1997年版，第226页。

2 人、平康乡 1 人、籍贯不明 4 人、缺姓名籍贯者 4 人。在这 10 个乡中，受雇人最多的是赤心乡 8 人，占据受雇人总人数的 26.7%，其他 9 个乡平均 1—3 人。他们的具体身份，有 11 人是“于某面上雇弟（或男）”，时间从公元 924 年到 987 年，跨度 60 余年，并且越到归义军政权中后期这种情况越多。从受雇人与雇主的籍贯看，有的受雇人是离开本地到外乡，这些都说明了归义军时期的各乡百姓，有的受雇者家中无地或少地，劳动力相对比较富余。因此，他们可以常年外出受雇。

综上可知，隋唐五代宋初时期的受雇人，除一部分契约中记载的受雇人隶属于其主人，没有人身自由外，他们中的绝大部分是普通百姓，家境一般比较贫困，无地或少地，所以短期或长期佣作贴补家用。此外，在这些受雇者当中还有一部分逃户，如甘、凉、瓜、肃所居停沙州逃户，“逃迸投诣他州，例被招携安置。常遣守庄农作，抚恤类若家僮。好即薄酬其佣”[①]。但是逃户作佣工，他们是否与雇主签订雇佣契约，并未有明确的资料来证明。

① 唐耕耦、陆宏基编：《敦煌社会经济文献真迹释录》第二辑，全国图书馆文献缩微复制中心 1990 年版，第 326 页。

第三章

隋唐五代宋初时期的雇价

雇价是受雇者为雇主提供劳动力进行劳动并以此为交换手段得到的劳动报酬。我国历史上虽然传世典籍对雇佣现象的记载很早，雇佣劳动也贯穿整个历史时期，但是对雇价的记载却相对集中于敦煌吐鲁番出土的雇佣契约中。对此，笔者通过梳理敦煌吐鲁番文书中的相关资料厘清隋唐五代宋初时期的雇价情况及支付方式特点。

第一节　麹氏高昌国时期的雇价——兼论麹氏高昌国寺院银钱的使用情况

一　麹氏高昌国时期的雇价

1. 农业领域里的雇价

麹氏高昌国时期的雇价，学者之间有着不同的理解与结论，[①] 笔者在

---

① 宋杰先生据《高昌乙酉、丙戌岁某寺条列月用斛斗帐历》分析了麹氏高昌时期从事普通体力劳动的成年男子每日雇价为粟4.2斗，劳动强度高者为6.2斗，少年每日则为谷物3斗多。其计算雇价的方法是以食粮的总数除以雇工的数量。参阅宋杰《吐鲁番文书所反映的高昌物价和货币问题》，《北京师范学院学报》1990年第2期；又载宁可主编《中国经济通史》（隋唐五代经济卷），经济日报出版社2000年版，第540页。陈国灿先生利用初唐《张隆伯雇董悦海上烽契》“上烽一次一十五日，与雇价钱五文”，即银钱一文雇上三日，按照《帐历》中钱、粮比例，折粟为1.3—1.5斛，则每日雇价为4.3斗—5斗粟，得出《帐历》中的农业雇价为每人4.2斗粟是日雇价，二月里的四斛二斗可以是雇十人劳作一天，也可以是雇五人劳作两天，或者二人作五天。五月割麦，劳动强度大，雇价更高，故五月帐历所雇，平均每人粟五斗，縻一斗二升。七月蒿縻，所雇为小儿十人，每人得麦二斗八升、縻粟四升，比五月雇价几乎低了一半，比日雇常价的四斗二升也少一斗。所以《帐历》反映出来的当时雇人田作有上、中、下三种雇价，上价粟6.2斗，

分析这些文书时发现，其计算高昌时期雇价的方法值得商榷。现结合此期雇佣契约文书及记载相关雇价的资料重新对此进行分析。为明晰起见，转《高昌乙酉、丙戌岁某寺条列月用斛斗帐历》（以下简称《帐历》）部分录文如下：

6（前缺）沙弥一人，食麦五斛六昇（升）半，糜粟十斛四兜（斗）四昇（升）。作人

7（前缺）使人二，食粟二斛究（九）兜（斗）……

14（前缺）僧六人，沙弥一人，食麦五斛四兜（斗）二昇（升）糜粟（后缺）

15（前缺）糜粟七斛二兜（斗）。使人二，食粟三斛。粟三兜（斗），供苟（狗）。麦五昇（升），祀天……

29（丙戌岁）起二月一日至月竟，僧六人，沙弥□□，□麦五斛二兜（斗），糜粟十斛八兜（斗），麦□

30 ……二十四斛作田种。粟四斛二兜（斗），供雇外

31 □□□人用种麦……

36 起三月一日月竟。僧六人，沙弥一人，食麦四斛，□八兜（斗）究（九）昇（升），粟十斛四兜（斗）。麦五昇（升），

38 □□兜（斗），供三月三日食。粟八斛四兜（斗），雇外作人二十人，用西涧重桃中掘搆（沟）

（接上页）中价糜粟4.2斗，下价麦粟3.2斗。参阅陈国灿《对高昌国某寺全年月用帐的计量分析——兼论高昌国赋税制度》，载陈国灿《吐鲁番敦煌出土文献史事论集》，上海古籍出版社2012年版，第114—116页。陈良文先生指出麴氏高昌某寺的雇价，《帐历》虽见记载，但因雇期不明而无法推算。……再者，目前对高昌货币与物的比价不清楚，故无法推算每日雇价。因而只能以唐西州时期雇价略作说明。如《唐贞观十六年（公元642年）左右交河郡严秋隆受雇上烽契》载严秋隆受雇上烽十五日，雇值银钱五文，合铜钱160文，折绢20尺，青稞6斗5升；每日则为10.6文，折绢1.3尺，青稞4.3升，这较国家所规定“日为绢三尺”和雇工匠的雇价低得多，反映了西州雇佣劳动是以低雇价为其特征。因这件上烽雇佣契去高昌灭国只有二年，大约能说明高昌时期雇价低少的现象。参阅陈良文《从〈高昌乙酉、丙戌岁某寺条列月用解斗帐历〉看高昌寺院经济》，《湖南科技大学学报》1987年第5期。

40（起四月一日至月竟）……粟二斛五兜（斗）二昇（升），用雇

41 外作人六人，用政啫□□，并食粮（后略）

44 起五月一日之月竟。僧六人，沙一，食麦五斛二兜（斗）半，糜七斛五兜（斗），小食粟（后缺）

47 □□五斛，糜一斛二兜（斗），用雇外作人十人，用刈麦并食粮。合麦十五斛六兜（斗），糜粟

52（起六月一日至月竟）□□用雇六人种秋并食粮。……

59（起七月一日至月竟）（糜）叁兜（斗），作羹，尽供七月七日食。麦二斛八兜（斗），糜粟四兜（斗），供雇小儿拾人用蒿糜并食粮。

64 □□□□□□月竟。僧六人，沙弥一人，食麦究（九）斛六兜（斗）半，小食糜粟四斛一兜（斗）八昇（升）。作人

68（八月?）麦四斛，用雇人政车并食粮。①

由上揭录文可知，高昌某寺乙酉、丙戌两年的《帐历》对雇价的记载主要是第30、31、38、40、47、59、68行。其中第38行“粟八斛四兜（斗），雇外作人二十人，用西涧重桃中掘搆（沟）”，第47行“□□五斛，糜一斛二兜（斗），用雇外作人十人，用刈麦并食粮”以及第59行“麦二斛八兜（斗），糜粟四兜（斗），供雇小儿十人用蒿糜并食粮”等。虽然这些记载雇工食粮及人数的账目比较清晰，但是记账者并未在文书中进一步标明是日雇价还是月雇价，因此我们不可能根据以上数据来断定麴氏高昌国时期的农业领域里的雇价。

其一，我们从《帐历》每月对粮食账目的管理特别是对僧弥、使人食粮的记载都是由每月的月初至月末即“某月一日至月竟”。如乙酉岁某月僧弥计食麦5斛6升半，糜粟10斛4斗4升，使人食粟2斛9斗；又

① 国家文物局古文献研究室、新疆维吾尔自治区博物馆、武汉大学历史系合编：《吐鲁番出土文书》第三册，文物出版社1981年版，第225页。本件文书中的“斛”，出土文书中写作“斛”，本文中统一为“斛”。

某月僧弥食麦5斛4斗2升，糜粟［　　］，使人食粟3斛；丙戌岁二月一日至月竟，僧弥食麦5斛2斗4升，糜粟10斛8斗；三月一日至月竟，僧弥食麦4斛8斗9升，粟10斛4斗，使人2斛9斗；五月一日至月竟僧弥食麦5斛2斗半，糜7斛5斗；某月僧弥食麦9斛6斗半，使人食粟3斛。可知高昌某寺乙酉、丙戌两年对僧弥七人，使人二人的食粮是每月汇总，而非每天的消费。除月有大小之外，僧弥日均麦2.4—2.6升，粟5—5.5升，合计麦粟7.4—8.1升；使人的每月食粟在“二斛九斗至三斛”之间，人均每日供粟5升。

其二，《帐历》中记载某一天的食粮消费，是特别标明的。如第38行丙戌岁“□□兜（斗），供三月三日食”。第59行“糜三兜，作羹，尽供七月七日食”。[①] 况且《帐历》中记载了常住作人二人，大月二人食糜粟7斛2斗，小月二人食糜粟6斛9斗6升，每人日均食粮1斗2升。[②] 常住作人作为寺院长期雇佣的劳动者，他们与外作人的日均雇价差别不会很大。

那么，麴氏高昌国时期的农业领域里的日均雇价究竟如何呢？陈国灿先生在《斯坦因所获吐鲁番文书研究》中收录的《高昌某寺月用麦、粟、钱、酒帐》（以下简称《帐》）[③] 记载了各类人每日粮食的支出，其中包括“客儿”价，相关内容转录如下：

7 起二月一日至廿九日，僧三人，人一日食麦五升，粟一升半，作人一人，大客儿一人，人一日食一斗一升。使人四人，人一日食

8［　　］五升，小儿一人食粟三升。

17 □十月一日至廿九日，僧三人，人一日食麦五升，粟五升。沙弥一人，日食麦二升半、粟一［

18 □一人、大客儿一人、人一日食麦粟一斗一升。小客儿二

---

① 有关僧、弥、使人的每月食粮参见国家文物局古文献研究室、新疆维吾尔自治区博物馆、武汉大学历史系合编《吐鲁番出土文书》第三册，文物出版社1981年版，第225—234页。

② 陈国灿：《斯坦因所获吐鲁番文书研究》，武汉大学出版社1997年修订本，第114页。

③ 同上书，第355—359页。

人、人一日食粟七升。使人四人、人一［

19 ］粟五升。小儿一人日食粟三升。

这件文书记录了僧、沙弥、作人、大客儿、小客儿、小儿以及使人的每日食粮。其中僧二月份每人日食麦5升，粟1升半，计麦粟6升半；十月份每人食麦5升，粟5升，计麦粟1斗。十月份僧每日食粮超出二月份3升半。沙弥一人每天食麦2升半，粟可能也是1升多，合计麦粟3—4升。作人与大客儿每人日食粮1.1斗、小客儿日食粟7升，小儿粟3升，使人因文书残，食粮具体数目不得而知。但是从《帐》中所记僧、沙弥每人每日食粮数目看，与《帐历》中所载僧、弥日均食粮数目差别不大。从雇工食粮数目看，《帐》中作人、大客儿人一日“食一斗一升”，与《帐历》中的常住作人日均食粮1斗2升对比少1升。并且《帐》中所载大客儿等人亦是属于农忙时节的雇佣，分别是二月与十月。

其三，关于《帐历》与《帐》的年代。《帐历》的年代，吐鲁番出土文书整理者认为，“本件记有干支乙酉、丙戌。高昌纪年中属乙酉、丙戌者，有延昌五、六年（565、566）及延寿二、三年（625、626），今姑从后”。[①] 郑学檬先生据高昌乙酉、丙戌等纪年认为乙酉、丙戌可能是延昌五、六年（565、566）或者延寿二、三年（625、626）所处年代。[②] 吴震先生在《吐鲁番出土高昌某寺月用斛斗帐历浅说》中根据“出土的高昌时期文书中粮食数量用大写，始见于延昌末年，纪年不书年号仅写干支则始于延和末年”和帐历中的记载粮食数量数字及纪年不书年号只记干支，断定《帐历》的年代为延寿二、三年。[③] 町田隆吉先生在《麴氏高昌国时代寺院支出簿の基础的考察》一文中分析寺院支出簿的书式时，亦是按高昌延寿二年、三年纪年来的。[④]《帐》的年代，据陈国灿先生介绍，

① 国家文物局古文献研究室、新疆维吾尔自治区博物馆、武汉大学历史系合编：《吐鲁番出土文书》第三册，文物出版社1981年版，第225页。

② 郑学檬：《十六国至麴氏高昌王朝时期高昌使用银钱的情况研究》，载韩国磐主编《敦煌吐鲁番出土经济文书研究》，厦门大学出版社1986年版，第302页。

③ 吴震：《吐鲁番出土高昌某寺月用斛斗帐历浅说》，《文物》1989年第11期。

④ ［日］土肥义和编：《敦煌、吐鲁番出土汉文文书の新研究》，东洋文库2009年版，第229页。

斯坦因所掘阿斯塔那九区三号墓是高昌王国延寿二年（625）至延寿五年（628）入葬的王伯瑜夫妇墓葬，在王氏夫妇墓葬中出土的就有此《帐》。[①] 据此《帐历》与《帐》的年代当相隔不远。因此，笔者以为寺院所雇外作人的雇价差别应该有限。

其四，这两件文书中所记载的雇佣劳动者，无论是外作人、大客儿、还是常住作人，每日食粮实指每日雇价。

唐宋时期，人均日食粮记载情况如下。《新唐书》卷 54《食货志》记载："当时议者以为自天宝至今，户九百余万，王制：上农夫食九人，中农夫七人。以中农夫计之为六千三百万人。少壮相均，人食米二升。"[②]《宋史》卷 175《食货志》记载："陕西都转运司于诸州差雇车乘人夫，所过州交替，人日支米二升，钱五十。"[③]《宋史》卷 181《食货志》记载："天圣以来，两池畦户总三百八十，以本州及旁州之民为之。户岁出夫二人，人给米日二升。"[④]《宋史》卷 194《兵志》："中兴以后，多遵旧制。绍兴四年，御前军器所言：万全杂役额五百，户部廪给有常法。比申明裁减，尽皆逋逃。若依部所定月米五斗五升，日不及二升。……诏户部裁定，月米一石七斗增作一石九斗。五年诏，效用入资旧法，内公据，甲头名称未正，其改公据为守阙进勇副尉，日餐钱二百五十，米二升；甲头为进勇副尉，日餐钱三百，米二升。非带甲入队，人自依旧法。宣抚使韩世忠言：本军调发，老幼随行。缘效用内有不调月粮，不增给日请。军兵米二升半、钱百。效用米二升，钱二百。乞日增给赡米一升半。"[⑤]

从以上诸条史料的记载可知唐宋时期人均日食粮 2 升或接近 2 升，并且此时人均食粮数量也被吐鲁番出土文书中的记载验证。如《唐苏海愿等家口给粮三月帐》：

---

① 陈国灿：《斯坦因所获吐鲁番文书研究》，武汉大学出版社 1997 年修订本，第 355—359 页。

② （宋）欧阳修、宋祁等撰：《新唐书》卷 54《食货志》，中华书局 1975 年标点本，第 1387 页。

③ （元）脱脱等撰：《宋史》卷 175《食货志》，中华书局 1977 年标点本，第 4257 页。

④ （元）脱脱等撰：《宋史》卷 181《食货志》，中华书局 1977 年标点本，第 4415 页。

⑤ （元）脱脱等撰：《宋史》卷 194《兵志》，中华书局 1977 年标点本，第 4846—4847 页。

16 户主刘济伯家□［

17 二人丁男，一日粟三升三合三勺。二人丁妻，一日粟2升五合。

18 一人中小，一日粟一升五合。①

又如《唐神龙二年（706）七月西州史某牒为长安三年（703）七至十二月军粮破除见在事》记载：

7 米一斗八升

8 右被仓曹十二月一日牒给伊州镇兵雷忠恪充十日

9 粮，典宋祚，官准前

10 米五斗二升

11 右被仓曹十二月十日牒给患兵阴怀福三人充十

12 日粮，典张达，官准前

13 米七斗二升

14 右被仓曹十二月廿三日牒给患兵田文□等四人［

15 粮，典和让，官准前

16 米七斗二升

17 九月前牒给患兵乔什力等四人充十日粮，官典准前。②

在以上两件文书中刘济伯家五口人日均食粮约2.4升；长安三年镇兵雷忠恪和患兵田文□、乔什力等九人的军粮日均1.8升，患兵阴怀福等三人的军粮日均1.73升。由此可知，唐代成年丁的食粮定量一般在每日1.8升到2.4升，以日均2升为主。

① 国家文物局古文献研究室、新疆维吾尔自治区博物馆、武汉大学历史系合编：《吐鲁番出土文》第六册，文物出版社1985年版，第18—21页。

② 荣新江、李肖、孟宪实主编：《新获吐鲁番出土文献》，中华书局2008年版，第25页。

隋朝开皇年间曾改变旧制，以古 3 升为 1 升，唐朝也继承了这项规定。[①] 唐占领高昌后，汉斗基本是高昌斛斗的 3 倍。据此，麴氏高昌国时期成丁人日均食粮高昌斛斗为 5.4—7.2 升，人均 6 升。综上可知，麴氏高昌国时期的农业雇价高昌斛斗成年雇工每日食粮 1.1—1.2 斗，未成年雇工日均食粮粟 3—7 升，均指每日雇价。

2. 非农业领域里的雇价

记载麴氏高昌国时期非农业领域里的雇价，比较全面、清晰的契约文书有《延昌廿二年（582）康长受从道人孟忠边岁出券》（以下简称《岁出券》）和《高昌延寿元年（624）张寺主明真雇人放羊券》（以下简称《放羊券》）两件。为明白起见，转录文如下。

文书一：《延昌廿二年（582）康长受从道人孟忠边岁出券》：[②]

1 延昌廿二年壬寅岁二月廿二日，康长受
2 从道人孟忠边岁出，到十一月卅日还
3 入正作。岁出价要得糜麦五十斛：麦
4 二十件（五），糜二十五。平斗中取，使净好。
5 若过其（期）不偿，听拙家财平为麦直。
6 若长受身东西毛（无），仰妇儿上。二主先和
7 后卷（券），卷成之后各不得返悔，悔者一倍二
8 入不悔者。民有私要，各自署名为信。
9 时见　　倩书道人法慈
10 　　　　侯三安

文书二：《高昌延寿元年（624）张寺主明真雇人放羊券》：[③]

---

① “开皇以古斗三升为一升。大业初，依复古斗。”（参阅魏徵、令狐德棻撰《隋书》卷 16《律历志》，中华书局 1973 年标点本，第 412 页）；“凡量……十升为斗，三斗为大斗，十斗为斛……公私用大升。”（参阅刘昫等撰《旧唐书》卷 48《食货志》，中华书局 1975 年标点本，第 2089 页）

② 国家文物局古文献研究室、新疆维吾尔自治区博物馆、武汉大学历史系合编：《吐鲁番出土文书》第一册，文物出版社 1981 年版，第 191—192 页。

③ 国家文物局古文献研究室、新疆维吾尔自治区博物馆、武汉大学历史系合编：《吐鲁番出土文书》第三册，文物出版社 1981 年版，第 207 页。

1 □□□年甲申岁九月十日，张寺主明真师从严［

2 □阳（羊）一百五十口，从九月十日至到（腊）月十五日与雇价糜□□

3 □五斛一日与放阳（羊）儿一分饼与糜二兜（斗）。雇价十月上半□□

4 上使毕。阳（羊）不得出寺阶门，若出寺阶门住，一罚二入张寺□。

5 冬至日，鵩（腊）日，真（罢）放阳（羊）儿，仰张寺主边得贾（价）食。二主和同立□□

6 □之后，各不得返悔，悔者一罚二□□□□□□私要，□□□□

7 □□□名为信。　　倩书［

8 　　　　时□［

《岁出券》是康长受与其人身附属主人道人孟忠签订的契约。康长受为获得更多的经济收入，在与其主人签订契约之后，可以外出受雇。券中交代了康长受与其主人定约的原因、岁出时间、岁出价、违约处罚、尾署等多项内容。“岁出”、“还入正作”本意，据吴震先生解释：“《延和十二年(613)某人从张相憙等三人边雇佛奴等三人岁作券》① 中‘岁作’，即任长年佣作。本券‘岁出’当指长期（九个多月）出外佣作，‘还入正作’

---

① 朱雷先生《麴氏高昌时期的“作人”》一文认为，“作人”这种特殊的封建隶属者，他们其中的一部分被主人外雇，但他们无权签订与雇主之间雇佣岁作的契券。他们的主人把他们如同自己的牲畜一样，出赁给需要劳动力的雇主，他们虽然像工具、牲畜那样被主人租赁与他人以收利，却又有一定财力（尽管非常微薄）承当经济赔偿的责任。从而构成了麴氏高昌时期这种封建隶属关系很深、而又有别于奴隶的“作人”身份（载唐长孺主编《敦煌吐鲁番文书初探》，武汉大学出版社 1983 年版，第 44—53 页；又见朱雷著《敦煌吐鲁番文书论丛》，甘肃人民出版社 2000 年版，第 44—68 页）。但是他们的身份与隋唐以前完全依附于主人的奴婢相比，人身依附关系逐渐得到削弱，正处于由奴隶向良人过渡的变革时期。随着唐占领西州之后，这类作人消失，是否因为唐政府的释放还是因为文书的缺载不得而知（程喜霖：《唐代过所研究》，中华书局 2000 年版，第 286—287 页）。

即仍还孟忠边任长年正常佣作。"[①] 康长受从道人孟忠边岁出的时间为二月廿二日到十一月卅日，月有大小之分，大月三十天，小月二十九天，康长受岁出的时间合计 273 天左右，即九个多月。支付给其主人的岁出价糜麦"五十斛"，糜麦各 25 斛，日均价糜麦约 1.83 斗。由于这是康长受与其主人签订的契约，因此康长受岁出期间其收入必须高于支付给主人的每日糜麦 1.83 斗。

在《放羊券》中张寺主明真从严某处雇放羊儿，雇价的支付从第 2—4 行"□五斛一日与放阳（羊）儿一分饼与糜二兜（斗）"知，明真支付的雇价分两部分，一是支给严某的雇价"糜□□□五斛"；二是给放羊儿的"一日一分饼与糜二斗"，其中支付给放羊儿的每日食粮"从九月十日至到（腊）月十五日"，三个多月至少得糜 18 斛。寺主明真支付给严某的雇价按最少"五斛"计算，日均雇价 2 斗；如若按"十五硏（斛）"[②]，总计日均雇价达糜 3 斗以上。

综合上述分析推论，公元 6 世纪末至 7 世纪初的麴氏高昌国时期的农业雇价高昌斛斗有可能是大客儿每日麦粟 1.1—1.2 斗，未成年雇工每日粟 3—7 升；畜牧业或其他领域里的雇价大概为 1.83—2 斗，有的甚至更高。雇价支付以粮食为主，偶尔用银钱或牲畜替代。

二　麴氏高昌时期寺院银钱使用情况——以《帐历》等文书为例

关于高昌国银钱使用情况，《周书》卷 50《高昌传》记载"赋税则计田输银钱，无者输麻布"[③]。宋杰先生认为，从对当地近四百座晋至唐代墓葬的发掘清理结果来看，其中发现的银钱只有波斯萨珊王朝的银币。6 世纪中叶到 7 世纪前期，波斯国势强盛，贸易发达，其大量铸造的银币在中东、近东和东欧广泛流行，被当作一种国际货币。

---

① 吴震：《吐鲁番出土券契文书的表层考察》，载季羡林、饶宗颐、周一良主编《敦煌吐鲁番研究》第 1 卷，北京大学出版社 1996 年版，第 237—238 页。

② 乜小红先生认为"五硏"上有缺文三字，推测或许是"糜粟共十五硏"，当然这只是一种推测，从已存文字看，至少在"五斛"以上。参阅乜小红《从吐鲁番敦煌雇人放羊契看中国 7—10 世纪的雇佣关系》，《中国社会经济史研究》2003 年第 1 期。

③ （唐）令狐德棻等撰：《周书》卷 50《异域下》，中华书局 1971 年标点本，第 915 页。

我国的西域与河西等地也使用过波斯银钱，国内北朝、隋唐时期的遗址中，先后发现过33批这种银币，总数达到1174枚；其中以吐鲁番出土的次数为最多，共达18批，超过半数。而该地晋至唐代的墓葬里又从未发现过其他种类的银钱，所以我们认为，高昌使用的银钱当以波斯萨珊银币为主。① 卢向前先生认为在麴氏高昌国时期的公元561—640年，是“纯粹以银钱为通货时期”②，对此，韩国磐先生根据“这个时期内既有高昌延寿年间的使用铜钱事，又有……”对此作了更正：“可否称此时为‘以银钱为主要通货时期’呢?”③ 钱伯泉先生认为波斯萨珊银币在麴氏高昌王国流通和行用达一百三十余年之久，并成为麴氏高昌王国唯一的基价货币。④ 王永生先生指出，玄奘当年曾在高昌生活过一段时间，与麴文泰结为兄弟，两人有较长时间的密切交往。玄奘西行求法回到长安后，在其所著《大唐西域记》中，对沿途经过的阿耆尼国（即焉耆）、屈支国（即库车）等国使用的货币都有专门记述，而唯独对高昌国的货币不见记载，⑤ 可见，整个高昌国时期并不铸造本国通用的货币，在这种情形下，麴氏高昌国时期银钱使用情况如何呢？因记载麴氏高昌国时期寺院银钱使用情况的文书多残缺不全，现以《帐历》等文书分析此期寺院使用银钱及粮食与外界交易情况（见表3—1）。

---

① 宋杰：《吐鲁番文书所反映的高昌物价与货币问题》，《北京师范学院学报》1990年第2期。

② 据卢向前先生统计，在公元561—640年使用银钱的记录为64笔，参阅卢向前《高昌西州四百年货币关系演变述略》，载卢向前著《敦煌吐鲁番文书论稿》，江西人民出版社1992年版，第232—239页。

③ 韩国磐：《高昌西州四百年货币关系补缺》，载朱雷主编《唐代的历史与社会》，武汉大学出版社1997年版，第326—327页。

④ 钱伯泉：《吐鲁番发现的萨珊银币及其在高昌王国的物价比值》，《西域研究》2006年第1期。

⑤ “屈支（即龟兹）货用金钱、银钱、小铜钱。”（《大唐西域记校注》卷1，中华书局1985年版，第54页）参阅王永生《“高昌吉利”钱币考——兼论隋唐之际高昌地区的文化融合》，《西域研究》2007年第1期。

表 3—1　　　　《帐历》中使用银钱、粮食与外界交易情况

银钱	交易日期	粮食	价格	用途	出处
1	乙酉岁某月		］钱 十［		1 行
2	同上		］文	供祀，充作冬衣	2 行
3	同上		］文		8 行
4	同上	□五斛	钱十文	买胡麻子五斛供佛明	10 行
5	同上	粟七斛	钱五文		16 行
6	同上	粟一斛四斗	一文	买麻子	17 行
7	同上	粟十六斛	十文	用上长生马后钱	18 行
8	丙戌岁正月		得钱二十五文	买粪	26 行
9	丙戌岁三月	粟三斛九斗	得钱三文		37 行
10	丙戌岁四月	糜六十究（九）斛	钱六十九文	用上三月剂道俗官绢	40 行
11	丙戌岁七月	麦二斛七斗	得钱三文		58 行
12	丙戌岁某月	麦十二斛	得钱十二文	用□剂远行马	66 行
13	同上	麦八斛	得钱八文	用买车□	67 行
14	同上		］一文	买肉	73 行
15	乙酉岁某月	麦三斗		买麻子	8 行
16	同上	麦六斛		输□□	9 行
17	同上	粟十六斛五斗		输租	17—18 行
18	同上	麦二斛四兜七升半		上六升敛	18—19 行
19	同上	粟四斛五斗		买驼被氈一领	19 行
20	丙戌岁正月	麦六斗		买麻子	25 行
21	丙戌岁二月	粟四斛八斗		买艻二车	31 行
22	同上	麦二斛		买□	32 行
23	同上	粟□□		买老一洛举三	32—33 行
24	丙戌岁四月	粟五斗		买瓶	41 行
25	丙戌岁七月	麦□兜（斗）		买落	58 行
26	同上	大麦二斛五斗		贸小麦二斛	60 行
27	同上	麦五斗		买油，用作佛饼	同上
28	同上	麦一斗		供水家饼	同上
29	同上	麦五兜		买驴条索两具	60—61 行
30	丙戌岁某月	麦五斗		买膠（胶）	68 行

表3—1所列乙酉、丙戌两年合计使用银钱14笔即第1—14。乙酉岁三个月，使用银钱记载7笔，前两个月每月2笔，第三个月3笔；丙戌岁十个月，使用银钱的月份，前七个月有明确的月份，后三个月不明，即正月1笔，三月1笔，四月1笔，七月1笔，某月2笔，另一不明月份1笔。总计7笔。在比较明确的月份中因文书残缺，如丙戌岁二月、五月、六月使用银钱情况不明。从表中所列条目看，这些银钱全部来源于寺院粮食交易，如第4例乙酉岁某月“□五斛，得钱十文，买胡麻子五斛供佛明”，第7例某月“粟十六，得钱十文，用上长生马后钱”；第10例丙戌岁四月“糜六十（九）斛，得钱六十九文，用上三月剂道俗官绢”，第12例某月“麦十二斛，得钱十二文，用□剂远行马”，第13例同月“麦八斛，得钱八文，用买车□”。可见，某寺《帐历》中银钱一般来源于当月当次卖粮食所得，且随即消费于当月所需物品或缴纳各种赋税。

第15—30笔是该寺直接用粮食交易的记录，比银钱多2笔，其中丙戌岁七月交易的记录是五次。这些还不包括发给寺院僧弥、使人的每月食粮，外作人等人的雇价。此寺可能有田地至少260亩，种植麦[①]、糜、粟等作物。谢重光先生以该寺占地300亩，每亩一年两造产粮5斛计，该寺可年收获粮食1500斛。月平均用粮72.8斛，年用粮约873.6斛，[②]由此可知，高昌某寺院除必须用银钱购买的物品或缴纳的赋税外，寺院的对外交易几乎全部使用粮食。其银钱储备并不充足。

除《帐历》外，其他记载寺院使用银钱交易的文书并不多见。与银钱交易有关的寺院文书仅有《高昌延和元年（602）张寺主元祐举钱券》《高昌卯岁尼高参等二人赁舍券》《高昌高宁临川等处僧逋钱等条记》《高昌重光四年（623）孟阿养夏菜园券》[③]《高昌卫寺明藏等纳钱帐》[④] 5件。在这5件使用银钱的文书中，寺院或僧尼银钱的来源虽然没有注明，

---

① 此寺院的麦似乎专指大麦，文书第60行有“大麦二斛五斗，用贸小麦二斛”的记载，而其他记载麦的地方并未指明是小麦还是大麦。参阅国家文物局古文献研究室、新疆维吾尔自治区博物馆、武汉大学历史系合编《吐鲁番出土文书》第三册，文物出版社1981年版，第231页。

② 谢重光：《麹氏高昌寺院经济试探》，《中国经济史研究》1987年第1期，第60页。

③ 国家文物局古文献研究室、新疆维吾尔自治区博物馆、武汉大学历史系合编：《吐鲁番出土文书》第三册，文物出版社1981年版，第2、199、200、310页。

④ 国家文物局古文献研究室、新疆维吾尔自治区博物馆、武汉大学历史系合编：《吐鲁番出土文书》第四册，文物出版社1983年版，第212页。

但是其用途却比较清楚。如“张寺主举银钱二，还大麦，用上远行[　　]”。“尼高参等二人赁舍支付索寺主钱合计五文”；“高宁、临川等地支付剂僧逋钱一为九十八文，一为卌文”；“孟阿养夏赵寺法嵩菜垣（园）卅步，银钱每年二文，计五年”。在高昌卫寺、张寺、索寺、孙寺等僧人缴纳银钱如“张寺海守银钱四”、“孙寺僧[　　]一文”等，账中还出现铜钱字样“同（铜）钱四”。关于使用银钱的数目，除高宁、临川等地为支付剂僧逋钱使用银钱数量较大之外，其余寺院或僧人使用的数额都比较小，多至5文，少则1文。

使用粮食作交易手段的寺院文书也不多。主要有《高昌延寿元年（624）张寺主赁羊尿粪刺薪券》、《高昌延寿元年（624）张寺主明真雇人放羊券》、《高昌某寺条列粮食帐》、[①]《高昌某人从寺主智演边夏田券》、《张阿欢上丁谷寺举价粟条记》[②] 等。如张寺主支付严某羊尿、粪刺薪价“粟七斛□斗”，在另一件放羊契中寺主明真支付放羊儿的主人雇价“糜□□□五斛”，放羊儿每日“一分饼与糜二斗”，某寺支付“大调”用麦“十究（九）斛[　　]七斛”，买粪“[　　]三斛五斗”、“[　　]十人食作价粟[　　　]价”，小麦二斗，寺主“智□举大麦三斛□次举粟”，某人支入寺主智演夏价小麦二斛五斗，张阿欢上丁谷寺“举价[　　]粟十斛”等都是。

综上所列使用银钱、粮食作交易手段的文书可知，麴氏高昌时期寺院的银钱主要用于缴纳赋税，少部分用于购买生活或佛教供养必需品，继续体现了“赋税则计田输银钱，无者输麻布”的规定。而以粮食作交易手段则显得多样化，但很少用于输租，也很少用于商业交换。不论是对银钱还是粮食的交易绝大部分都属于一次性消费，用于继续生产型的消费很少。由于高昌不铸造银币，前期作为主要支付手段的银钱此时已退居次要地位。当然，由于资料有限，上述文书的记载并不能全面反映高昌所有寺院的经济情况。即使如此，这些文书仍然在一定程度上反映了麴氏高昌时

---

① 国家文物局古文献研究室、新疆维吾尔自治区博物馆、武汉大学历史系合编：《吐鲁番出土文书》第三册，文物出版社1981年版，第205、207、208页。

② 国家文物局古文献研究室、新疆维吾尔自治区博物馆、武汉大学历史系合编：《吐鲁番出土文书》第五册，文物出版社1983年版，第159、244页。

期寺院的生产生活还处于自给自足的自然经济状态之中。因此我们期待更多的出土资料来证明麴氏高昌时期银钱、粮食的使用情况以及高昌寺院的生产生活情况，以还原一个有血有肉、更加真实的高昌寺院。

第二节 唐西州时期的雇人代役价

唐西州时期的出土雇佣契约主要分布于唐永徽、贞观至武周初年的60余年间，其雇价及支付手段如表3—2所示，现以雇人代役契为主分析该时期的雇价。

表3—2 唐西州时期雇价及支付手段

编号	文书名称	年代	雇价	支付手段或方式	日均雇价	备注
1	唐西州高昌县赵某雇人契	贞观		银钱？		上烽十五天
2	唐西州交河县严某受雇上烽契	贞观	钱五文	银钱	0.33文	同上
3	《唐张隆伯雇董悦海上烽契》	永徽？	五文	银钱	0.33文	同上
4	《唐张隆伯雇范住落上烽契》	永徽？	四文，残钱三文	银钱	0.47文	同上
5	《唐张隆伯雇人上烽契》	永徽？		银钱		同上
6	《唐张信受雇上烽契》	永徽？	六文	银钱	0.40文	同上
7	《唐永徽六年（655）匡某雇人上烽契》	永徽六年（655）	四文	银钱	0.27文	同上

续表

编号	文书名称	年代	雇价	支付手段或方式	日均雇价	备注
8	《唐永徽六年(655)西州高昌县宁昌乡令狐相□受雇上烽契》	永徽六年(655)	□文半	银钱		上烽十五天
9	《唐显庆三年(658)西州范欢进雇人上烽契》	显庆三年(658)	银钱七文	银钱	0.47 文	同上
10	《唐某人雇人送练契》	龙朔?	钱五文	银钱		送练
11	《唐张某等雇赵申君送练契》	龙朔?		银钱?		送练
12	《唐龙朔四年(664)西州高昌县武城乡运海等六人赁车牛契》	龙朔四年(664)	[ ] 文	银钱		脚力
13	《唐西州高昌县武城乡张玉埴雇人上烽契》	总章(668?)	银钱八文	银钱	0.53 文	上烽
14	《唐牛定武雇人上烽契》	唐代		银钱		同上
15	《唐牛某雇人残契》	唐代		银钱?		同上
16	《唐辛某残契》	唐代		银钱?		同上?
17	《唐咸亨元年(670)五月二十二日西州高昌县宁大乡白欢信雇人契》①	咸亨元年(670)	钱三文	银钱	0.6 文	作白水五日

① 荣新江、李肖、孟宪实主编:《新获吐鲁番出土文献》,中华书局2008年版,第63页。

续表

编号	文书名称	年代	雇价	支付手段或方式	日均雇价	备注
18	《唐杜定欢雇人放马》	高宗时期末	□钱十	银钱		放马
19	《唐西州高昌县严某雇人上烽契》	载初年前	□□文	银钱		上烽
20	《唐西州高昌县阳某雇人上烽契》	载初年前	□钱十文	银钱	0.67文	同上
21	《唐侯某雇人上烽契》	载初年前		银钱?		同上
22	《唐西州赵某雇人上烽契》	载初年前	十文	银钱	0.67文	同上
23	《武周雇高昌县人康黑奴替番上契》	载初年后	银钱六文，铜钱二	银钱、铜钱	银钱0.40文，铜钱0.12文	上番十五天
24	《唐雇□黑奴上烽契残片》	载初年后	银钱[ ]	银钱		上烽
25	《武周长安三年(703)三月酒泉城人雇车往方亭戍契》	长安三年(703)	银钱[ ]	银钱	1文	脚力
26	《唐某年二月十四日西州高昌县宁大乡何善慈雇人契》①		七百文	铜钱		往赤停(亭)一道差
27	《唐景龙二年(708)宋悉感取钱作物契》②	景龙二年(708)	铜钱三百二十文	铜钱		作缧花、乌麻、粟

① 荣新江、李肖、孟宪实主编：《新获吐鲁番出土文献》，中华书局2008年版，第327页。

② 国家文物局古文献研究室、新疆维吾尔自治区博物馆、武汉大学历史系合编：《吐鲁番出土文书》第七册，文物出版社1986年版，第504页。

续表

编号	文书名称	年代	雇价	支付手段或方式	日均雇价	备注	
28	《唐开元九年（721?）于阗某寺支出簿》①	开元九年（721?）	四百文	铜钱	400 文	雇李某求福患行军设斋	1 行
			一百五十文	铜钱		缝皮裘手工价	3 行
			七百六十文	铜钱		求福充还先雇匠助造官氈手工价	11 行
			三百七十文	铜钱		充瓦匠造巩器手工价	21 行
			九百九十文	铜钱		官氈手工价	28 行
			一百五十文	铜钱		皮裘手工价	31 行

从表 3—2 所列第 1—24 件契约雇价的变化看，在唐贞观到武周长安年间的 60 余年，西州地区以雇人上烽为主的雇价银钱翻了一番。由最初的 4 文、5 文上涨到 10 文。如太宗贞观年间上烽雇价银钱 5 文，高宗永徽年间雇价银钱 4—6 文不等。但是同一雇主的雇价也不一样，如第 3、4 件张隆伯雇人上烽，一为 5 文，一为 7 文（第 4 件标明雇主先支付银钱 4 文，残钱 3 文②）。其最大的原因有可能是上烽地点的远近或上烽的季节造成了雇价的不同。高宗显庆、龙朔、总章年间（第 9—13 件），雇价银钱分别为 7 文、8 文、10 文（除送练、作白水外）；武周载初年前、后

① 陈国灿：《斯坦因所获吐鲁番文书研究》，武汉大学出版社 1997 年修订本，第 489—499 页。

② 残钱，在吐鲁番出土墓葬里经常有磨损之钱出现，只是残钱与足钱的兑换比例我们不知。但是归义军时期的农业雇佣契约中有对雇价的支付方式“见分付多少以讫，更残，到秋物收获之时收领”、“见与春价三个月，更残六个月价”。敦煌农业雇佣契约中的“残”钱应该是雇主对受雇者余下未付之工价，非残损的钱。吐鲁番出土雇佣契约中的雇主“先支付银钱四文，残钱三文”之“残”字，其意应属后者。

(第18—24件),雇价银钱10文,第23件康黑奴替人上番雇价银钱稍低,"银钱六文,铜钱二"。孟宪实先生指出,唐代上番周期现有资料虽然残缺,但《唐永徽五年(654)九月西州诸府主帅牒为请替番上事》《唐永徽六年(655)五月西州诸府主帅牒为请替番上事》文书中幸运地保存了上番的日期。上番的日期,或者是每月一日,或者十六日,说明上番一期是15日。这个15天的番期,与吐鲁番出土的上烽契约一致,说明在西州15日番期是普遍的。[①]

但是,为什么在武周载初年间康黑奴替人上番的雇价低于10文,具体原因我们不知,因为第24件康黑奴替人上烽的契约文书残缺,雇价银钱不明。不过,根据此期其他人的替役价,康黑奴的上烽雇价应该不低于10文。第26件,高昌县宁大乡雇主何善慈支付给受雇人"肯石□"雇价"七百文",虽然文书残缺,但这里的700文应为铜钱。卢向前先生指出,在640—680年,西州民间仍然流行银币,买舍赁舍、雇人上烽、夏田[②]、买马、违约罚钱、举钱、夏菜园、买奴、夏葡萄园、布施等全用银币。在西州的社会经济生活中,银钱仍然作为主要货币流通,银钱仍然是观念上的价值体现。680—710年的30年间,银钱虽然仍在西州行用,但已日薄西山、气息奄奄了。自710年至755年是铜钱本位确立时期。当然,在铜钱本位时期,绢帛仍然充作一般等价物辅助铜钱行用,但是其价值尺度却一般以铜钱来充当。[③] 由于此件契约的雇价支付全部用铜钱,因此,笔者以为这件契约大概属于武周时期或离武周时期不远。结合吐鲁番文书《武周如意元年(692)里正收取史玄政长行马价抄》记载"史玄政付长行马价钱银钱贰,准铜钱陆拾肆文"[④],这里的雇价铜钱700文约折合银钱22文。可见雇价钱之高。

程喜霖先生以《唐和籴青稞帐》中记载银钱1文籴得青稞1斗3升,

---

① 孟宪实:《唐代府兵"番上"新解》,《历史研究》2007年第2期。

② "夏田"是高昌对于租地的特殊叫法。"夏价"是佃户交给田主的地租。参阅谢重光《麴氏高昌寺院经济试探》,《中国经济史研究》1987年第1期。

③ 卢向前:《高昌西州四百年货币关系演变述略》,载卢向前《敦煌吐鲁番文书论稿》,江西人民出版社1992年版,第239—253页。

④ 国家文物局古文献研究室、新疆维吾尔自治区博物馆、武汉大学历史系合编:《吐鲁番出土文书》第七册,文物出版社1986年版,第441页。

折算青稞每升 2.5 文铜钱，雇人上烽所支付的日均雇价可购买青稞 3.5 升至 8.7 升。[①] 但是在同一文书中还有“钱壹文粜得青稞一斗”[②] 的记载，可见青稞价格有差别。杨际平先生指出唐前期西州地区雇价银钱提高并不表示受雇者劳动力价格的提高，而是反映了银钱购买力的降低。[③] 那么，唐前期西州替人代役契约中的雇价银钱购买力到底如何呢？由表 3—2 可知，太宗贞观年间 0.33 文，高宗永徽年间 0.27—0.47 文不等，高宗显庆年间 0.47 文，总章年间 0.53 文，咸亨元年 0.6 文，武周载初年前、后 0.67 文。替人代役的雇价银钱是逐年上升的。

隋朝开皇年间曾改变旧制，以古 3 升为 1 升，唐朝也继承了这项规定。[④] 唐占领高昌后，汉斗基本是高昌斛斗的 3 倍。在太宗初平高昌后的几年里，当地的粮价变化应该不大。[⑤] 以《高昌乙酉、丙戌岁（623、624）某寺条列月用斛斗帐历》记载的粟价每斛均银钱 0.7 文，小麦每斛银钱 1 文[⑥]即粟每斗价 0.07 文，小麦每斗 0.1 文计算。唐贞观年间 0.33 文的上烽价，可分别购买高昌斛斗粟 4.7 斗、小麦 3.3 斗，折合汉斗粟 1.6 斗、小麦 1.1 斗。日均雇价汉斗麦粟 1.35 斗。永徽年间最低雇价银钱 0.23 文，可分别购买高昌斛斗粟 3.3 斗、小麦 2.2 斗，折合汉斗粟 1.1 斗、小麦 7.3 升。日均雇价汉斗麦粟 9.1 升。吐鲁番出土《唐和籴青稞帐》中记载“钱壹文粜得青稞一斗”，“去年六月中旬［　　］，银钱壹文粜得青稞一斗三升”，[⑦] 青稞均价每斗 0.87 文。《唐和籴青稞帐》的年

---

① 程喜霖：《试析吐鲁番出土的高昌唐代雇佣契券的性质》，载中国古代史论丛编委会编《中国古代史论丛》第 3 辑，福建人民出版社 1982 年版，第 318—319 页。

② 国家文物局古文献研究室、新疆维吾尔自治区博物馆、武汉大学历史系合编：《吐鲁番出土文书》第六册，文物出版社 1985 年版，第 310—311 页。

③ 杨际平：《敦煌吐鲁番出土雇工契研究》，载季羡林、饶宗颐、周一良主编《敦煌吐鲁番研究》第 2 卷，北京大学出版社 1997 年版，第 216 页。

④ “开皇以古斗三升为一升。大业初，依复古斗”（参阅魏徵、令狐德棻撰：《隋书》卷 16《律历志》，中华书局 1973 年版，第 412 页）；“凡量……十升为斗，三斗为大斗，十斗为斛……公私用大升”（参阅刘昫等撰《旧唐书》卷 48《食货志》，中华书局 1975 年标点本，第 2089 页）。

⑤ 宋杰：《吐鲁番文书所反映的高昌物价与货币问题》，《北京师范学院学报》1990 年第 2 期。

⑥ 陈国灿：《对高昌国某寺全年月用帐的计量分析——兼析高昌国赋税制度》，载陈国灿著《吐鲁番敦煌出土文献史事论集》，上海古籍出版社 2012 年版，第 109—123 页。

⑦ 国家文物局古文献研究室、新疆维吾尔自治区博物馆、武汉大学历史系合编：《吐鲁番出土文书》第六册，文物出版社 1985 年版，第 310—311 页。

代，据吐鲁番文书整理人员记录："本墓为一男二女合葬墓，男尸在外，当系后葬。出有《唐麟德二年（665）张君妻麴氏墓志》一方。所出文书均无纪年。此墓出土《唐君海辩辞为高祯南平职田事》又见于阿斯塔那230号墓武周天授二年（691年）案卷，本件年代应与之相当。"① 据此推测，拆自纸鞋的《唐和籴青稞帐》若是随张君妻麴氏一同下葬，其年代应该早于665年，若随男尸一起下葬其年代当在691年之后。692年银钱和铜钱的比例是1∶32，② 这时期的青稞价如按照均价银钱0.87文每斗计算，折合铜钱27.8文，即青稞每升约2.78文铜钱。以此作为衡量的标准，体现不出粮价的变化，也无从计算此期雇价银钱的实际购买力。并且青稞在西州地区属于外来物品，若雇人上烽的雇价以此为对比的媒介，则贞观、永徽年间的雇价就失去了对比的参照物。在此，笔者以《唐开元九年（721?）于阗某寺支出簿》中记载小麦"斗别卅文"，粟"斗别一十五文"，③ 即小麦每升3文，粟每升1.5文计算，雇价银钱0.67文可分别购买小麦7.4升、粟约1.42斗。日均雇价折成麦粟约1.08斗。唐贞观、永徽年间至武周载初年前、后，时间跨度大概在50年，其间雇人上烽的雇价银钱上涨了几乎一倍，从4文、5文上涨到10文，但是折算成实物雇价粮食粟与小麦，变化却不大，甚至武周载初年前、后的日均雇价银钱0.67文购买到的粮食还低于唐贞观、永徽年间的数量。由此可见，雇价银钱的上涨并不代表以麦粟为基准的雇价粮食上涨。

第三节 吐蕃时期的雇佣价

吐蕃时期的雇佣契约以及记载雇价的相关文书不多，笔者只能从有限的资料中尽可能地反映这时期的雇价情况。

---

① 国家文物局古文献研究室、新疆维吾尔自治区博物馆、武汉大学历史系合编：《吐鲁番出土文书》第六册，文物出版社1985年版，第302—305页。

② 国家文物局古文献研究室、新疆维吾尔自治区博物馆、武汉大学历史系合编：《吐鲁番出土文书》第七册，文物出版社1986年版，第441页。

③ 陈国灿：《斯坦因所获吐鲁番文书研究》，武汉大学出版社1997年版，第490、494页。

表 3—3　　吐蕃时期的雇价及支付方式

编号	文书名称	雇价	支付方式	备注
1	S. 6829 背《卯年（811）张和和预支麦价承造楬篱契》	麦一番驮	麦	一次性预支
2	北图 59：500 背（咸字 59 号）《寅年（822）氾英振承造佛堂契》	麦八汉硕	麦、布	平章日付布一疋，折麦四硕二斗，又折先负债两硕一斗，余毕功日付
3	P. 2964 号《巳年（837）二月十日令孤善奴便刈麦价契》	麦一硕六斗/十亩	麦	一次性预支
4	S. 5998 背《年代不详悉宁宗部落百姓贺胡子预取刈价契（习字）》	？/二十亩	麦	一次性预支
5	S. 5998《年代不详悉宁宗部落百姓王晟子预取刈麦契（习字）》	麦三硕并汉斗/三十亩	麦	一次性预支
6	P. T. 1297（4）《收割青稞雇工契》		青稞？	
7	P. T. 1098 号《于阗贡使岁赋事》①	青稞、麦子和绢……共十四……	青稞、小麦、小米、绢	先行交付青稞五蕃斗，小米一蕃斗，……其余雇金，青稞四蕃斗十蕃升和小米三蕃斗十蕃升，待恩子事情成办后付给
		青稞七蕃斗	青稞	二次雇佣：先付青稞七蕃斗，立即付与对方

① 王尧、陈践译注：《敦煌古藏文文献探索集》，上海古籍出版社 2008 年版，第 284 页。

一 刈麦价

从表3—3和农业有关的四件（第3、4、5、6件）契约文书可知，吐蕃统治敦煌时期的刈麦价，一般是以每十亩地的收获量来支付雇价，如第3件令孤善奴刈麦十亩，刈价麦“壹硕陆斗”，第5件悉宁宗部落百姓王晟子刈叁拾亩，雇价大概是麦3硕，平均每十亩地雇价麦1硕。当时的刈麦价每十亩地有可能在麦1硕至1硕6斗。

二 手工建筑价

在表3—3第1件张和和承造楬篱契中，20扇楬篱价折合雇价麦是1蕃驮，合汉制为1硕。若按工作日期25天计算，折合每天的手工价麦约5升。在第2件氾英振承造佛堂契商定的雇价支付虽然是以麦8汉硕支付，但是雇主在实际支付时，其中一部分的雇价折合的是布，“其麦平章日付布一疋，折麦四硕二斗，又折先负慈灯麦两硕一斗”。虽然另外两件因雇期不明无法计算其日均雇价，但是从雇价的支付方式我们知道，这时期的雇价支付以麦为主，辅以布或者绢。

此外，这时期的雇价还有用麦和面支付的，如P.3047号《辰年七月沙州寺户张昌晟等取面麦搬木历》：

1 七月八日寺户张昌晟、辛什六共般（搬）梁八条准脚直四驮。其木限

2 今月十三日纳足。如违限，一条罚两条。辰年七月八日张昌晟、辛什六具

3 帖。僧惠一鹤。七月八日张岸取面一驮，般（搬）檩四条。见人武□。

4 七月十一日卫阇梨取麦一驮半，般（搬）檩两条。超进。

5 见人智昕。 王伯希取麦一驮，般（搬）檩两条。

6 崔大川取麦三驮，般（搬）□重两条，檩伍条纳了。

7 李明府取麦两驮，般（搬）檩四条，张岸又取麦一驮，搬檩两条。

8 李再兴四驮般（搬）檩三条□□□又取麦四驮，般（搬）檩

八条。①

这是一件吐蕃时期寺院的“历”，记载了辰年七月八日至十三日间沙州寺院雇人运输檩、梁的数目和雇价。从文书第1—3行“其木限今月十三日纳足。如违限，一条罚两条。辰年七月八日张昌晟、辛什六具帖。僧惠一鹤”，以及第3行末尾、第5行首分别有见人武某、智昕，有可能这是沙州寺户与雇主签订的最简单的一份雇佣契约。此历的出现极有可能与沙州某寺要整修油梁有关。因而，雇寺户张昌晟、辛什六以及僧人卫阇梨等人为寺院搬檩和梁，雇价支付以麦为主，辅以面。这几天的雇值也相当高，如李再兴雇价最高，共得麦8驮；最少王伯希得麦1驮，其余几人均在2—3驮。从文书内容看，这些人运送檩或梁仅在七月的某一天或几天，日雇价相当高。肯定，雇价如此之高与运送檩或梁是重体力劳动或工程的进度有关，但这种情况的发生仅仅是偶然的，并不代表这时期雇价高的普遍现象。

第四节　归义军时期的雇价

归义军时期的雇佣契约主要记载了畜牧业与农业领域里的雇价（详见表3—4、表3—5、表3—6）。

一　归义军时期的雇牛、驼、驴价

表3—4　　归义军时期雇牛、驼、驴雇价及支付方式

编号	文书名称	雇价	支付方式	备注
1	P. 2825号背《唐乾宁三年（896）二月冯文达雇驼契（稿）》	准绢五疋	绢	入京

① 唐耕耦、陆宏基编：《敦煌社会经济文献真迹释录》第二辑，全国图书馆文献缩微复制中心1990年版，第402页。

续表

编号	文书名称	雇价	支付方式	备注
2	北图殷41号《癸未年（923?）四月十五日张修造雇父驼契》	官布十六疋，长七八	官布	西州
3	北图殷字41号《癸未年（923?）七月十五日张修造雇父驼契》	官布十疋，长二丈六七	官布	西州
4	津博4402号背《壬午年（922?）苏永进雇父驼契》	大紫帛绫一疋	绫（大紫绫）	于阗
5	S. 6341号《壬辰年（932?）雇牛契（样式）》	雇价每月一石，春价被四月三匹	粮食？被？	
6	P. 3448号背《辛卯年（931?）董善通张善保雇驼契》	生绢六疋。其三疋，长三十尺。又三疋，长三丈九尺。又楼机一疋，看行内骆驼价	生绢、楼机	入京
7	P. 2652号《丙午年（946）宋某雇驼契（样式）》	生绢一疋	生绢	西州
8	S. 1403《某年十二月程住儿雇驴契》	上好羊皮九张	羊皮	甘州

表3—4所列内容记载了归义军时期雇牛、驼、驴等的雇价。从契约文书所载内容可知即使是出使同一地方的雇价也由于来回雇期不明、支付物不同无法计算日均雇价。关于雇牛、驼等脚力的雇价，《唐律疏议》卷4《名例》“以赃入罪”条曰：“庸，谓私役使所监临及借车马之属，计庸一日为绢三尺，以受所监临财物论。赁，谓碾磑、邸店、舟船之类，须计庸、赁为赃，其赃元非正物，故虽非会赦，其赃并亦不征。余条庸、赁皆准此。”① 同卷平赃及平功庸条曰：假有借驴一头，乘经百日，计庸得绢

① （唐）长孙无忌等撰，刘俊文点校：《唐律疏议》卷4《名例》“以赃入罪”条，中华书局1983年版，第90页。

七疋二丈，驴估止直五疋，此则庸多，仍依五疋为罪。自余庸、赁虽多，各准此法。[①] 即雇佣脚力“计庸一日为绢三尺”。日僧圆仁在《入唐求法巡礼行记》中记载了雇驴的价钱是“驴一头行廿里，功钱五十文，三头计百五十文”。[②] 这里是以里计价。可见唐律规定的雇价在实际生活中有时并不被遵守。那么，在敦煌出使同一地方的雇价情况怎样呢？现以本表第 2、3、7 三件出使西州的雇价：一为“官布十六匹，长七八”；一为“官布十匹，长二丈六七”；一为“生绢一匹”。关于布匹的长短，唐律规定：“诸造器用之物及绢布之属，有行滥、短狭而卖者，各仗六十。”疏议曰：“短狭：谓绢疋不充四十尺，布端不满五十尺，幅阔不充一尺八寸之属而卖。”[③] 即绢宽一尺八寸，长四十尺为一匹；布宽一尺八寸，长五十尺为一端。这是唐代的绢布标准。后周时期，绢布的标准发生了变化。《五代会要》记载：“显德三年五月敕：‘应天下今后公私织造，凡绢帛䌷布、绫罗锦绮及诸色匹帛，其幅尺斤两，并须合向来制度，不得轻弱假伪，罔冒取价。’……其年十月敕：‘旧制织絁绢布、绫罗锦绮、纱縠等，幅阔二尺。……宜令诸道州府，严切指挥，来年所纳……絁䌷绢长，依旧四十二尺。’”[④] 可见不同朝代、不同时期对布匹规定的标准不一。此时期，实际绢布多数仍在一匹长 40 尺，幅阔 2 尺左右变动。在敦煌“流通的布匹已远远超出法定标准，……尺寸经常是幅长更短些，但相应地，幅宽更宽些。宽度也有变化：从 1.8—2.7 尺”。[⑤] 敦煌的官布，据刘进宝先生研究，和唐律规定的也不一致。敦煌文书中的官布与緤都属毛织品，一

---

① （唐）长孙无忌等撰，刘俊文点校：《唐律疏议》卷 4《名例》“平赃及平功庸”条，中华书局 1983 年版，第 93 页。

② 顾承甫、何泉达点校：《入唐求法巡礼行记》卷 1（开成四年四月）七日条，上海古籍出版社 1986 年版，第 42 页；白化文等校注：《〈入唐求法巡礼行记〉校注》卷 1，花山文艺出版社 2007 年版，第 140 页。

③ （唐）长孙无忌等撰，刘俊文点校：《唐律疏议》卷 26《杂律》“器用绢布行滥短狭而卖”条，中华书局 1983 年版，第 498 页。

④ （宋）王溥撰：《五代会要》卷 25《杂录》，上海古籍出版社 1978 年版，第 404 页。

⑤ ［法］童丕：《敦煌的借贷：中国中古时代的物质生活与社会》，余欣、陈建伟译，中华书局 2003 年版，第 113—114 页。

匹长约25尺。[①] 虽然张修造支付的官布布匹长短不一，按1丈等于10尺计算，四月份张修造支付雇价官布则长125尺左右，七月份雇价官布长280尺左右。由于资料的缺乏，生绢和官布的比价我们不知，所以张修造前往西州的雇价在路程、路线可能相同的情况下，同是出使西州，雇价不可能相差这么大。但两者是否有雇佣时间上的区别呢？根据目前的资料还无法判断。

又如第1、6两件同为入京的契约为例分析达到同一目的地的雇价。在第1件文书中冯文达雇驼一头雇价准绢5匹，按照唐律规定准绢1匹须宽1尺8寸，长40尺。那么雇价准绢5匹即200尺；第6件董善通、张善保二人雇驼一头雇价生绢6匹，其3匹，长30尺；又3匹，长3丈9尺；又楼机1匹，总计生绢并楼机247尺。两者之间的雇价相差47尺。天宝四年，大生绢的价格是每匹465文；[②] 天宝六年，小生绢的价格每匹380文。两者相差85文。况且不同产地、不同品种的绢、帛、练的价格相差极大。[③] 虽然我们并不知道归义军时期绢的质地是生绢还是熟绢，以及它们的比价如何，甚至也不了解它们是大生绢还是小生绢。如若把以上诸种因素考虑在内，同往西州、京师等地区的雇价差别应该不大。

二 归义军时期的成丁雇价和非成丁雇价

在敦煌出土的归义军时期的雇佣文书中，农业雇佣的周期一般写作“一年造作”“造作一周年”，只有极少数写作“从正月十五日至十月十五日末”，“从正月至九月末”等。但是笔者从雇主支付的雇价“见与春三个月价，更残六个月价（到秋后）还”，实际上雇主只支付了九个月的工价给受雇的农业劳动者。为明白起见，转录文一件如下。北图309：8374（即生字25）《甲戌年（974）窦跛蹄雇工契（抄）》：

---

① 刘进宝：《唐五代敦煌棉花种植研究——兼论棉花从西域传入内地的问题》，《历史研究》2004年第6期；又见刘进宝著《唐宋之际归义军经济史研究》，中国社会科学出版社2007年版，第130页。

② 唐耕耦、陆宏基编：《敦煌社会经济文献真迹释录》第一辑，书目文献出版社1986年版，第430页。

③ 同上书，第426—434页。

1 甲戌年正月一日立契，慈惠乡百姓窦跛蹄，伏缘家中欠

2 少人力，于龙勒乡邓纳儿钵面上雇男延受造作一周年。

3 从正月至九月末，断作雇价每月一驮，春衣一对，汗

4 衫一领，襔裆一腰，皮鞋一两。自雇如后，便须

5 兢兢造作，不得抛功一日。忙时抛功一日，克物二斗。

6 闲时抛功一日，克物一斗。若作儿手上使用笼具镰刀铧钩

7 锹镢袋器什物等，畔上抛扶打损，裴（赔）在作儿身（上），不关

8 主人之事。若收到家中，不关作儿之事。若作儿偷他（人）瓜

9 菓菜如（茹）羊牛等，忽如足（捉）得者，仰在作儿身上。若作儿病

10 者，算日勒价。作儿贼打将去，一看大例。两共对面平章，

11 准格不许番（翻）悔者。已已，若先悔者，罚青麦一十驮，充入不

12 悔人。恐人无信，故立私契，用为凭（后有勾）押字为定（押）①

从这件雇工契中我们可以看到，文书第2行雇主窦跛蹄雇龙勒乡邓纳儿钵之子延受“造作一周年”，但是在文书第3行支付的雇价却是“从正月至九月末，断作雇价每月一驮”。可见雇主仅支付了受雇者九个月的雇价。

由于农业雇工的实际受雇日期是九个月，那么雇主就不会如契约开头所写那样，支付雇工一年的工价却让雇工干九个月的农活。从已经发现的敦煌雇佣文书看，这时期的大多数雇价一般写作“逐月一驮”、“每月一驮，干湿中亭”或“每月一驮，麦粟各半”，有少数文书写作“每月五

① 唐耕耦、陆宏基编：《敦煌社会经济文献真迹释录》第二辑，全国图书馆文献缩微复印中心1990年版，第69页。

斗”“每月断物八斗”等。[①] 可见，在归义军统治敦煌时期的农业雇佣契约里，雇价的多少并不相同。下面以雇价每月一驮者和不到一驮者为分类的标准，分析这时期的雇价情况如表3—5所示。

表3—5　　　　归义军时期农业雇价每月不到一驮者

编号	文书名称	每月雇价	每日雇价	时限	受雇人来源	备注
1	S. 3877号4V《戊戌年（938）令狐安定雇工契（抄）》	每月五斗	约1.67升	造作一年（正月至九月末）	龙勒乡百姓龙聪儿［面上雇　］	春衣一对，汗衫褐裆并鞋一两
2	P. 5008号《戊子年（928或988）梁户史汜三雇工契》	每月断麦[粟]八斗七斗（升）	2.9升		平康乡百姓杜愿弘面上雇弟愿长	
3	P. 2877号背《乙卯年（955?）正月一日孟再定雇工契》	每月断物八斗	约2.67升	造作一年（正月至九月末）	龙勒乡百（姓）马富郎弟盈德	春衣汗衫、皮鞋一两

① 归义军时期，与以往所有雇佣契约不同的是，这时期绝大多数契约文书中还有了雇主给受雇人提供春衣、汗衫、鞋等衣服鞋袜的记载。一般为：春衣长袖一、襕袴一腰、皮鞋一两，或者是春衣一对、汗衫一领、褐裆一腰、皮鞋一两。如P. 2877号背《乙卯年（955?）正月一日孟再定雇工契》，雇主孟再定支付受雇人马富郎弟盈德的雇价“断作价直，每月断物捌斗，至九月末造作。春衣汗衫、皮鞋一两”；S. 1897号《龙德四年（924）雇工契（样式）》，此文书为样文，其中规定，“断作雇价从正（二）月至九月末造作，逐月一驼，见分付多少已讫。更残，到秋物[收获]之时收领。春衣一对，袷袖并褌、皮鞋一两，余外欠阙，仰自排批”；很明显，每月一驮的雇价里并不包括雇价。从行文内容看，这些衣物，雇主似乎并没有算进每月一驮或不到一驮的雇价粮里，而是额外提供的；但也有契约文书中记载了雇主并不提供春衣、汗衫等物品，如P. 3441号背《康富子雇工契（样式）》，这是一件比较完整的文书且是样文。但这种文书毕竟是少数，在所有出土的且比较完整的农业雇佣文书中仅此一件。那么，这些春衣、长袖、皮鞋等既未列入每月一驮的雇价中，很有可能是这时期的雇主为受雇人提供的福利等待遇。童丕先生认为这是报酬的一部分，但是并未说明理由。参见［法］童丕《敦煌的借贷：中国中古时代的物质生活与社会》，余欣、陈建伟译，中华书局2003年版，第135页。

续表

编号	文书名称	每月雇价	每日雇价	时限	受雇人来源	备注
4	P. 3875 号《兵马使曹庆庆雇工契残片》	一月一石	约 3. 33 升			春衣一袘袖衣兰鞋一两
5	S. 5509 号 1V《甲申年（924 或 984）苏流奴雇工契（抄）》	每月一硕	约 3. 33 升	六个月（正月至九月末，立契是三月份）	效谷乡百姓韩德儿面上雇壮儿	本件标明雇价麦粟众亭六硕

表 3—6　　　　归义军时期农业雇价每月一驮者

编号	文书名称	每月雇价	每日雇价	时限	受雇人来源	备注
1	S. 3877 号《甲寅年（894）五月二十八日张纳鸡雇工契（抄）》	雇价月麦粟一驮	约 6. 67 升	造作一年（正月至九月末）		春衣汗衫
2	S. 3011 号 7V《辛酉年（901 或 961）李继昌雇工契（抄）》	月价，每月麦粟众亭一驮	约 6. 67 升	造作一年（九个月）	慈惠乡百姓吴再通男住儿	
3	S. 6452 号 1V《癸未年（923 或 983）樊再升雇工契（抄）》	每月算价一驮	约 6. 67 升	正月至九［月］末为期	效谷乡百姓樊再员面上雇［　］	春衣一对，汗衫一领，幔裆一腰，皮鞋一两
4	S. 1897 号《龙德四年（924）雇工契（样式）》	逐月一驮	约 6. 67 升	正（二）月至九月末		春衣一对，袘袖并裈、皮鞋一量
5	ДX12012 号《丙申年（936）正月赤心乡百姓宋多胡雇工契》	每月一驮，麦粟（种）中亭	约 6. 67 升	营作九个月（正月十五日至十月十五日）	洪池乡百性（姓）马安住男	春（衣）一对，皮鞋一量

续表

编号	文书名称	每月雇价	每日雇价	时限	受雇人来源	备注
6	天津艺博 0735 号背《后晋天福四年（939）姚文清雇工契（抄）》	每月一驮，麦粟各半	约 6.67 升		百姓程义深男	春衣一对，长袖一领，汗衫一领，褐袴一腰，皮鞋一量
7	S.5578 号《戊申年（948）李员昌雇工契（抄）》	每月麦粟一驮	约 6.67 升	造作一年，自（正月至九月末）	赤心乡百姓彭铁子（面上雇）男章三	春衣汗衫一礼（领）襔裆袛袖衣兰皮鞋一量共一对
8	S.5583 号《某年（948?）雇工契（抄）》	每月麦粟一驮	约 6.67 升	周年（正月至九月末）		春衣一对，袛袖衣襕襔裆一要（腰），皮鞋一两
9	P.3649 号背《丁巳年（957 年）贺保定雇工契（抄）》	雇价每月一驮，干湿中亭	约 6.67 升	造作一周年		四月立契，春衣一对，汗衫一领，袛袖衣襕襔裆一腰，皮鞋一两
10	P.3826 号《丁亥年（987）邓憨多雇工契（抄）》	每月一驮，麦粟各半	约 6.67 升	造（作）一周年	莫高乡百姓耿憨多面上雇男	春衣（下空）
11	北图 309：8374 生 25《甲戌年（974）窦跛蹄雇工契（抄）》	雇价每月一驮	约 6.67 升	造作一周年（正月至九月末）	龙勒乡邓纳儿钵面上雇男延受	春衣一对，汗衫一领，襔裆一腰，皮鞋一两

续表

编号	文书名称	每月雇价	每日雇价	时限	受雇人来源	备注
12	P.2451号《己酉年（925或985）二月十二日乾元寺僧宝香雇百姓邓仵子契》	每月断作雇价麦粟一驮	约6.67升	八个月		春（依）衣长袖一并襴袴一腰，皮鞋一量
13	P.2249号背《壬午年（922或982）康保住雇工契》	每月一驮	约6.67升	正月至九月末	莫高乡百姓赵紧近面上雇男	春（衣）一对，汗衫一领，褸裆一腰，皮鞋一两
14	P.3094号背《某某雇工契》	每月雇价麦粟一驮	约6.67升	正月至九月末	[ ]面上雇男愿千	春衣汗衫褸裆一对，皮鞋一两
15	S.766号背《壬午年（982）七月贷生绢契背雇工契（抄）》	雇价每月麦粟众亭一驮	约6.67升	一周年	赤心乡百姓罗不奴面上雇男长盈	七月二十五日立契，春衣一对，汗衫褸裆
16	S.1478号背《丙子年（916?）赤心乡百姓安富通雇工契（习字）》		约6.67升	造作一周年（正月至九月末）		六月五日立契
17	北殷41号《癸未年（923?）龙勒乡口文德雇工契（习字）》	每月一驮	约6.67升			三月廿八日立契，春衣汗衫□□□□皮鞋一两，春衣

续表

编号	文书名称	每月雇价	每日雇价	时限	受雇人来源	备注
18	S. 10564号《庚子年（940?）洪润乡百姓阴富晟雇工契（习字）》			造作一年（三月一日立契，从此玖月末）		春衣一对，汗衫、襌裆，皮鞋一量
19	P. 3706号背《丙午年（946?）莫高乡张再通雇工契（习字）》			营作九个月（正月至九月末）		六月廿日立契
20	P. 3908号《丙寅年（966?）慈惠乡百姓张通子雇工契（习字）》	雇价每月一驮，麦粟各半	约6.67升	（造）作一周年		春衣一对，汗衫
21	S. 0766号背《壬午年（982）平康乡百姓雇工契（习字）》	每月麦粟衆（中）亭一驮	约6.67升	造作一周年		七月廿五日立契，春衣一对，汗衫襌裆皮鞋

表3—5所列是归义军时期农业雇价每月不到1驮者，雇价从5斗、8斗、8斗7升到1石不等；表3—6为每月雇价或麦1驮，抑或麦粟1驮且麦粟各半。与吐蕃时期的契约对比，归义军时期的契约并未注明雇主支付雇价粮是汉硕还是蕃斗。高启安先生曾对“敦煌的驮”作过专门的研究，他认为“吐蕃的升斗和驮，很可能在张议潮率众推翻吐蕃人统治后不久即自行消除了”[①]。换言之，9世纪中叶以后的敦煌，作为量制的“驮”，就应该是汉驮了。而我们这里讨论的敦煌雇佣契，均属9世纪中叶以后归义军政权时期的契约，所行用的应该是汉驮。[②] 高启安先生据S. 6829号《丙午年正月十一日已后缘修造破用斛斗布等历》等文书判断“一驮等于两石”，而“在当时的敦煌，‘十斗为石’是定制”，[③] 根据唐代的“权衡

① 高启安：《唐五代宋初敦煌的量器及量制》，《敦煌学辑刊》1999年第1期。

② 乜小红：《对敦煌农业雇工契中雇佣关系的研究》，《敦煌研究》2009年第5期。

③ 高启安：《唐五代至宋敦煌的量器和量制》，《敦煌学辑刊》1999年第1期。

度量之制”规定“十合为升，十升为斗”①。如果按照每月平均30天计算，这一时期表3—5中的日均雇价从1.67升到3.33升不等，表3—6中的日均雇价为6.67升。从数量上看，表3—6所列雇价每月1驮者占这时期农业领域雇价的绝大多数。

在雇期一定的情况下，表3—5中的雇价比表3—6中的雇价要低。在表3—5中，除第4件文书残缺严重看不出被雇者的身份外，其余四件的受雇者均是“于某面上雇弟（或男）”，即受雇者是某乡百姓的弟弟或儿子。如第2件梁户史氾三从“平康乡百姓杜愿弘面上雇弟愿长”，第3件莫高乡孟再定雇“龙勒乡百（姓）马富郎弟盈德”，第5件敦煌乡百姓苏流奴于“效谷乡百姓韩德儿面上雇壮儿”。这三件契约的年代主要分布于归义军统治时期的公元924—955年，与表3—6中的年代基本一致，但是雇价又是如此之低，到底是怎么回事呢？就此，笔者联想到上揭文麴氏高昌国时期《帐》《帐历》中记载的某寺雇佣的大客儿、小客儿、小儿的雇价不同，主要是因为他们年龄上的差别。在此我们是否也可以大胆地推测：归义军时期的农业领域里的雇佣劳动者其雇价的支付也有着年龄上的区别呢？

当然，在表3—6中也存在“于某面上雇弟（或男）”的情况，如第2、3、5、6、7、10、11、13、14、15件，但是他们的雇价同本表中其他人的雇价一样也是每月麦粟1驮，即日均雇价6.67升。《唐六典》卷6《都官郎中》记载：“四岁已上为‘小’，十一已上为‘中’，二十已上为‘丁’。”②《旧唐书》卷43《职官志》记载：“凡男女，始生为黄，四岁为小，十六为中，二十有一为丁，六十为老。”③《新唐书》卷51《食货志》记载：“凡民始生为黄，四岁为小，十六为中，二十一为丁，六十为老。”同卷又载：“明年（开元二十六年），又诏民三岁以下为黄，十五以下为小，二十以下为中。”④ 虽然不同史籍中记载的成丁、中男、小男年

① （后晋）刘昫等撰：《旧唐书》卷48《食货志》，中华书局1975年标点本，第2089页。

② （唐）李林甫等撰，陈仲夫点校：《唐六典》卷6《尚书刑部》，中华书局1992年点校本，第193页。

③ （后晋）刘昫等撰：《旧唐书》卷43《职官志》，中华书局1975年标点本，第1825页。

④ （宋）欧阳修、宋祁等撰：《新唐书》卷51《食货志》，中华书局1975年标点本，第1342、1346页。

龄不一，但这仅是唐代不同时期政府统治政策的变化。在表3—5和表3—6中所列“于某面上雇弟（或男）”，他们的雇价之所以不同，应与受雇者的年龄有关，即是否属于成丁的范围。因为雇工有是否成丁的区别，所以在这时期的农业雇佣中受雇者的雇价有很大的差别，即成丁雇价每月1驮，非成年丁每月雇价不到1驮。

由此可知归义军统治敦煌时期的雇价，在雇牛、驴、驼等契约中雇价的数目大多根据行程远近或出使时间确定，前往同一个目的地的雇价一般相同，雇价的支付方式一般以官布、绢等物品为主；农业领域里的雇价数目一般以劳动者是否成丁作为区别的主要标准，成年雇工每月麦粟1驮，未成丁者低于1驮。

三 归义军时期受雇人的生活

1. 归义军时期敦煌的户均人口及口粮消费

王梵志《贫穷田舍汉》诗云：

> 贫穷田舍汉，菴子极孤恓。两共前生种，今世作夫妻。妇即客舂捣，夫即客扶犁。黄昏到家里，无米复无柴。男女空饿肚，状似一食斋。里正追庸调，村头共相摧。幞头巾子露，衫破肚皮开，体上无裈袴，足上复无鞋。丑妇来恶骂，啾唧搦头灰。里正被脚蹴，村头被拳搓。驱将见明府，打脊趁回来。租调无处出，还须里正倍。门前见债主，入户见贫妻。舍漏儿啼哭，重重逢苦灾。如此穷硬汉，村村一两枚。①

吐鲁番178号墓文书开元廿八年（740）记载：

> 阿毛孤一身，有（又）无夫婿，客作佣力，日求升合养姓（性）命。②

① （唐）王梵志著，项楚校注：《王梵志诗校注》，上海古籍出版社1991年版，第651页。

② 国家文物局古文献研究室、新疆维吾尔自治区博物馆、武汉大学历史系合编：《吐鲁番出土文书》第八册，文物出版社1987年版，第385页。

《太平广记》卷347《李佐文》记载唐文宗大和六年（832），李佐文旅食南阳林湍县官僚袁测田庄，见一妇人，自称：

> 我佣居袁庄七年矣，前春，夫暴疾而卒。翌日，始龀之女又亡，贫穷无力，父子同瘗焉。守制嫠居，官不免税。[①]

这三则史料中的主人公都是靠雇佣为生。田舍汉夫妇，妇给人舂捣，夫给人耕作，黄昏回家里，无米复无柴，还要交纳庸调，被债主逼债，屋漏儿哭，日子过得极其艰难；阿毛客作佣力，日求生合养性命；佣居袁庄的妇女，夫死女亡，生活贫困无力，官府又不免税。

虽然我们不知道以上受雇人是否和雇主签订契约，以及每天的雇价多少，但是从他们的叙述中知道，雇佣所得收入极其有限，官府又不免税，可谓雪上加霜。然通过上揭文对雇价的分析知道，麴氏高昌国至归义军时期以粮食为主要支付手段的雇价在这400余年间，农业领域里的成丁雇价从麴氏高昌国时期的高昌斛斗1.1—1.2斗折合汉斗3.67—4升上涨到归义军时期的6.67升，增长了近一倍，未成丁雇价从麴氏高昌时期的高昌斛斗3—7升折合汉斗1—2.3升上涨到归义军时期的1.67—3.33升，雇价增长了近2至3倍。而且归义军时期雇主还给受雇人提供了春衣等物。那么，在雇价提高的情况下，受雇人的生活水平提高了吗？他们的收入能维持正常的家庭生活吗？笔者现以归义军时期农业领域中的最高雇价每月麦粟一驮为例分析中古时期受雇人的生活状况。

在传世典籍中，中古时期每人日食粮情况记载如下。

《汉书》卷94下《匈奴传》记载，莽将严尤……曰：

> 计一人三百日食，用糒十八斛。[②]

《北齐书》卷20《库狄伏连传》记载：

---

① （宋）李昉等编：《太平广记》卷347《李佐文》，中华书局1961年标点本，第2752页。

② （汉）班固撰：《汉书》卷94下《匈奴传》，中华书局1983年标点本，第3824页。

伏连家口有百数，盛夏之日，料以仓米二升。不给盐菜，常有饥色。①

《新唐书》卷54《食货志》记载：

当时议者以为自天宝至今，户九百余万，王制：上农夫食九人，中农夫七人。以中农夫计之为六千三百万人。少壮相均，人食米二升。②

《宋史》卷175《食货志》记载：

陕西都转运司于诸州差雇车乘人夫，所过州交替，人日支米二升，钱五十。③

《宋史》卷181《食货志》记载：

天圣以来，两池畦户总三百八十，以本州及旁州之民为之。户岁出夫二人，人给米日二升。④

《宋史》卷191《兵志》记载：

是岁，诏秦、陇、仪、渭、泾、原、邠、宁、环、庆、鄜、延十二州义勇，遇召集防守，日给米二升，月给酱菜钱三百。⑤

---

① （唐）李百药撰：《北齐书》卷20《厍狄伏连传》，中华书局1972年标点本，第283页。

② （宋）欧阳修、宋祁等撰：《新唐书》卷54《食货志》，中华书局1975年标点本，第1387页。

③ （元）脱脱等撰：《宋史》卷175《食货志》，中华书局1977年标点本，第4257页。

④ （元）脱脱等撰：《宋史》卷181《食货志》，中华书局1977年标点本，第4415页。

⑤ （元）脱脱等撰：《宋史》卷191《兵志》，中华书局1977年标点本，第4734页。

《宋史》卷194《兵志》：

> 中兴以后，多遵旧制。绍兴四年，御前军器所言：万全杂役额五百，户部廪给有常法。比申明裁减，尽皆遁逃。若依部所定月米五斗五升，日不及二升。……诏户部裁定，月米一石七斗增作一石九斗。五年诏，效用入资旧法，内公据，甲头名称未正，其改公据为守阙进勇副尉，日餐钱二百五十，米二升；甲头为进勇副尉，日餐钱三百，米二升。非带甲入队，人自依旧法。宣抚使韩世忠言：本军调发，老幼随行。缘效用内有不调月粮，不增给日请。军兵米二升半、钱百。效用米二升，钱二百。乞日增给赡米一升半。……①

《宋史》卷491《日本国传》：

> 淳熙二年，倭船火儿滕太明殴郑作死，……以其国之法，三年风泊日本舟至明州，众皆不得食，行乞至临安府者，复百余人。诏：人日给钱五十文，米二升。②

从以上诸条史料的记载中我们知道，汉代的军粮每人百日食6斛，一日食6升。比魏晋以及唐宋时期记载的2升及稍微少于2升要高，为什么会这样呢？徐庆全先生从高昌某寺乙酉、丙戌岁账历每月僧沙弥的食粮总量计算，认为高昌时期每人日食粮也为6升左右，说明麹氏高昌时期所用的斛斗的容积应与汉代斛斗容积相同。③ 唐占领西州以后实行了唐王朝的食粮标准，高昌斛斗和汉斗之间的比价大约为1∶3，高昌斗折合汉斗相当于每日食粮2升，由此可见，在传世典籍中记载的每人日均食粮是2升。而且传世典籍中每人日均粮2升或者接近2升的记录也被上揭文提到的吐鲁番文书《唐苏海愿等家口给粮三月帐》以及《唐神龙二年（706）七月西州史某牒为长安三年（703）七至十二月军粮破除见在事》中镇兵、患兵每

---

① （元）脱脱等撰：《宋史》卷194《兵志》，中华书局1977年标点本，第4846—4847页。

② （元）脱脱等撰：《宋史》卷491《日本国传》，中华书局1977年标点本，第14137页。

③ 徐庆全：《高昌、西州时期量制考》，《河北学刊》1992年第5期。

日食粮 1. 8—2. 4 升并以每日 2 升为主所验证。

由此可知，在中古时期，成年丁的食粮定量一般为每日 1. 8—2. 4 升。

如此，根据不同朝代每人日均配额米 2 升，一个成年丁男或者丁女一年 365 天要消费粮食 730 升，即 7. 3 石。那么在敦煌吐鲁番出土雇佣契约文书中所记载的中古时期相对应的户均人口是多少呢？每户一年能消耗多少粮食呢？据梁方仲先生研究，这时期户均人口如表 3—7 所示。

表 3—7　　中古时期雇佣契约所处年代户均人口

朝代	年代	全国户均人口	陇右户均人口
隋	隋炀帝大业五年（609）	5. 17 人	
唐	唐贞观十三年（639）		4. 20 人
	唐中宗神龙元年（705）	6. 03 人	
	唐玄宗开元十四年（726）	5. 86 人	
	开元二十年（732）	5. 78 人	
	开元二十二年（734）	5. 77 人	
	开元二十八年（740）	5. 72 人	
	唐天宝元年（742）	5. 74 人	4. 42 人（沙州：3. 81 人）
	天宝十三年（754）	5. 50 人	
	天宝十四年（755）	5. 94 人	
	唐肃宗乾元三年（760）	8. 79 人	
	唐代宗广德二年（764）	5. 77 人	
	唐宪宗元和十五年（820）	6. 63 人	
	穆宗长庆元年（821）	6. 63 人	
	合计（仅唐代）	6. 18 人	4. 31 人（不包括沙州）

资料来源：根据梁方仲先生《中国历代户口、田地、田赋统计》第 96—101 页制。

从表中有确切年代记载的户均人口看，隋炀帝大业五年户均 5. 17 人，唐代户均 6. 18 人，但是具体到西北地区的陇右道则是唐贞观十三年陇右道领县五十六，户均人口 4.20 人，[①] 天宝元年领县五十七，户均 4.42 人。[②] 平均每户 4.31 人。而在天宝元年的沙州领县二，户均 3.81 人。[③] 冻国栋先生认为，唐前期西州地区户均人口 4—5 人。[④] 就敦煌籍账所见唐前期沙州户均口数和内地诸州相比差别不大，一般也应以 5 口之家居多。[⑤] 但是到归义军政权时期，特别是经过张议潮多次户口登记及析户后，敦煌户口结构基本趋于合理，从保留下来的户籍看，每户人口主要以 5—7 口为主。但是从大顺年间起敦煌地区出现了一个现象，就是户口变得越来越小，5 口之家、3 口之家比较常见。[⑥] 即便如此，归义军时期的敦煌地区其人口平均还是在 4 口及以上。

因此，如果我们按照梁方仲先生计算的天宝元年沙州户均 3.81 人，以及一个人年均消费 7.3 石计算，那么全家年均粮食消费约 23.21 石；若以 5 口之家算，则需要 36.5 石；即使按照每户均 3 口算，一年的粮食消费也至少需要 21.9 石。所以，在归义军时期如果一家人的经济来源只单靠受雇人每月雇价 1 驮，全年雇价 9 驮即 18 石的收入养活全家则异常艰难。

2. 敦煌普通农户的土地收入及其支出

在归义军政权初期，无地或少地的民户，政府授予土地的数量是每人七八亩。[⑦] 一家四、五口人有地三四十亩。当时敦煌粮食的产量，据 P. 2451 号《乙酉年（925 或 985）二月十二日乾元寺僧宝香雇百姓邓仵子契》中雇价的支付“每月断作雇价麦粟一驮。内麦地三亩，粟地四亩，其地折七个月”，[⑧] 即麦地三亩和粟地四亩计七亩地的收入折合七个月的雇价麦粟 7 驮。平均每亩地收入麦粟 1 驮。与吐蕃时期的产量如 P. 3774

---

① 梁方仲：《中国历代户口、田地、田赋统计》，中华书局 2008 年版，第 111 页。

② 同上书，第 127 页。

③ 同上书，第 117 页。

④ 冻国栋：《中国人口史》第二卷（隋唐五代时期），复旦大学出版社 2002 年版，第 450 页。

⑤ 同上书，第 484 页。

⑥ 郑炳林：《晚唐五代敦煌地区人口变化研究》，《江西社会科学》2004 年第 12 期。

⑦ 刘进宝：《唐宋之际归义军经济史研究》，中国社会科学出版社 2007 年版，第 18 页。

⑧ 唐耕耦、陆宏基编：《敦煌社会经济文献真迹释录》第二辑，全国图书馆文献缩微复制中心 1990 年版，第 70 页。

号《丑年（821）十二月沙州僧龙藏牒——为遗产分割纠纷》中记载“去丙寅年至昨午年卅年间，伯伯私种田卅亩，年别收斛斗卅驮”,[①] 平均每亩收获1驮。可知，吐蕃和归义军时期的粮食产量相差不多。那么，归义军政权初期的每人七八亩土地，年收入七、八驮，即14—16石；户均三四十亩土地，收入才30—40驮。并且我们从零星的史料知道中古时期的受雇人也是要纳税的，如刘宋时期官府对郭世道“蠲其税调”,[②] 王彭“蠲租布三世”,[③] 南齐时对公孙僧达等人“蠲租税”,[④] 以及上揭文王梵志诗等资料也提到官不免税，况且我们从归义军时期受雇人的身份看，他们都是各乡百姓，在雇佣契约中记载有乡名，是具有正式户籍的编户。因此，他们也必须纳税。

而归义军时期赋税主要包括地子、官布、草、柴等。其中地子的税率是麦粟合计每亩1斗。25尺为1匹的官布，若250亩纳官布1匹，一亩地为0.1尺，若300亩地纳布一匹，则一亩地为0.08尺。百姓田地每亩税草约3—7分，即0.3—0.7束。至于税柴的具体税率，即一亩地纳柴多少束，则由于资料的缺乏，目前还无法给予明确的回答。[⑤] 但是官布和粮食的征纳是可以换算成以粮食为标准价比对的。在P.2504号《年代未详（10世纪）龙勒乡百姓曹富盈牒（稿）》中记载了布与麦粟的比价，转部分录文如下：

1 龙勒乡百姓曹富盈。　右富盈小失慈父，狗（苟）活艰辛。

2 衣食之间，多有欠缺，只有八岁父马一疋，前日叔父都衙

3 卖将，判绢两疋已来，内一疋断麦粟廿七石，内

4 十二（应为二十——笔者注）石直布两疋，又欠七石，又一疋断牛一头。

① 唐耕耦、陆宏基编：《敦煌社会经济文献真迹释录》第二辑，全国图书馆文献缩微复制中心1990年版，第283页。

② ［梁］沈约撰：《宋书》卷91《郭世道传》，中华书局1974年标点本，第2244页。

③ ［梁］沈约撰：《宋书》卷91《王彭传》，中华书局1974年标点本，第2250页。

④ ［梁］萧子显撰：《南齐书》卷55《公孙僧达传》，中华书局1972年标点本，第957页。

⑤ 刘进宝：《唐宋之际归义军经济史研究》，中国社会科学出版社2007年版，第107、130、140页。

（后略）[1]

这是一件10世纪曹富盈状告其八岁马被叔父都衙卖掉不给价钱之事。在文书中我们知道，马被卖绢两匹，其中一匹绢被断麦粟27石，并且27石麦中的20石值布两匹。虽然我们不明布的质地如何，但假若是官布，那么此时期的官布一匹相当于麦粟10石，官布一匹25尺，即官布一尺折合麦粟4斗。那么，每亩交纳官布0.1尺或者0.08尺，折合粮食麦粟为3.2—4升。如此，归义军时期的地子和官布征收折合粮食为1.32—1.4斗。在归义军政权初期平均每人七八亩的土地至少要交税9.3—11.2斗，即大约1石，以及每人要缴纳附着于土地上的各种赋役杂税、承担的劳役，必要的家人食粮、穿衣等。

在归义军时期，即使用最便宜的昌褐作春衣，一个成年丁男也需要"二仗三尺"或"二仗四尺"[2]抑或是"粗布一疋"[3]，"皮鞋一量"花费"一石三斗"[4]。关于衣服的支出，在P.2504号中记载的是布一匹值粮食10石，吐蕃时期氾英振承造佛堂契中是"其麦平章日付布一疋，折麦四硕二斗，又折先负慈灯麦两硕一斗"，即布一匹值麦6石3斗。做衣服的粗布一匹如果按照吐蕃时期的最低价6石3斗计算。这样，一个成年人一年的服装消费折合粮食至少要在7石3斗左右。一个成年人一年的消费折合粮食至少要15石6斗，一家四五口一年的花费也至少为62石2斗—78石。在这种情况下，归义军时期的普通农户一年里土地上的收支基本平衡，满足最低的生活需求。但这还不包括我们未知的邻里乡亲之间的人情往来花费。

所以，若受雇人以个人佣工收入作为家庭收入主要来源，且人均土地少于七八亩，则其生活是相当困难的。当一个家庭中的主要劳动力外出受雇，如果家中没有其他的劳动力从事生产，仅靠妻儿妇孺是很难组织正常生产活动的，在S.3877号背《戊戌年（878）令狐安定请地状》中记载

---

① 唐耕耦、陆宏基编：《敦煌社会经济文献真迹释录》第二辑，全国图书馆文献缩微复制中心1990年版，第313页。

② 唐耕耦、陆宏基编：《敦煌社会经济文献真迹释录》第三辑，全国图书馆文献缩微复制中心1990年版，第213页。

③ 同上书，第254页。

④ 同上书，第153页。

同乡女户阴什伍有地15亩，女户阴什伍可能只有一口人，“今缘年来不辞承料”,[①] 其地被令狐安定兄弟请去。但是从上揭文的分析中我们知道，归义军时期的受雇人中有一部分是“于某面上雇弟（或男）”，即外出受雇者多数是家庭中富余的劳动力，其雇工收入是对家庭收入的补贴。

总而言之，归义军政权下的敦煌农业雇工收入虽然不像王梵志等诗文中所描绘的那么凄惨，但也仅能满足自己及其家人的基本温饱。

第五节 隋唐五代宋初雇价之特点

麴氏高昌国到归义军统治敦煌时期，这400余年间的雇价及支付方式，不同时期各有其不同的特点。

一 麴氏高昌国至归义军时期雇价支付的实物化

从已出土文书看，麴氏高昌国时期的雇价支付以粮食为主，银钱次之。但不同雇佣内容的文书其支付方式也不一样（如表3—8所示）。

表3—8　　麴氏高昌国时期雇价支付方式

编号	文书名称及年代	雇价	支付手段或方式	佣种	备注
1	《延昌廿二年（582）康长受从道人孟忠边岁出券》	糜麦五十斛麦二十仵（五），糜二十五	麦、糜		此券非雇佣契
2	《高昌午岁（586）武城诸人雇赵沙弥放羊契》	中羊三口，与粟一斗；未岁正月到未岁十月卅日，羊五口，与钱□□	羊、粟、银钱	牧羊	分期支付

① 唐耕耦、陆宏基编：《敦煌社会经济文献真迹释录》第二辑，全国图书馆文献缩微复制中心1990年版，第469页。注：“不辞承料”之“不辞”即不能，相当于不办（参阅江蓝生、曹广顺编著《唐五代语言词典》，上海教育出版社1997年版，第30页）。“不辞承料”相当于“不办承料”，即无力耕种、营种（参阅刘进宝著《唐宋之际归义军经济史研究》，中国社会科学出版社2007年版，第52—60页）。

续表

<table>
<tr><th>编号</th><th>文书名称及年代</th><th colspan="2">雇价</th><th>支付手段或方式</th><th>佣种</th><th colspan="2">备注</th></tr>
<tr><td>3</td><td>《高昌巳岁王庆祐等三人取银钱作孤易券》(609)</td><td colspan="2">银钱九文</td><td>银钱</td><td>作孤易</td><td colspan="2">[　]十日内完成（按十天计算）</td></tr>
<tr><td>4</td><td>《高昌延和十二年某人从张相憙等三人边雇人岁作券》(613)</td><td colspan="2">银钱二十［六］文</td><td>银钱</td><td>岁作（九个月）</td><td colspan="2">钱即毕，人即入作</td></tr>
<tr><td>5</td><td>《高昌延寿元年张寺主明真雇人放羊券》(624)</td><td colspan="2">糜□□□五斛，一日与放阳（羊）儿一分饼与糜二斗</td><td>糜、饼</td><td>牧羊</td><td colspan="2">放羊儿的雇价按日支付</td></tr>
<tr><td>6</td><td>《高昌延寿八年张憙儿雇人耕作券》(631)</td><td colspan="2">（银）钱六文，□□斛三斗</td><td>银钱、粮食</td><td>亩作一次</td><td colspan="2"></td></tr>
<tr><td rowspan="6">7</td><td rowspan="6">《高昌乙酉、丙戌岁某寺条列月用斛斗帐历》(625—626)</td><td rowspan="3">外作人</td><td>粟四斛二斗</td><td>粟</td><td>种麦</td><td>30—31 行</td><td rowspan="6">《文书》三，第225—234 页</td></tr>
<tr><td>粟八斛四斗</td><td>粟</td><td>西涧重桃中（葡萄种）掘沟种</td><td>38 行</td></tr>
<tr><td>［粟?］五斛、糜一斛二斗．</td><td>粟?糜</td><td>刈麦，并食粮</td><td>47 行</td></tr>
<tr><td rowspan="2">雇人</td><td>粟二斛五斗二升</td><td>粟</td><td>政□比白□，并食粮</td><td>40 行</td></tr>
<tr><td>麦四斛</td><td>麦</td><td>政车并食粮</td><td>68 行</td></tr>
<tr><td>小儿</td><td>麦二斛八斗、糜粟四斗</td><td>麦、糜粟</td><td>用篙糜，并食粮</td><td>59—60 行</td></tr>
<tr><td rowspan="3">8</td><td rowspan="3">《高昌某寺月用麦、粟、钱、酒帐》(625—628 年之前)</td><td>大客儿</td><td>麦粟一斗一升</td><td>麦粟</td><td></td><td>7 行、18 行</td><td rowspan="3">《斯坦因所获吐鲁番文书研究》第355—359 页</td></tr>
<tr><td>小客儿</td><td>粟七升</td><td>粟</td><td></td><td>8 行、18 行</td></tr>
<tr><td>小儿</td><td>粟三升</td><td>粟</td><td></td><td>19 行</td></tr>
</table>

续表

编号	文书名称及年代	雇价	支付手段或方式	佣种	备注
9	《高昌康保谦雇刘祀海券》（637?）		银钱七文，粮一斛四斗	银钱、粮食；先付二文，余作满后付	耕作?
10	《高昌延寿九年（632）范阿僚举钱作酱券》		银钱贰拾文		作酱

由表3—8十件记载雇佣情况的文书内容可知，纯用银钱支付3件，即第3、4、10件；纯用粮食支付的4件，即第1、5、7、8件；银钱和粮食并用两件即第6、9件；在第2件文书中，雇主支付的雇价包括银钱、粟、羊三种。合计这十件文书中，用银钱充当价值手段6笔、粮食14笔、牲畜1笔。粮食支付占绝大部分。[①]

唐西州时期，雇价的支付在武周前期仍然以银钱为主，但是随着拜占廷帝国的衰落以及中央王朝对西州控制的加强及联系的密切，中原的铜钱逐渐渗入西州的日常生活中。表3—2中第22件记载武周载初元年（690）前的雇佣契约雇价的支付全部是银钱；第23件即载初元年后，开始有银钱、铜钱共同用于雇价的支付中，并渐渐演变为第28件于阗神山某寺开元九年（？731）的支出中全部是铜钱。这与上揭文卢向前先生的

① 关于麴氏高昌国时期寺院使用银钱情况，《帐历》中记载高昌某寺总计用银钱11笔。记载以粮食作支付的手段总计11笔（不包括作为雇价的6笔）。在《帐》中记载用银钱总计6笔。记载以粮食或其他物品总计2笔（不包括作为雇价的5笔）。综括这四件（第5、7、8、10件）文书中所有使用银钱的18笔账（《帐历》）中的银钱多是卖粮食得来且随卖随用）和以粮食作为支付手段的25笔账。很明显，起码在寺院的财物支出中，以粮食作为价值支付手段占据着优势，占总数的58%。可见，寺院银钱并不充足。此外，在非寺院雇工关系中的雇价使用情况如上表所示，纯用粮食1笔，银钱3笔，混用3笔（其中一件文书中还包括用羊支付雇价），银钱所占的比例也仅一半。

判断一致。①

但是到吐蕃统治敦煌时期，由于先前的蕃汉战争对敦煌的摧残，敦煌的居民生活困难，因此该时期的雇价支出大都以粮食为主，且都是以预支的方式支出，反映了吐蕃治下的敦煌商品经济极度不发达。归义军政权时期，由于雇牛、驴、驼等契约主要存在于归义军政权的初期和中期，此时其与周边民族政权交好，雇价的支付中除一件以羊皮交付外，其他都是以绢、官布、绫等物品支付。绢、绫等有的是从中原地区或伊、西、甘州等地运入，也体现了这类契约中的雇主们由于经常出使外州，比农业领域里的雇主更容易得到绢帛；而在农业领域里，虽然归义军政权在绝大部分时间都奉中原王朝为正朔，但由于当时唐王朝自顾不暇，以及交通的阻隔等各种因素，归义军政权实际上处于一个“孤岛”状态，无法得到中原王朝的有力支持，当然也就无法得到、使用唐朝的货币。并且它又是在推翻吐蕃统治的基础上建立的，也没有货币供应其继承，而归义军政权本身没有铸造货币。因此，在整个归义军时期，都很难见到使用货币的记载，人们在买卖、雇工、典当、借贷时，便以麦粟、绢帛、布匹等实物计价。②

这些现象都在一定程度上说明，在6世纪末至11世纪初，敦煌吐鲁番地区雇价的支付方式渐渐从以货币为主、实物为辅发展到实物支付，反映了隋唐五代宋初时期充当支付手段的货币的流通形态受社会环境的影响极大，具有鲜明的时代特色。

二　麴氏高昌国至归义军时期雇价数量变化

麴氏高昌国时期的成丁日均雇价高昌斛斗1.1—1.2斗或更高，高昌斛斗与汉斗之间的比率约为1∶3，所以高昌国时期的成丁雇价折合汉斗为3.67升至1斗多，但是超过1.1斗以上的雇价比较少；未成丁雇价高昌斛斗3—7升约折合汉斗1—2.33升。唐西州时期雇人代役多以银钱支付，武周时期偶尔使用铜钱。在唐至西州到武周统治时期，雇价银钱上涨了一

---

① 卢向前先生对银钱、铜钱本位阶段的分期：银钱本位阶段（公元561—680年），铜钱本位阶段（681—763年）。参阅卢向前《高昌西州四百年货币关系演变述略》，载《敦煌吐鲁番文书论稿》，江西人民出版社1992年版，第239—253页。

② 刘进宝：《唐宋之际归义军经济史研究》，中国社会科学出版社2007年版，第124页。

倍多，从4、5文上涨到10文。但是与此同时上涨的是粮价。如《资治通鉴》卷196贞观十五年（641）八月乙巳条记载，上（太宗）谓侍臣曰：

比年丰稔，长安斗粟直三、四钱。①

《通典》卷7《食货》记载：

至（贞观）十五年，米每斗直两文。②

《通典》卷7《食货》又载：

麟德三年（666），米每斗直五文。③

《新唐书》卷3《高宗》记载咸亨元年（670）：

八月庚戌，以谷贵，禁酒。④

《通典》卷9《食货》记载：

仪凤四年（679）四月，令东都出远年糙米及粟，就市粜，斗别纳恶钱百文。⑤

《资治通鉴》卷203永淳元年（682）四月丙寅条载：

上以关中饥馑，米斗三百，将幸东都。

---

① （宋）司马光编著，（元）胡三省音注：《资治通鉴》卷196“贞观十五年八月乙巳”条，中华书局1982年版，第6170页。

② （唐）杜佑撰，王文锦等点校：《通典》卷7《食货》，中华书局1988年版，第149页。

③ 同上书，第149页。

④ （宋）欧阳修、宋祁等撰：《新唐书》卷3《高宗》，中华书局1975年标点本，第68页。

⑤ （唐）杜佑撰，王文锦等点校：《通典》卷9《食货》，中华书局1988年版，第199页。

同年五月乙卯条载：

关中先水后旱、蝗，继以疾疫，米斗四百。①

《旧唐书》卷37《五行志》记载：

永淳元年六月十二日，连日大雨，至二十三日，洛水大涨，……西京平地水深四尺已上，麦一束止得一二升，米一斗二百二十文。……饥馁相仍，加以疾疫，自陕至洛，死者不可胜数，西京米斗三百已下。②

《资治通鉴》卷209景龙三年（709）记载：

是岁，关中饥，米斗百钱。运山东、江淮谷输京师，牛死十八九。③

《旧唐书》卷8《玄宗纪》开元十三年（725）十二月己巳条载：

时累岁丰稔，东都米斗十钱，青、齐米斗五钱。④

《通典》卷7《食货》记载：

至（开元）十三年封泰山，米斗至十三文，青齐谷斗至五文。

---

① （宋）司马光编著，（元）胡三省音注：《资治通鉴》卷203“永淳元年四月丙寅”条，中华书局1982年版，第6407页；五月乙卯条，第6410页。

② （后晋）刘昫等撰：《旧唐书》卷37《五行志》，中华书局1975年标点本，第1352—1357页。

③ （宋）司马光编著，（元）胡三省音注：《资治通鉴》卷209“景龙三年是岁关中饥”条，中华书局1982年版，第6639页。

④ （后晋）刘昫等撰：《旧唐书》卷8《玄宗纪》，中华书局1975年标点本，第189页。

自后天下无贵物，两京米斗不至二十文，面三十二文。①

《新唐书》卷 51《食货志》记载天宝五载（746）：

是时，海内富实，米斗之价钱十三，青、齐间斗才三文，绢一匹钱二百。②

由以上记载可知，从唐贞观十五年（641）至景龙三年（709）间粮食价格上涨了不止一倍，当然这和唐高宗至睿宗时期发行贬值、不合质量的铜钱“乾元通宝”以及天灾人祸屡屡发生有关。玄宗年间，由于粮食大丰收，粮价比较低廉，开元十三年（725）东都米价斗才 10 钱，两京米斗不至 20 文，面 32 文。唐西州地区的粮价，如《唐开元九年（721?）于阗某寺支出簿》中记载：

小麦“斗别三十文”，粟“斗别十五文”。③

P. 3348 号背《天宝四载（745）河西豆卢军和籴会计牒》记载：

粟每斗 27—32 文，糜每斗 27—32 文，小麦每斗 32—37 文，青麦每斗 30—35 文，豌豆每斗 29—34 文。④

P. 3348 号背《天宝六载（747）十一月河西豆卢军军仓收纳籴粟牒》记载：

粟每斗价 21 文。⑤

① （唐）杜佑撰，王文锦等点校：《通典》卷 7《食货》，中华书局 1988 年版，第 152 页。

② （宋）欧阳修、宋祁等撰：《新唐书》卷 51《食货志》，中华书局 1975 年标点本，第 1346 页。

③ 陈国灿：《斯坦因所获吐鲁番文书研究》，武汉大学出版社 1997 年修订本，第 490、499 页。

④ 唐耕耦、陆宏基编：《敦煌社会经济文献真迹释录》第一辑，书目文献出版社 1986 年版，第 426—434 页。

⑤ 同上书，第 435 页。

P. 2862 号背 + P. 2626 号背《天宝年代敦煌郡会计牒》记载：

> 小麦一斗直钱四十九文，粟一斗直钱三十二文，糜一斗直钱三十[一][文]，豌豆一斗直钱三十五文，麻一斗直钱五[十]二文。[①]

由此可知在中原粮价波动特别大的时候，西州及河西地区的粮价开元九年（721）小麦每斗 30 文、粟 15 文，天宝四年（745）小麦每斗 32—37 文、粟 27—32 文，天宝六年（747）粟每斗 21 文，天宝某一年小麦每斗 49 文、粟 32 文，麦粟的价格在这 20 年间也是不断上涨的，且增幅较大，如麦的价格上涨了 19 文，粟 17 文。因此，受雇人的工价虽然提高了，但是货币的实际购买力并未随之增长。唐西州时期雇人代役契约中雇工一天的银钱收入所买的粮食虽然比麴氏高昌国农业领域里的雇价要高许多，然而相对于同一时期的雇价来说其购买力并未高出多少。

吐蕃统治敦煌时期，由于雇佣契约记载的雇价是以每十亩的方式支付雇价粮食，我们无法拿当时的粮价和雇价作比对。归义军政权时期，农业领域里长期佣工的雇价主要以麦粟（在雇牛、驴、驼等契约中以官布、绢帛等）为支付手段，成丁月雇价基本稳定在 1 驮，麦粟各半，日均 6. 67 升；麴氏高昌国时期的未成丁雇价折合汉斗日均 1—2. 33 升到归义军时期的 1. 67—3. 33 升。其他领域，如建筑业或手工业领域里的雇价可能更高些，但具体情况不得而知。

综上所述，隋唐五代宋初时期不同领域里的雇价虽然是不断上涨的，但同一领域里的雇价多少，其涨幅相对于来说还是比较缓慢的，至某个界点即停止。

---

① 唐耕耦、陆宏基编：《敦煌社会经济文献真迹释录》第一辑，书目文献出版社 1986 年版，第 469 页。

第四章

隋唐五代宋初雇佣契约中的权利和义务

任何契约都是对签约双方权利与义务协商的规定，是双方权利和义务的统一。从辩证法的观点看，义务本身是为实现某种利益、享受某种权利而同时应尽的责任。在雇佣契约中，雇主的权利就是受雇人的义务，其义务也是受雇人的权利。敦煌吐鲁番雇佣契约文书中雇主支付给受雇人的义务——工价，笔者已在第三章对其进行了专门探讨。本章除了对雇主的其他义务进行论述外，还从受雇人义务的角度对此进行讨论。

第一节　雇主关于劳动工具及春衣汗衫等规定

在敦煌吐鲁番出土的雇佣契约中，雇主除对受雇者支付雇价外，还有对受雇者一方提供劳动工具、春衣汗衫等物的规定。

一　雇主对劳动工具的提供及保管规定

从出土雇佣契约的条款内容可知，麴氏高昌国至归义军时期的雇主要给受雇人提供劳动工具，同时也对受雇人提出了要保管好劳动工具的要求。

表 4—1　　　　麴氏高昌国时期雇主的义务

编号	文书名称	年代	雇主义务
1	《高昌巳岁王庆祐等三人取银钱作孤易券》	609 年？	到作孤易之日，要得镬一口，洛余一

续表

编号	文书名称	年代	雇主义务
2	《高昌延和十二年某人从张相憙等三人边雇人岁作券》	613 年	若相儿共家中大小人行将作口［　　］者，亡失作具，犯人苗□悉不知
3	《高昌延寿八年张憙儿雇人耕作券》	631 年	与钁一口

表 4—2　　归义军时期雇主的义务

编号	文书名称	年代	雇主的义务
1	S. 3877 号 4V《戊戌年令狐安定雇工契（抄）》	938 年	农具什物、牛畜
2	北殷 41 号《癸未年龙勒乡口文德雇工契》	923 年?	车牛笼具镰刀、牛畜病死，主人字姓便是作儿无裴（赔）
3	S. 1897 号《龙德四年雇工契（样式）》①	924 年	农具、畜乘
4	P. 2451 号《己酉二月十二日乾元寺僧宝香雇百姓邓仵子契》	925 年或 985 年	陇（农）具
5	ДX12012 号《丙申年正月赤心乡百姓宋多胡雇工契》	936 年	农具如收到家令外贼偷将，一任主人自折，牲畜
6	天津艺博 0735 号背《后晋天福四年姚文清雇工契（抄）》	939 年	笼具
7	P. 2877 号背《乙卯年正月一日孟再定雇工契》	955 年?	所用锄钁，若到家内付与主人者，不忓盈德之事
8	P. 3649 号背《丁巳年贺保定雇工契》	957 年	农具铧钩镰刀锹钁袋器什物者，若分付主人，不忓作儿之事
9	P. 3441 号背《康富子雇工契》		所有笼具什物
10	北图 309：8374 即生 25 号《甲戌年窦跛蹄雇工契》	974 年	笼具镰刀铧钩锹钁袋器什物等若收到家中，不忓作儿之事
11	P. 3094 号背《某某雇工契》		所有庄上膿（农）具锹钁镰铧钩袋器实（什）物等，或若将到家内失脱者，不忓作儿之是（事）
12	P. 3875 号《雇工契残片》		［　］笼具
13	P. 3875 号 A《年代不详兵马使曹庆庆雇工契》		［　］笼具

① 龙德肆年甲申岁为后唐同光二年，因归义军政权与中原王朝交通信息阻断敦煌地区纪年有时与中原内地并不一致。本件文书即是如此。

从表4—1和表4—2所列内容知，农业与手工业作孤易的雇佣契约中雇主要为受雇人提供劳动工具。如表4—1中的第1件作孤易，雇主需要为受雇人提供作孤易工具“钁一口，洛余一”，第2、3件中雇主也要为受雇人提供“作具”或“与钁一口”。而在表4—2中雇主为受雇人提供劳动工具或畜乘的情况随处可见，如第1件“农具什物、牛畜”，第11件“所有庄上膿（农）具锹钁镰铧钩袋器实（什）物等”，即在农业契约里，雇主要为受雇人提供“笼具、镰刀、铧钩、锹钁、袋器、什物以及牛畜等”劳动工具。但是在户外劳动时受雇人要保管好劳动工具及牛畜等物，并约定“或若将到家内失脱者，不忓作儿之是（事）”，“农具如收到家令外贼偷将，一任主人自折”，即劳动结束以后，劳动工具收归雇主并在家内丢失，与受雇者无关。

二 关于春衣、汗衫等物

归义军时期的农业雇佣契约与以往不同的是，这时期绝大多数的文书中出现了雇主给受雇人提供春衣、汗衫、鞋等衣服鞋袜的记载（详见表3—4、表3—5）。一般为：春衣长袖一、襕袴一腰、皮鞋一量（两），或者是春衣一对、汗衫一领、褸裆一腰、皮鞋一两。从行文内容看，雇主似乎并没有把这些衣物算进每月一驮或不到一驮的雇价里。如表3—5中第3件，雇主孟再定支付受雇人马富郎弟盈德的雇价“断作价直，每月断物捌斗，至九月末造作。春衣汗衫、皮鞋一两”；表3—6中第4件契约样文规定，“断作雇价从正（二）月至九月末造作，逐月一驮，见分付多少已讫。更残，到秋物收获之时收领。春衣一对，袷袖并裈、皮鞋一量（两），余外欠阙，仰自排批”；第9件规定敦煌乡百姓贺保定支付给受雇人龙员定“断作雇价每月一驮，干湿中亭。春衣一对，汗衫一领，袷袖衣襕褸一腰，皮鞋一两”等。很明显，每月一驮的雇价里并不包括春衣汗衫等物。此外，在дх1323－5942号《年代不详押衙刘某雇牧羊人契》中当王与雇主签约三年，雇主提供给受雇人“冬衣羊皮两张”。[①] 可知，在长期雇佣关系中的雇主要给受雇人提供衣物。

---

① 沙知辑校：《敦煌契约文书辑校》，江苏古籍出版社1998年版，第292—293页。

当然，也有契约文书记载了雇主并不给受雇人提供春衣、汗衫等物。如 P. 3441 号背《康富子雇工契（样式）》,[①] 这是一件比较完整的契约样文，但是并没有雇主提供春衣等衣物的记载。由于这类文书在已知出土的雇佣契约中仅此一件。而在更多的实用契约中，雇主提供给受雇人春衣、冬衣等物的规定，可推测，给衣物在归义军时期已是一种惯例。由此可知，归义军时期农业雇佣契约中的雇主为受雇人提供春衣、长袖、皮鞋等物，既未列入每月的雇价中，也未明确提出这是雇价的一部分，那很有可能这是雇主为受雇人提供的福利等待遇,[②] 是归义军时期农业领域里长期雇佣关系中雇主对受雇人的义务之一，是受雇人拥有的重要权利。

第二节　受雇人的权利与义务

相对于雇佣契约中对雇主义务的简略规定，关于受雇人义务的规定则详细、烦琐得多，包括劳动时间、劳动（劳务）产品、劳动工具、受雇人的自律等内容。此处，笔者以不同时段不同领域里雇佣契约中受雇人的义务，撷取其要者分析之。

一　牧羊（马）人的管护

在放牧类雇佣文书中，受雇人的义务主要是管理好羊群、马群，或保证羊群、马群不受损失，不被狼咬、啃吃。如《高昌午岁（586）武城诸人雇赵沙弥放羊契》中规定："若羊［　］折骨，仰放羊儿。……□上有破坏处，仰大（打）放羊儿了。"但是又规定"若羊迳（经）宿具（俱）死，放羊儿悉不知"，其中隐含之意即羊在白天放牧时死亡，牧羊人要赔偿雇主的损失。又如《高昌延寿元年（624）张寺主明真雇人放羊券》规定："阳（羊）不得出寺阶门，若出寺阶门住，一罚二入张寺□"，本件契约签订的时间是冬季，冬季放羊，羊不出寺阶门，一个原因是冬季天寒

---

① 唐耕耦、陆宏基编：《敦煌社会经济文献真迹释录》第二辑，全国图书馆文献缩微复制中心 1990 年版，第 66 页。

② 童丕先生认为这是报酬的一部分。参阅［法］童丕《敦煌的借贷：中国中古时代的物质生活与社会》，余欣、陈建伟译，中华书局 2003 年版，第 135 页。

不能野外放牧，另一个原因可能是出于积攒粪肥的需要。文书《高昌延寿元年（624）张寺主赁羊尿粪刺薪券》中记载了张寺购买羊尿粪的情况，转录文如下：

1 □□□□□申岁润（闰）七月竟日，张寺主［　　］

2 □□□真二边任（赁）羊尿粪，要八月、九月任（赁）□

3 □□一车，此（刺）幸（薪）五车，要到舍。与严粟柒斛

4 □斗。三主和同立券，券成之后，各不得返（反）悔

5 □者，一罚二入不悔者。民有私要，要行二主，

6 □各自署名为信。　　　倩书　法岳师

7 　　　　　　　　　　　时见德取师①

本件文书中，张寺主向严某等二人边“赁”羊尿粪和刺薪，“赁”来后羊尿粪将作为肥料用掉，刺薪将作为燃料烧掉或作为饲料喂牲口用掉。② 因此，在雇佣契约中规定“羊不得出寺阶门”是为了积攒肥料的需要，也是为了在冬季保护羊群。再如 дx1323—5942《年代不详押衙刘某雇牧羊人契》中规定受雇人当王的义务是要保护好羊群不被狼啃咬，否则要赔偿本主的损失。又因为这是一件长达三年的契约，故当王还有对羊群“逐年保生”义务。那么，在《高昌午岁（586）武城诸人雇赵沙弥放羊契》有对受雇人“羊朋大偿大，朋小偿小”以及“羔子入群，与大麦一斗”的奖励，目的也主要是“保生”。

由此可知，在麴氏高昌国至归义军时期的雇人牧羊或马的契约中，受

---

① 国家文物局古文献研究室、新疆维吾尔自治区博物馆、武汉大学历史系合编：《吐鲁番出土文书》第三册，中华书局 1981 年版，第 205 页。

② 谢重光先生认为，这种“赁”跟赁田宅的情况完全不同。田宅赁来，只是获得一定期间的使用权，所有权仍在原业主手里，所付赁价不是田、宅的等价。只是为获得一定期间使用权而支付的报酬。而张寺主给的价，实即羊尿粪、刺薪的价值，所以这种“赁”本质上还是买。之所以叫作“赁”，可能是立券之时，所“赁”之物并未交付给买主，而要若干个月之后才交付。为防不虞，故立契券，同时也就把这种预买叫作“赁”了。参阅谢重光《麴氏高昌寺院经济试探》，《中国经济史研究》1987 年第 1 期。

雇人在放牧羊群或马群的过程中要承担很大的责任，不仅要看护好羊群，不被狼吃，而且还要保证羊只逐年保生，否则受雇人要承担赔偿责任。

二　替役人的遭遇

敦煌吐鲁番出土雇佣契约中的替人代役契约主要发生在唐前期的西州地区，对此，笔者以唐西州时期的雇人代役契约为例分析隋唐五代宋初时期受雇人在代役过程必须履行的义务。

表 4—3　　雇人代役契中受雇人的义务

编号	文书名称	受雇人的义务
1	《唐西州高昌县赵某雇人契》	上烽，更上范［　　］自当罪承了……若来到武城过
2	《唐西州交河县严某受雇上烽契》	上烽，如有逋［　　］罪，及巡点□当
3	《唐张隆伯雇董悦海上烽契》	上烽，□逋□［　　］当
4	《唐张隆伯雇范住落上烽契》	上烽，若烽上有［　　］不在，并烽前忽有杂［　］
5	《唐张隆伯雇人上烽契》	上烽，若有谒（遏）留，仰□悦子承
6	《唐张信受雇上烽契》	上烽，若上［　　］有罪，一仰张信自［　　］
7	《唐永徽六年（655）匡某雇人上烽契》	上烽，烽上有逋留□　□一仰易自匡悉不知
8	《唐永徽六年（655）西州高昌县宁昌乡令狐相□受雇上烽契》	上烽，烽上逋留，官罪，一仰令□□□［　　］不知
9	《唐显庆三年（658）西州范欢进雇人上烽契》	上烽，若有逋留，官罪，一［　　］范悉不知。若更有别使白，计日还钱
10	《唐西州高昌县武城乡张玉塠雇人上烽契》	上烽，若烽上有逋留，官罪，一仰解知德当
11	《唐牛某雇人残契》	上烽，□上所有逋留□丞（承）不关牛□等事

续表

编号	文书名称	受雇人的义务
12	《唐辛某残契》	］上有逋留［ ］
13	《唐西州高昌县严某雇人上烽契》	上烽，若烽有逋［ ］虚严悉不知
14	《西州高昌县阳某雇人上烽契》	上烽，若烽上有逋［ ］
15	《唐西州赵某雇人上烽契》	上烽，烽上有逋留官□□仰李自当，赵□□知
16	《唐侯某雇人上烽契》	上烽，若烽上 官罪，一仰□□当，侯悉不知。 刀箭，悉不知
17	《唐张某等雇赵申君送练契》	送练，［ ］道输纳使了，□送练。有逋留官人□□赵自当，张等□不知
18	《唐咸亨元年（670）五月二十二日西州高昌县宁大乡白欢信雇人契》①	作白水，若有□［ ］□者，一仰守议知当官罪

如表4—3所示，受雇人除按照契约中规定的要准时到岗替役或劳动外，还要承担官府衍生的劳务。如上烽契中主要有如下几种情况："若烽上有逋留"，"官罪"，"若□□槽官［ ］延一日并［ ］康"，"若烽上有［ ］不在，并烽前忽有杂［ ］"抑或" 刀箭，悉不知"等之类的规定。

唐占领高昌至西州之后"仍于西州置安西都护府，每岁调发千余人，防遏其地"。② 而且唐在贞观至武周前后西域战事极多。如贞观二十二年（648）唐攻克龟兹；唐永徽二年（651）正月，西突厥酋长阿史那贺鲁举兵反叛，处月、处密及西域诸国多依附贺鲁，贺鲁还进攻庭州，攻陷金岭城，占领了西域广大地区，对西州及唐朝在西域的统治构成极大威胁。麟德二年（665）春，疏勒、弓月、吐蕃攻于阗；龙朔二年（662）苏海政率领的𩙦海道行军、仪凤二年（677）至永隆二年（681）间唐朝组织的

① 荣新江、李肖、孟宪实主编：《新获吐鲁番出土文献》，中华书局2008年版，第63页。

② 柳洪亮：《"西州之印"印鉴的发现及相关问题》，载柳洪亮《新出吐鲁番文书及其研究》，新疆人民出版社1997年版，第369页。

“波斯军大军”、垂拱年间的金牙道行军等。[①] 在这种情况下，烽子上烽所面临的生命危险是显而易见。因而，这时期的受雇人不论是正常替役还是其附加的义务，都承担着重大的责任或面临着巨大的风险。现以烽子上烽为例分析之。

烽子上烽，其任务不仅仅包括平时的烽警和平安火，还包括上烽时要斸田贮粮、积薪等[②]，任务很重，“每晨及夜平安，举一火；闻警，因举二火；见烟尘，举三火；见贼，烧柴笼。如每晨及夜，平安火不来，即烽子为贼所捉。一烽六人，五人为烽子，递加更刻，观视动静”[③]。守烽失误就会受到很严厉的处罚。《唐律疏议》卷8《卫禁》“烽堠不警”条载：“诸烽堠不警，令寇犯边，及应举烽而不举，应放多烽而放少烽者，各徒三年。”[④] 烽子还有可能因为守卫不严，致有逋逃未觉或留难行旅，以致官府治罪，抑或是上烽人延缓时日，不按时上烽，官府追查判罪[⑤]的情况发生。如《唐开元廿九年（741）十二月追逃番兵牒》记载：

（前缺）

1　十二月不到番兵史［　］
2　右件兵配当诸烽［　］
3　人恐有不处，虞罪及所［　］
4　追捉发遣，庶免斥堠无亏，谨［　］
5　牒件状如前，谨牒。
6　开元廿九年十二月九日典侯奉［　］
7　都巡官游击将军果毅都尉马守奉判官［　］

① 参阅李方《唐西州行政体制考论》，黑龙江教育出版社2002年版，第144页及注②所列学者相关著作内容。

② 程喜霖：《从吐鲁番出土文书中所见到的唐代烽堠制度之一》，载唐长孺主编《敦煌吐鲁番文书初探》，武汉大学出版社1983年版，第281页。

③ （唐）杜佑纂：《通典》卷152《兵典》，中华书局1988年版，第3901页。

④ （唐）长孙无忌等撰，刘俊文点校：《唐律疏议》卷8《卫禁》“烽堠不警”条，中华书局1983年版，第179页。

⑤ 程喜霖：《从吐鲁番出土文书中所见的唐代烽堠制度之一》，载唐长孺《敦煌吐鲁番文书初探》，武汉大学出版社1983年版，第294页。

这是一件记载追士兵逃番的文书，这些兵应于十二月份“配当诸烽”，但逃亡了。《唐律疏议》卷7《卫禁》“宿卫上番不到”条载：“诸宿卫人，应上番不到及因假而违者，一日笞四十，三日加一等；过杖一百，五日加一等，罪止徒二年。”[①] 同书卷28《捕亡》“从军征讨亡”条载：“诸征名已定及从军征讨而亡者，一日徒一年，一日加一等，十五日绞；临对寇贼而亡者，斩。”[②] 并且对于“有军名”而逃亡者，处罚亦是相当严重，同卷“丁夫杂匠亡”条疏议曰：“‘若有军名而亡’，谓卫士、掌闲、驾士、幕士之类，名属军府者，总是‘有军名’。……有军名而亡者，虽非全户，加一等。合流二千里。”[③] 可见唐律对逃番、逃兵的惩罚相当严重，但是在这种处罚条件下竟然还有人逃亡，由此可知有些人并不情愿上番以及当时兵役之苦。

烽子上烽期间，还时常有生命危险。如《唐开元二年（714）五月十九日西州蒲昌府索才牒为来月当上番、改补、请替申州处分事》记载：

1 达匪长探车方平白丁，虞候孙玄通，被符放，倚团。塞亭康欢住

2 被符放，倚团。胡麻泉白仁轨遭忧，三月改配维磨，帖上讫。悬泉烽主帅史

3 才智便抽长探，长探虞候郭才感，以上两人因贼，两脚五指落。

4 上萨捍旅帅王熹感身死。长探虞候苏才感、三卫苏才应

5 已上两人来月次当长探，合去不？请裁下。维磨长探行客苏仁义、挎谷烽质

6 才仁没落，长探虞候石善君 柳中县白丁曹感达已上两人

7 来月次当长探，合去不，请裁下。州上兵梁成德王盲秃已上身死果毅

---

① （唐）长孙无忌等撰，刘俊文点校：《唐律疏议》卷7《卫禁》“宿卫上番不到”条，中华书局1983年版，第165页。

② （唐）长孙无忌等撰，刘俊文点校：《唐律疏议》卷28《捕亡》“从军征讨亡”条，中华书局1983年版，第531页。

③ （唐）长孙无忌等撰，刘俊文点校：《唐律疏议》卷28《捕亡》“丁夫杂匠亡”条，中华书局1983年版，第535页，《唐显庆三年（658）西州范欢进雇人上烽契》即是交河府卫士范欢进雇前庭府卫士白熹欢上烽，其中规定：“若有逋留，官罪，一［　　］范悉不知。若更有别使白，计日还钱［　　］两主和可立契，获指为信。”参阅国家文物局古文献研究室、新疆维吾尔自治区博物馆、武汉大学历史系合编《吐鲁番出土文书》第五册，文物出版社1983年版，第142页。

8　阴寿仗身郭智子，曹靖仗身曹感达。

9　□检案内上件人等，并合来月当上。其人等身死、倚

10　□、没落、改补等色，其替事须申州处分，谨以牒举，

11　□牒。

12　　　　　　　　　　开元二年五月　日索才　牒

13　　　　玉　　　　　　付司　　玉　　示

14　　　　　　　　　　　　　十九日

15　　　　　　五月十九日录事麹　受

16　　　　　　司马阙

17　　　　　　检案　玉　示

18　　　　　　　　　　　　十九日

19　[　　　　]　如前谨牒①

又如《唐队正宋元恭状上蒲昌府为某烽替人落贼事》：

1　　　　[　　　]　烽上

2　　　　[　　　]　人去月内替刘

3　　　[　　　]　贼下日在，身当

4　　　[　　　]　否兵替人落贼

5　　　[　　　]　处分，今以状上。

6　[　　　]

7　[　　　]　日队正　　宋元恭状

8　[　　　　]　牒团，因何得

9　[　　　　]　代，令其落贼。

10　[　　　　]　速上玉示

① 陈国灿、刘永增编：《日本宁乐美术馆藏吐鲁番文书》，文物出版社1997年版，第65—66页。第6、10行“没落”即陷，落入敌手（参阅江蓝生、曹广顺编著《唐五代语言词典》，上海教育出版社1997年版，第254页）。

11　　　　　　十八日[①]

再如《太平广记》卷105《丰州烽子》记载：

> 唐永泰初，丰州烽子暮出，为党项缚入西蕃养马，蕃王令穴肩骨，贯以皮索，以马数百蹄配之。[②]

《资治通鉴》卷240“元和十二年九月辛未”条记载：

> （李）愬曰：“但东行。”行六十里，夜，至张柴村，尽杀其戍卒及烽子。[③]

由此可知，上烽人在烽上期间所承担的风险远远比单纯上烽担任警戒任务要危险得多，如悬泉烽主帅史才智、长探虞侯郭才感两人遇贼两脚五指没落，上萨捍旅帅王熹感身死，维磨长探行客苏仁义、挎谷烽质才仁没落；蒲昌府某替烽人落贼；丰州烽子被党项人掳去受到非人的折磨以及张柴村所有的烽子被杀。烽子还有可能因为守卫不严，致有逋逃未觉或留难行旅，以致官府治罪，抑或是上烽人延缓时日，不按时上烽，官府追查判罪[④]的情况发生。

此外，烽子还要不时承担一些零星杂役，而且这种零星杂役也比较多。如吐鲁番文书记载了赤亭烽子要供给到烽的某队正、镇兵粮食，县坊12头牛的草料；供过烽的府史张道龛四次马料踖草，蒲昌县逼迫赤亭烽的烽子寻找县坊丢失的驹子，否则科烽子罪；甚至是将军打猎也要差遣烽子。烽子既要主候望烽，又要警固、备烽具、粮草以及零星工役。任务繁

---

① 陈国灿、刘永增编：《日本宁乐美术馆藏吐鲁番文书》，文物出版社1997年版，第90页。

② （宋）李昉等编：《太平广记》卷105《丰州烽子》，中华书局1961年版，第712页。

③ （宋）司马光撰，胡三省音注：《资治通鉴》卷240“元和十二年九月辛未”条，中华书局1956年标点本，第7740页。

④ 程喜霖：《从吐鲁番出土文书中所见到的唐代烽堠制度之一》，载唐长孺主编《敦煌吐鲁番文书初探》，武汉大学出版社1983年版，第294页。

重，若是番代不时，烽子是难以长期守烽的。[①]

雇人代烽契中规定若发生以上情况，雇主不承担任何责任。所以受雇人在15天里得到的雇价比在其他领域里的雇价都高，但是与之相对应的是风险也大得多，有时甚至是生命危险。况且若发生官府逋留之事时，雇主并不额外支付雇价。由此可见雇人代役契中，雇主和受雇人义务的不平衡。

三　农业领域中受雇人的劳动时间、工具的使用与保管以及自律等规定

在农业雇佣契约中，受雇者的义务在契约文书中规定得比较详细，既包含了对雇主提供的劳动工具的管理，还包括了受雇人要按时入作，不得抛工，以及受雇人在劳动过程中要自律等诸项规定。下面笔者以归义军统治敦煌时期农业领域里的雇佣契约为例探讨这一时期受雇人的义务。

表4—4　　归义军时期农业契约中受雇人的义务

编号	文书名称	年份	受雇人的义务		
			劳作时间及抛工	对农具、牛畜的管理	自律
1	S. 3877号4V《戊戌年令狐安定雇工契（抄）》	938年	其人立契，便任入作，不得抛工	所有农具什［物］等，并分付与聪儿，不得非理打损牛畜。［如］违打，倍（陪）在作人身	
2	S. 3877号《甲寅年五月二十八日张纳鸡雇工契（抄）》	894年	入作之后，便须驱驱造		
3	S. 6614号背《庚辰年洪池乡百姓唐丑丑等雇工契》	920年	入作已后，事须竞竞。不得勉（抛）敌公（工）口		

① 程喜霖：《汉唐烽堠制度研究》，三秦出版社1990年版，第94—104页。

续表

编号	文书名称	年份	受雇人的义务		
			劳作时间及抛工	对农具、牛畜的管理	自律
4	P. 2249 号背《壬午年康保住雇工契》	922 年或 982 年	自雇如后，便须造作，不得抛工壹日		
5	北殷 41 号《癸未年龙勒乡口文德雇工契》	923 年？		或若车牛笼具镰刀为却牛畜，唤他人田种，一仰？非以人当。牛畜病死，主人字姓便是作儿无裴（赔）	
6	S. 6452 号 1V《癸未年樊再升雇工契（抄）》	923 年或 983 年	自雇已后，便须驱驱，不得抛敲功夫		
7	S. 1897 号《龙德四年雇工契（样式）》	924 年	入作之后，比至月满，便须兢心，勿□（得）二意。时向不离，城内城外，一般获时造作，不得抛涤工夫。忙时，不就田畔，蹭蹬闲行，左南直北，抛工一日，克物二斗	应有沿身使用农具，兼及畜乘，非理失脱、伤损者，陪在厶甲身 上。或若浇溉之时，不慎睡卧，水落在□处，官中书罚，仰自祇当	不得侵损他人田苗针草，须守本分。忽若偷盗他人麦粟牛羊鞍马逃走，一仰厶甲亲眷祇当。……大例，贼打输身却者，无亲表论说之分
8	P. 2451 号《己酉二月十二日乾元寺僧宝香雇百姓邓仵子契》	925 年或 985 年	从入雇已后，便须逐月逐日驱驱入作，不得抛却作功	仵子手内所把陇（农）具一勿（物）已上，忽然路上违反，畔上卧睡，明明不与主人失却，一仰［　　］庄舍口［　］人祇当	

续表

编号	文书名称	年份	受雇人的义务		
			劳作时间及抛工	对农具、牛畜的管理	自律
9	P. 5008 号《戊子年梁户史氾三雇工契》	928 年或 988 年	自雇已后，便须兢心造作，不得抛敞工扶（夫）		
10	ДX12012 号《丙申年正月赤心乡百姓宋多胡雇工契》	936 年	不得抛直。限满之日，任取稳便	如雇后所分付农具，若在畔间遗忘失却者，一仰造作人祇当。若非理打煞畜生，一仰营作人祇当填陪（赔）	
11	天津艺博 0735 号背《后晋天福（939）四年姚文清雇工契（抄）》	939 年	自从入作已后，不得抛工一日	手上使用笼具失却，倍（陪）在自身	不得偷他[人]麦粟瓜果牛羊。忽若捉得，自身祇当。若逢贼打，一看大例
12	S. 10564 号《庚子年洪润乡百姓阴富晟雇工契》	940？年	雇后一任造作，不得抛（功）一日		
13	P. 3706 号背《丙午年莫高乡张再通雇工契》	946？年	从正月至九月末，不得抛摘。限满五月，任取任……		
14	S. 5578 号《戊申年李员昌雇工契》	948 年	自雇已后，驱驱造作，不得左南直北闲行		
15	S. 5583 号《某年雇工契》	948？年	自雇已后，便须兢心造作，不得抛敲工夫		
16	P. 2877 号背《乙卯年正月一日孟再定雇工契》	955？年		所用锄镬，主人并付与盈德者，失却仰，盈德祇当。若盈德抛敲	

续表

编号	文书名称	年份	受雇人的义务		
			劳作时间及抛工	对农具、牛畜的管理	自律
17	P. 3649 号背《丁巳年贺保定雇工契》	957 年	自雇已后，便须驱驱造作，不得忙时左南直北抛乱作	更若畔上失他（却）主人农具锌钩镰刀锹镢袋器什物者，陪在作儿身上	忽若偷他人牛羊麦粟瓜果菜茹，忽又（若）捉得，陪在自身祇当。或遇贼来打将，一看大例
18	P. 3441 号背《康富子雇工契》		立契已后，便须入作。一定已后，比年限满，中间不得抛直	所有笼具什物等，一仰受雇人收什（拾），若是放畜牧，畔上失却，狼咬熬，一仰售雇人祇当与充替。若无替，克雇价物	
19	北图 309：8374 即生 25 号《甲戌年窦跛蹄雇工契》	974	自雇如后，便须兢兢造作，不得抛功一日	若作儿手上使用笼具镰刀锌钩锹镢袋器什物等，畔上抛抶打损，裴（赔）在作儿身（上），不关主人之事	若作儿偷他[人]瓜果菜如（茹）羊牛等，忽如足（捉）得者，仰在作儿身上。作儿贼打将去，一看大例
20	P. 3094 号背《某某雇工契》		自雇入作以后，便任，勤功造作	所有庄上膿（农）具锹镢镰锌钩袋器实（什）物等，并分付作儿身上	如或作儿偷他人园果菜[茹]，陪在作儿身上，或若作儿贼打章（将）去，一看大领（例）
21	P. 3875 号《雇工契残片》		不得抛□□	笼具[　　]倍畔□[　]	
22	P. 3875 号 A《年代不详兵马使曹庆庆雇工契》			[　]笼具[　　　]陪畔[　　]	

如表 4—4 所示，归义军时期农业雇佣契约中受雇人的基本义务，首先，签约以后受雇人要保证劳动时间，如第 1—4 件、第 5—15 件、第 17—21 件规定受雇人“入作之后，比至月满，便须兢心，勿得二意。时向不离，城内城外，一般获时造作，不得抛涤工夫。忙时，不就田畔，蹭蹬闲行，左南直北，抛工一日，克物二斗”；“立契已后，便须入作。一定已后，比年限满，中间不得抛直”；或者“自雇如后，便须兢兢造作，不得抛功一日”。即受雇人和雇主一旦签订契约后要保证辛勤劳作，不得随意抛工，否则要被处罚，即一天罚麦二斗。

其次，受雇人有义务保管好雇主提供的劳动工具以及牛畜等生产工具，不能随便丢失，否则要赔偿雇主的损失。如第 10 件规定受雇人“如雇后所分付农具，若在畔间遗忘失却者，一仰造作人祇当。若非理打煞畜生，一仰营作人祇当填陪（赔）”。又如第 19 件规定“若作儿手上使用笼具镰刀铧钩锹镢袋器什物等，畔上抛扶打损，裴（赔）在作儿身（上），不关主人之事”。可见，受雇人在劳作的过程中若是遗失了雇主的作具，就必须赔偿雇主的损失。但是当农具、牲畜等“若分付主人，不忏作儿之事”；“所有庄上农具锹镢镰铧钩袋器实（什）物等，或若将到家内失脱者，不忏作儿之是（事）”。由此可知受雇人对农具及牲畜的管理主要是户外劳动期间。

最后，受雇人在与雇主签约劳动期间要管好自己的行为，即自律。如第 7 件规定：受雇人“不得侵损他人田苗针草，须守本分。忽若偷盗他人麦粟牛羊鞍马逃走，一仰厶甲亲眷祇当”。第 11 件规定受雇人“不得偷他人麦粟瓜果牛羊。忽若捉得，自身祇当。若逢贼打，一看大例”。第 17 件规定：“忽若偷他人牛羊麦粟瓜果菜茹，忽又（若）捉得，陪在自身祇当。”第 19 件规定：“若作儿偷他人瓜果菜如（茹）羊牛等，忽如足（捉）得者，仰在作儿身上。”第 20 件规定“如或作儿偷他人园果菜茹，陪在作儿身上，或若作儿贼打章（将）去，一看大领（例）”。可知受雇人必须守本分，若偷盗他人麦粟瓜果菜茹牛羊并被抓到者，被盗之人的损失由受雇人赔偿；如若受雇人逃走，其引起的损失则由受雇人的亲属赔偿。

第三节 其他相关问题

一 受雇人佣食、节日酒食问题

关于敦煌吐鲁番出土的雇佣契约中的雇主供食问题，张弓先生认为唐五代敦煌寺院的牧羊人的佣值，短期牧佣的佣值分为雇价、佣食、节日酒食三个部分。佣食（以及节日酒食）是供给牧佣在放牧期间自用的；雇价则供给牧羊人赡养家口。但是对于敦煌寺院长佣的佣值，张弓先生提出，由于长佣是放牧季节的牧佣，他们须每日赶着羊群到郊野放牧，所以除了“断作雇价每月多少”，由寺院付给一次性雇价之外，每日另由寺院提供熟食恐怕也是必不可少的。再则，既然短佣有节日酒食，寺户牧羊人也有节日给粟，长佣也应当包括雇价、佣食和节日酒食三个部分。① 乜小红先生认为，在敦煌农业雇佣中的受雇者因多是隔乡居住者，受雇人不可能回家进食，如何解决每天的吃饭问题，有三种可能：一是受雇者单独开伙；二是在主人家进食，每月从报酬中扣除用粮；三是免费在雇主家吃饭。这三种可能中，第一种方式缺乏条件，且耗费时间，可能性不大。如是采取第二种方式，肯定会在契文中写明扣除多少，然而契文中不见此类文字，也难以成立。最后一种可能，就只能是雇工吃住都在雇主家。② 综合上述观点，以上学者对长期雇佣关系中的雇主供食都是建立在推测的基础上，并没有直接的证据来验证。实际上，隋唐五代宋初时期受雇人的供食问题是如何解决的呢？笔者据相关资料并结合前人的分析对这时期雇主

---

① 张弓：《唐五代敦煌的牧羊人》，《兰州学刊》1984 年第 2 期。张弓先生认为唐代文书所见的牧佣契约往往是以放牧劳动或饲养劳动的一个自然周期——分别为九个月至十个月或三个月至四个月——为一期。对于这两种契约（《高昌午岁武城诸人雇赵沙弥放羊券》和《张寺主雇放羊儿残契》）牧羊人，不妨分别称之为长佣（九个月至十个月）和短佣（三个月至四个月）（参阅张弓《唐五代敦煌的牧羊人》，《兰州学刊》1984 年第 2 期）。另外笔者以为按照张弓先生的分法，《高昌某寺月用麦、粟、钱、酒帐》和《高昌乙酉丙戌岁某寺条列月用斛斗帐历》中受雇人的雇期亦是短雇，《高昌某寺月用麦、粟、钱、酒帐》有雇佣记录的文字分别在二月、十月；《高昌乙酉、丙戌岁某寺条例月用斛帐历》的雇佣记录分别在二月、三月、五月、六月、七月以及□月，从记载的雇佣日期上看似乎属于长期雇佣，但是从其具体内容上看每月雇佣的人数不固定，从六人到二十人不等。可见，对于受雇人来讲也是短雇。

② 乜小红：《对敦煌农业雇工契中雇佣关系的研究》，《敦煌研究》2009 年第 5 期。

的供食问题予以再考察。

1. 短期雇佣关系中的雇主供食

麴氏高昌国时期，记载雇主供食的文书有：

第一件：《帐历》供食录文如下：

30（丙戌岁二月一日至月竟）粟四斛二斗，供雇外

38（三月一日至月竟）粟八斛四斗，雇外作人二十人，用西涧重桃中掘沟种。

40 粟二斛五斗二升，用雇

41 外作人陆（六）人。用政啗□□，并食粮。

47（五月一日至月竟）□□五斛，縻一斛二斗，用雇外作人拾，用刈麦，并食粮。

52（六月一日至月竟）□□用雇陸（六）人种秋，并食粮。

59（七月一日至月竟）麦二斛八斗，縻粟四斗，供雇小儿十人用蒿縻，并食粮。

68（□□□□□□月竟）麦四斛，用雇人政车，并食粮。①

第二件：《帐》供食录文如下：

4　　　　］客儿价。次钱一文、麦一斛、酒一斛、供杂用。［

7 起二月一日至廿九日，僧三人，人一日食粟五升，粟一升半，作人一人，大客儿一人，人一日食一斗一升。使人四人，人一日食

8　　］五升，小儿一人食粟三升。公苟（狗）一日粟五升。寺苟（狗）五，一日粟五升。合麦四斛五斗，粟廿一斛［

18（□十月一日至廿九日）□一人、大客儿一人、人一日食麦粟一斗一升。小客儿二人、人一日食粟七升。使人四人、

① 国家文物局古文献研究室、新疆维吾尔自治区博物馆、武汉大学历史系合编：《吐鲁番出土文书》第三册，中华书局 1981 年版，第 225—234 页。

人一[　　]

19　　　粟五升。小儿一人日食粟三升。公苟（狗）一日食粟五升。寺苟（狗）五，一日食粟［　］。①

上述麴氏高昌国时期雇主供食的雇佣关系都属于农忙季节的短期雇佣。受雇人的供食，第一件文书中记载的外作人和小儿的供食包含在雇价之内，如“麦四斛，用雇人政车，并食粮”。第二件文书《帐》亦是列举了某寺某月受雇人雇价粮的支付，大客儿一人每日食粟一斗一升，小儿一人食粟三升，小客儿一日七升，不见另给雇价的记录。

综上可知，在麴氏高昌国时期的雇佣关系中，雇主提供给受雇人的供食包括在雇价之中。同样，在其他记载雇佣关系的文献中关于雇主供食的记载大多数也是短期雇佣，如《太平广记》中所载数则故事即是。

《太平广记》卷51《宜君王老》：

王老与妻子并打麦人共饮，皆大醉。……风定，其佣打麦二人，乃遗在别村树下，……②

《太平广记》卷243《窦乂》：

扶风窦乂……遂买蜀青麻布，百钱个疋，四尺而裁之，顾人作小袋子。又买内乡新麻鞋数百两。不离庙中，长安诸坊小儿及金吾家小儿等，日给饼三枚，钱十五文，付与袋子一口。至冬，拾槐子实其内，纳焉。月余，槐子已积两车矣。又命小儿拾破麻鞋，每三两，以新麻鞋一两换之。③

① 陈国灿：《斯坦因所获吐鲁番文书研究》，武汉大学出版社1997年修订本，第355—359页。

② （宋）李昉等编：《太平广记》卷51《宜君王老》，中华书局1961年标点本，第317页。

③ （宋）李昉等编：《太平广记》卷243《窦乂》，中华书局1961年标点本，第1875—1876页。

又如在敦煌文书中记载雇主供食的亦是短期雇佣,[①] 为明白起见，列表4—5。

表4—5　　　　　　敦煌出土文书中雇主供食记录汇总

<table>
<tr><th>文书名称</th><th>受雇人</th><th>供食种类</th><th>用途</th><th colspan="2">出处</th></tr>
<tr><td rowspan="6">S. 3074号《吐蕃占领敦煌时期某寺白面破历》</td><td>擀毡博士</td><td>白面八硕</td><td>吃食</td><td colspan="2">4行</td></tr>
<tr><td>起毡博士</td><td>白面两硕</td><td>同上</td><td colspan="2">6行</td></tr>
<tr><td>煮盆博士</td><td>白面二斗</td><td>同上</td><td colspan="2">13行，以上皆第169页</td></tr>
<tr><td>□椀博士</td><td>白面两硕</td><td>同上</td><td colspan="2">20行</td></tr>
<tr><td>剪羊博士</td><td>白面六斗</td><td>同上</td><td colspan="2">23行，第170页</td></tr>
<tr><td>夆皮裘及押油人</td><td>恪面六斗</td><td>同上</td><td colspan="2">48行，第171页</td></tr>
<tr><td rowspan="7">S. 6452号（2）《辛巳年（981）十二月三日周僧正于常住库借贷油面物历》</td><td>打银椀博仕（士）</td><td>酒一瓮</td><td>同上</td><td>4—5行</td><td rowspan="7">《释录》二</td></tr>
<tr><td>造门博士</td><td>酒一角</td><td>同上</td><td>6行</td></tr>
<tr><td>造门博士</td><td>酒一斗</td><td>同上</td><td>同上，以上皆第239页</td></tr>
<tr><td>造按枷博士</td><td>酒二斗</td><td>同上</td><td>21行</td></tr>
<tr><td>屈毡博士</td><td>酒一角</td><td>同上</td><td>28行</td></tr>
<tr><td>造胡併毡博士</td><td>白面一斗</td><td>同上</td><td>29行</td></tr>
<tr><td>擀毡人</td><td>连面二斗</td><td>同上</td><td>32行，以上皆第240页</td></tr>
<tr><td rowspan="2">S. 4899号《戊寅年（918或978）诸色斛斗破历》</td><td>垒油墙泥匠木匠</td><td>粟二斗沽酒</td><td>同上</td><td colspan="2">9—10行</td></tr>
<tr><td>塑匠及木匠</td><td>粟二斗沽酒</td><td>早午吃用</td><td colspan="2">12行，以上皆第184页</td></tr>
<tr><td rowspan="4">P. 3490号《辛巳年（921或981）某寺诸色斛斗破历》</td><td>工匠（及众僧）</td><td>面一硕七斗五升</td><td>解斋夜饭等</td><td colspan="2">68—69行</td></tr>
<tr><td>博士</td><td>面一硕六斗五升</td><td>解斋夜饭等</td><td colspan="2">71行</td></tr>
<tr><td>工匠及人夫</td><td>面九斗</td><td>食用</td><td colspan="2">74行</td></tr>
<tr><td>博士</td><td>面一斗五升造食</td><td>食用</td><td colspan="2">77行，以上皆第190页</td></tr>
</table>

① 由于在吐蕃统治敦煌时期的寺院里也出现了雇佣现象，如《年代不明九世纪前期诸色斛斗破历》记载有9世纪前期寺院雇佣的押油人和牧羊人："7行，三月八日，寺家出麦七斗，押油手工价。29行，麦一硕四斗，还吐谷浑放羊价。"（唐耕耦、陆宏基编：《敦煌社会经济文献真迹释录》第二辑，全国图书馆文献缩微复制中心1990年版，第172、173页）所以在本表中也包括一部分吐蕃统治敦煌时期的雇主供食。

续表

文书名称	受雇人	供食种类	用途	出处
P.5032号背《丁巳年(897年或957年)九月廿四日酒破历》	桑匠郭赤儿	酒一斗	吃用	1行，第211页
S.4649号+4657号拼合《庚午年(970年)二月十日沿寺破历》	打幡伞博士	粟二斗，沽酒	吃用	17行，第215页
P.3875号背《丙子年(916年或976年)修造及诸处伐木油面粟等破历》	博士等	面二斗，油一合	食用	14行，第217页
	郎君庄□□□博士等	酥一升、斋头油半升	食料	18—19行
	寺家庄博士等	粟二斗	食用	22行
	寺家庄上载木人	□一斗，粗面三斗	食用	23—24行
	博士	面一斗	早上食用	25—26行
	氾家庄载木□□博士	面六斗五升、粗面一斗、油一升、酒一瓮	局席食用	同上
	王僧政庄载木、博士等	面一斗、粗面三斗	食用	同上
	博士等	面一斗	夜食	同上
	诸庄博士等	粟一斗	早食	29行，以上皆第218页
	博士	面一斗	放木日午食	30行
	铁博士及博士	面一斗	早食	31行
	打鹦尾檐博士	粟三斗、油半升	食用	45行，以上皆第219页
	博士	面二斗、面四斗、粟二斗	早、夜用	47行
	博士	面二斗	早食	51行
	两庄博士	面四斗	早食	53行
	博士	粗面五斗，粟二斗，油一抄	日午食用	54行
	氾都知解木人夫	粗面六斗	食用	60—61行

续表

文书名称	受雇人	供食种类	用途	出处
P. 3875 号背《丙子年（916 年或 976 年）修造及诸处伐木油面粟等破历》	错锯宋博士	面一斗	食用	61 行
	错锯博士	面一斗五升	早上、日午、夜头食用	62 行
	错锯博士	面二斗、粟二斗	食用	64—65 行
	点釜博士	粟二斗	食用	65 行
	博士及解木人	面二斗、粗面五斗	食用	66 行
	张乡官解木人夫	粗面四斗，粟一斗，	食用	67—68 行
	放木博士	面四斗，油一抄	早食	69 行
	曹都衙解木人夫	粗面四斗	两日食用	70 行
	曹都衙□都知解木人夫	粗面五斗	两日食用	71
	吴都料等放木博士	面七斗，油一升一抄，酒四斗	放木日局席用	72 行
	开锯齿博士	面一斗	两日食用	77 行，以上皆第 220 页
S. 6452（3）号《壬午年（982 年）净土寺常住库酒破历第》	造鞍匠	李僧政酒一斗	吃用	11 行，第 224 页
	造后门博士	李僧政酒一斗	吃用	36 行，第 225 页
S. 4782 号《寅年乾元寺堂斋修造两司都师文谦诸色斛斗入破历算会牒残卷》	南沙庄载木	面一斗	食用	42 行
	打硙轮博士及解木人	白面两硕二斗，粟一硕一斗，油一升，麦一斗五升	食用	43—44 行，以上皆第 311 页
P. 6002（1）号《辰年某寺诸色入破历算会牒残卷》	蓦（磨）麦人	面一斗五升	食用	50 行
	蓦麦人	面三斗，粟二斗，油一升	食用	57—58 行，以上皆第 315 页
P. 2838（1）号《唐中和四年（884 年）正月上座比丘尼体圆等诸色斛斗入破历算会牒残卷》	画神脚博士	麦八斗，油五升，粟一硕七斗	食用	9—10 行，第 322 页

续表

文书名称	受雇人	供食种类	用途	出处
P. 2838（2）号《唐光启二年（886年）安国寺上座胜净等诸色斛斗入破历算会牒残卷》	解木人	麦一硕七斗，油五升，粟一硕四斗	粮用	21—22行
	解木人	粟一硕二斗，麦三斗	粮用	26行
	解木人	麦一斗，油一升	两日粮用	27行，以上皆第332页
P. 2049号背《后唐同光二年（924年）正月沙州净土寺直岁保护手下诸色人破历算会牒》	众僧及工匠	面七斗	寺院和泥及上屋泥修基阶三日，解斋时夜饭等用	381—384行
	众僧及泥匠	面三斗	修造了日，斋时食用	同上，以上皆第362页
	修补行像塑匠	面一斗	食用	407—408行，第363页
	金银匠、造伞骨令狐阇梨、钉鏁博士	油四升	造菩萨头冠，从廿日至廿九日中间，等三时食用	267—269行，第381页
	金银匠、造伞骨阇梨、钉鏁博士	面一硕八斗	造菩萨头冠，从廿日至廿九日中间，等三时食用	328—331行，第383页
P. 2040号背《后晋时期净土寺诸色人破历算会稿》	城东园、城北张家庄斫木人夫	面二斗	食用	22—23行，第402页
	两件耕地人	面五升	食用	35行，第403页

续表

文书名称	受雇人	供食种类	用途	出处
P. 3234 号背（9）《癸卯年（943 年）正月一日已后净土寺直岁沙弥广进面破》	撩治佛塑师	面五升	吃用	6—7 行
	木匠画人兼弘建撩治佛炎	面二斗	二时食	同上，第 446 页
	造俊门及作斗博士	面七斗	食用	20—21 行，第 447 页
P. 2032 号背《后晋时代净土寺诸色入破历算会稿》	西仓造檐博士及人夫等	面一硕八斗二升，粗面一硕七升，油三升，粟一硕四斗，卧酒沽酒	三时食用	125—126 行，第 462 页
	上仰泥博士	面二斗，油一抄	食用	135 行
	种青麦人	面五升	食用	140 行
	吴僧政庄上载木僧及车家人	粗面一斗五升，粟一斗沽酒	食用	140 行，以上皆第 463 页
	搬砂土车牛人	面一石六斗，油五升半，粟一石四斗	食用	158—159 行
	造钟楼工匠及众僧搬砂车牛人夫等	面十三硕六斗四升，粗面九硕五斗，麸面三硕九斗五升，油二斗二升，粟一十六硕三斗六升，卧酒沽酒	五月廿三日至六月十三日，中间廿一日，三时食用	161—164 行
	木匠造钟楼下接工匠及众僧	面六硕五升，粗面两硕九斗，油九升半，粟三硕七斗，又粟八斗五升，粟面一硕一斗五升	六月廿七日至七月八日，中间十二日，三时食用	171—173 行，以上皆第 464 页
	泥匠张留住、泥沙麻博士、沙弥	面二斗二升，粟四斗，油一合	食用	175—176 行

续表

文书名称	受雇人	供食种类	用途	出处
P. 2032 背《后晋时代净土寺诸色入破历算会稿》	画匠、塑匠、众僧	面两石一斗五升，粗面一石并调灰，油一升半，粟两石三斗五升，卧酒沽酒	三时食用	193—194 行，以上皆第 465 页
	窟上、堆园下幡竿兼打索及撩治行像工匠诸杂	麦四斗，粟六斗五升卧酒	正月十五日吃用	247—249 行，第 468 页
	擀毡博士、僧	面六斗	食用	712 行，第 499 页
	错毂及政（正）毂博士	面一斗五升	食用	827 行，第 507 页
p. 2776《年代不明（10 世纪）诸色斛斗入破历算会牒残卷》	搬砖车牛人夫及众僧	面六斗	两日食用	33 行，第 544 页
S. 5071《年代不明（10 世纪）某寺诸色入破历算会牒残卷》	踏砖人	油□升半	食用	2 行，第 557 页

资料来源：除特别注明外，其余均来源于《敦煌社会经济文献真迹释录》第三辑，全国图书馆文献缩微复制中心 1990 年版。

表 4—5 列举了吐蕃至归义军统治敦煌时期雇佣关系中的雇主供食情况。在吐蕃统治敦煌晚期，寺院中的手工业、畜牧业中出现了雇佣现象，有雇佣的押油人、牧羊人等。在归义军时期，沙州寺院中的手工业经营也发生了很大变化，手工业的门类减少，如皮革、造纸、土木修造等业，寺院一般不再自备，遇有土木营造的任务则雇用民间的塑匠、解木人等担任。纸和皮革制品则以购买等途径解决。① 上表所列敦煌地区短期雇佣中

① 谢重光：《关于唐后期五代间沙州寺院经济的几个问题》，载韩国磐主编《敦煌吐鲁番出土经济文书研究》，厦门大学出版社 1986 年版，第 471 页。

的受雇人不论是在土木修造、金工铸造、毡缲整染、画塑工艺，[①] 还是在车牛运输、种麦耕作、园艺、放牧、押油磨麦、手工制作以及煮盆等活动里，他们为雇主劳动时，雇主（寺院或僧人）都不同程度地为他们提供饮食，有的是一天一餐，有的是两餐，甚至是三餐。当时，一日一餐或两餐已经成为一种普遍现象。但是亦如表 4—5 所列，雇主为其提供一日三餐并不常见。

2. 长期雇佣关系中的雇主供食

那么，长期雇佣关系中的雇主供食怎么样呢？由于这方面的文献比较缺乏，笔者只能根据零星的史料推测如下。

第一件，阿斯塔那 80 号文书即《高昌延寿元年（624）张寺主明真雇人放羊券》：

> 从九月十日至到（腊）月十五日与雇价糜□□□五斛一日与放阳（羊）儿一分饼与糜二斗。……冬至日，鹍（腊）日，真（罢）放阳（羊）儿，仰张寺主边得贾（价）食。[②]

第二件，《太平广记》卷 286《关司法》：

> 郓州司法关某，有佣妇人姓钮。关给其衣食，以充驱使。年长，谓之钮婆，……至数十年，尚在关氏之家。[③]

第三件，王梵志诗《贫穷田舍汉》所记田舍汉夫妇：

> 黄昏到家里，无米复无柴。男女空饿肚，状似一食斋。[④]

---

① 工匠分类参阅姜伯勤《唐五代敦煌寺户制度》，中华书局 1987 年版，第 279—285 页。

② 国家文物局古文献研究室、新疆维吾尔自治区博物馆、武汉大学历史系合编：《吐鲁番出土文书》第三册，中华书局 1981 年版，第 207 页。

③ （宋）李昉等编：《太平广记》卷 286《关司法》，中华书局 1961 年标点本，第 2281—2282 页。

④ （唐）王梵志著，项楚校注：《王梵志诗校注》，上海古籍出版社 1991 年版，第 651—656 页。

第四件，S. 3928 号背《归义军时期牧羊人安于略牒》：

1 牧羊人安于略

2 右于略长在山内，守护羊畜。家内细

3 幼繁多，并无经求得处。今于略有

4 少多麦粟，碾磨不得。伏望

5 仆射鸿造，先赐碾磑，将往群上济给

6 存□活□①

第一件文书记载了受雇人放羊儿每日供食“一日一分饼与糜二斗”。此外，四个月的雇价是“糜□□□五斛”，由前文的分析我们知道这是雇主支付给放羊儿主人的雇价。此时高昌国成年人均日食粮高昌斛斗 6 升左右。在本件契约中放羊儿每日“一分饼与糜二斗”，很显然包括放羊儿的雇价。第二件史料中钮姓妇人在关司法家里长期佣工至数十年，由关支付其衣食，可知是雇主供食，但供食是否从其工价中扣除或雇价特别低廉，我们无法证明。第三件中的田舍汉夫妻两人收工回家时，男女空饿肚，可知雇主没有为他们提供晚饭。另外，午餐以及雇价情况不得而知。依王梵志诗中所描绘，这对夫妇应该是长年佣工，雇主并不为他们提供一日三餐特别是晚餐。在第四件史料中，归义军时期的牧羊人安于略长期在山里放牧。敦煌的畜牧区域，除绿洲农区的舍饲之外，多分布于山谷河流沿岸、高山草甸区、湖泽地区及绿洲的边缘地区。在这些地带形成了如下较大的畜牧区域，即湖泽畜牧区，西同—阿利川牧区，紫亭牧区，苦水下游牧区及戈壁滩中零散的畜牧区。② 在这远离居民、远离人烟的地方，雇主不可能每日提供熟食并送到山里。而且从敦煌寺院文书看，雇主提供给牧羊人的吃食以及看牧羊人的酒食，日期并不是连贯

① 唐耕耦、陆宏基编：《敦煌社会经济文献真迹释录》第三辑，全国图书馆文献缩微复制中心 1990 年版，第 603 页。

② 乜小红：《唐五代畜牧经济研究》，中华书局 2006 年版，第 19 页。

的，否则在一些比较完整的文书里，应该有每日给牧羊人供食的记录。①

由此可知，在长期牧羊业中雇主提供给受雇人的口粮，有的是写在契约条款里并与雇价放在一起，如麴氏高昌国时期张寺寺主雇佣的牧羊儿每天的食粮包括在雇价内。而吐蕃、归义军时期的雇主供食，仅是雇主不定期或偶尔的行为，属于雇主对受雇人辛苦劳动的慰藉。

此外，在归义军时期的 30 件农业雇工契约中，有 18 件契约明确记载了雇佣双方分处于不同的乡。对于这些身处异乡的受雇人，他们怎么解决吃饭问题呢？笔者以为，雇主若无偿提供给受雇人食粮，按照唐代成丁每人日均粮 2 升，1 个月按 30 天计，九个月 270 天，雇主至少要支付受雇人 5.4 硕口粮。受雇人九个月的雇价麦粟 9 驮与口粮 5.4 硕，总数接近 12 驮。P. 3774 号《丑年（821）十二月沙州僧龙藏牒——为遗产分割纠纷》记载齐周家“官得手力一人，家中种田驱使，计功年别卅驮”，② 此处手力计功是年 30 驮。而归义军时期受雇人提供给雇主九个月的劳务收入应该与齐周家手力一年 30 驮相差不多。若是如此，雇主要把一个劳动力一年劳动收入的 40% 左右以雇价的方式提供给受雇人，这其中还不包括春衣鞋袜等物。

上揭文《帐历》中记载寺院受雇人“□□五斛，糜一斛二斗，

① 参见下表：

<table>
<tr><th>编号</th><th>文书名称</th><th>受雇人</th><th>供食</th><th>用途</th><th colspan="2">出处</th></tr>
<tr><td>1</td><td>S. 1519 号（1）《辛亥年（891 或 951）某寺诸色斛斗破历》</td><td>牧羊人苏什德</td><td>麦一斗沽酒</td><td>吃用</td><td>3 行，第 177 页</td><td rowspan="5">《释录》三</td></tr>
<tr><td>2</td><td>P. 4957 号《申年某寺诸色入破历算会牒残卷》</td><td>放羊人</td><td>白面五升</td><td>食用</td><td>28 行，第 317 页</td></tr>
<tr><td rowspan="2">3</td><td rowspan="2">S. 6452（3）《壬午年（982）净土寺常住库酒破历》</td><td>北园造作人</td><td>酒三斗</td><td>吃用</td><td>9 行，第 224 页</td></tr>
<tr><td>北园造作人</td><td>酒三斗</td><td>吃用</td><td>10 行，第 224 页</td></tr>
<tr><td>4</td><td>P. 4909 号《辛巳年（981）十二月十三日后诸色破用历》</td><td>园子不勿</td><td>白面一斗，连面一斗</td><td>吃用</td><td>18—19 行，第 185 页</td></tr>
</table>

② 唐耕耦、陆宏基编：《敦煌社会经济文献真迹释录》第二辑，全国图书馆文献缩微复制中心 1990 年版，第 284 页。

用雇外作人拾，用刈麦，并食粮”，可知“□□五斛与糜一斛二斗”包括寺院提供给外作人的雇价及劳动期间的饮食。《帐历》与《帐》所载常住作人或外作人农忙时节的每人日均食粮高昌斛斗1斗2升或1斗1升折合汉斗5.5—6升，僧人日均食粮高昌斛斗每日5升，折合汉斗2.5升，其中僧人的日均食粮与中古时期的日均食粮汉斗每日二升以及吐鲁番出土文书中记载的唐西州时期的日均食粮几乎相等，可知《帐历》与《帐》中分配给常住作人、大作人的每日食粮包括在雇价内，当时的佣工所得收入并不是很高。在敦煌出土的农业领域契约中的受雇人每日工价大概麦粟6.67升，况且归义军政权时期农业领域里的长期受雇者，雇主还为他们提供衣物鞋袜等。另，土地上种植的麦粟等农作物在古代北方的中国产量变化并不大。再者，在归义军时期寺院长期雇佣的园子中，我们从寺院的入破历等文书也不见他们在领取雇价以外还每日由寺院供食的记录。[①] 因此，与麴氏高昌国时期农业领域里雇主为受雇人提供的食粮及雇价一并在内对比，归义军政权时期长期佣工里面的雇主不可能再免费给受雇人供食。

综上，归义军时期，雇价虽然有所增长，但是受雇人的吃住特别是饮食应该是根据敦煌当地的惯例或大例经雇佣双方商量从雇价中扣除。

3. 节日及节日酒食

在吐鲁番出土的雇佣文书中还提到了受雇人的节日及节日酒食问题。如麴氏高昌国时期《高昌延寿元年（624）张寺主明真雇人放羊券》记载：“冬至日，鸱（腊）日，真（罢）放阳（羊）儿，仰张寺主边得贾（价）食。”[②]

在敦煌出土的一些非雇佣契约文书中也有雇主给受雇人在节日期间从事劳动提供酒食的记载，如P.3490号《辛巳年（921或981）某寺诸色斛斗破历》中载有“油一抄，二月八日前修佛博士用”；“面二斗七升，

① 相关内容参见唐耕耦、陆宏基编《敦煌社会经济文献真迹释录》第三辑，全国图书馆文献缩微复制中心1990年版，(四) 诸色破用历、(五) 诸色入破历计会。

② 国家文物局古文献研究室、新疆维吾尔自治区博物馆、武汉大学历史系合编：《吐鲁番出土文书》第三册，中华书局1981年版，第207页。

二月八日前修行像塑匠、木匠等用”。[①] P. 2049 号背《后唐长兴二年（931）正月沙州净土寺直岁愿达手下诸色入破历算会牒》中有“二月二日至六日中间，供缝伞尼阇梨沽酒用”的记载[②]。在一些重要的节日，如中和节、社日、上巳节、寒食节、清明节、七夕、中秋节、重阳节，或者是佛诞节、盂兰盆会、成道节等一些世俗或者佛教节日里，相关雇主（寺院、僧人、世俗百姓等）可能会根据当地的风俗来确定给正值雇期的受雇人节假日或节日酒食。当然，因为直接资料的缺乏，笔者无法给出确切的结论。

二　对受雇人生病等的处理

关于受雇人生病的处理，麴氏高昌国时期的一件雇佣契约中规定的“若客儿身病，听□［　　　　］死，到头一日还上一□”，可知雇主不顾受雇人的死活。归义军时期的雇佣契约中受雇人如果因为生病或者其他事务耽误了雇主的劳动（详见表4—6），可以享有三日（第2件）或者五日（第3件）病假的待遇。规定的日期内雇主并不对受雇人进行处罚。第1件契约中，雇佣双方并未规定这五日是否包括病假，但从“五日已外，便算日克物”，与第2、3件的规定一样。第4件契约中雇佣双方也未约定受雇人生病时有病假几日的内容，而是规定“若作儿病者，算日勒价”。这里的“算日勒价”与归义军时期的绝大部分农业雇佣契约规定的“忙时抛工一日，尅物二斗，闲时抛工一日，尅物一斗”相对应。表4—6中第1—3件契约的规定虽然在归义军时期的雇佣关系中占极少数，但是这种规定至少表明了雇佣契约在中国雇佣发展史上的巨大进步，是一个比较人性化的开端，历史意义巨大。

---

① 唐耕耦、陆宏基编：《敦煌社会经济文献真迹释录》第三辑，全国图书馆文献缩微复制中心1990年版，第186页，第3—4行；第189页，第58—59行。

② 同上书，第378页，第200—201行。

表 4—6　　　　　　雇佣契约中生病等问题的规定

编号	文书名称	病假及其他	备注
1	P. 3441 号背《康富子雇工契（样式）》	若有抛直五日已外，便算日克勿（物）	一定已后，比年限满，中间不得抛直。若有年未满，蕃（翻）悔者，罚在临时
2	S. 3877 号（4V）《戊戌年（938）令狐安定雇工契（抄）》	忽有死生，宽容三日，然后则须驱驱	（每月五斗）［抛工］一日，勒物一斗
3	P. 2451 号《己酉年（925 或 985）二月十二日乾元寺僧宝香雇百姓邓仵子契》	如若有病患者，五日将里（理）余日算价下	若忙月抛一日，勒勿（物）五斗，闲月抛一日，勒勿（物）一斗
4	北图 309：8374 号即生字 25《甲戌年（974）窦跛蹄雇工契（抄）》	若作儿病者，算日勒价	忙时抛功一日，克物二斗。闲时抛功一日，克物一斗

三　“若逢贼打，一看大例”

归义军时期的雇佣契约中还规定了受雇人“大例，贼打输身却者，无亲表论说之分”；“若逢贼打，一看大例”；“或若作儿贼打章（将）去，一看大领（例）”等的规定。如表 4—4 中第 7、11、17、19、20 件。关于“贼打”一词，《唐五代语言词典》解释：贼打，即毒打、狠打。并以 S. 1897 号《后梁龙德四年（924）张厶甲雇工契》中“贼打输身却者，无亲表论说之分”和《癸未年张修造雇父驼契两件》中“若路上贼打，看为大礼（例）”为例说明。①

在敦煌文书 P. 3448 号背《辛卯年（931?）董善通张善保雇驼契》中有“将驼去后，比至到来，路上有危难，不达本州，一看大礼（例），若驼相走失者，雇价本在，于年岁却立本驼，或若道上瘥出病死，须同行证盟”。②在这件文书中，“一看大例”是与“路上有危难”连在一起的，结合下文“若驼相走失者”或“若道上瘥出病死”等条文看，路上的“危难”与后

① 江蓝生、曹广顺编著《唐五代语言词典》，上海教育出版社 1997 年版，第 430 页。

② 唐耕耦、陆宏基编：《敦煌社会经济文献真迹释录》第二辑，全国图书馆文献缩微复制中心 1990 年版，第 39 页。

面的驼走失、疮出病死是无关的。很显然，这里的“危难”很可能就是路上遇到的“贼”。除此之外雇驼人“毒打、狠打”驼，没有任何意义。另，在 P. 3649 号背《丁巳年贺保定雇工契》中有“或遇贼来打将，一看大例”的规定。这里的“贼来打将”其意应该和“贼打”同义。

此外，表 4—4 中五件契约的纪年是 924—974 年，正处于曹氏归义军政权时期。当时，曹氏归义军政权实际管辖范围仅限二州八镇之地，东不出玉门镇，西仅包容两关，处在回鹘、南山、嗢末、龙羌等少数民族包围中。[1] 这些民族相为寇盗、频仍侵扰，归义军统治下的民众有的被他们寇掠而去，有的被杀，[2] 对当时民众的社会生产生活造成极大的困扰，此种现象也反映在雇佣契约内，因而有“若遇贼打”“或若作儿贼打章（将）去”“一看大例”的规定。因此，“贼打”之意应为“被贼毒打、狠打”，“贼”即回鹘、南山、嗢末、龙羌等少数民族中的寇掠者。

关于雇佣契约中“贼打”的大例如何处理，史无明文记载，具体情况不得而知。但在 P. 3579 号《宋雍熙五年（988）十一月神沙乡百姓吴保住牒》中有敦煌百姓被人掳掠之后的处理实例，为明白起见，转录文如下：

1 [　　　] □负难还，昼夜方求，都无计路

2 [　　　] □差着甘州，奉使当便去来，至

3 [　　　] 贼打破般次，驱拽直到伊州界内，

4 [　　　] 却后到十一月沙州使安都知般次

5 [　　　] 押衙曹闰成收赎，于柔软家面上还帛

6 [　　　] 疋熟绢两疋，当下赎得保住身，与押衙曹闰成

7 [　　　] 到路上粮食乏尽，涓涓并乃不到家乡，便乃

8 [　　　] □得人主左于达坦边卖老牛一头，破与作粮

9 [　　　] 牛价银碗一枚，到城应是赎人主并总各自出银

---

① 郑炳林、冯培红：《唐五代归义军政权对外关系中的使头一职》，载郑炳林主编《敦煌归义军史专题研究》，兰州大学出版社 1997 年版，第 49 页。

② 参阅荣新江《归义军史研究》，上海古籍出版社 1996 年版，第 12—33 页。

10 [　　] 氾达坦牛价，其他曹押衙遣交纳（□付）银价，又赎身价

11 [　　] 十三亩，准折绢价十疋，其地曹押衙佃种，今经三年，内

12 [　　] 因科税地子柴草，□羊价又官布不肯输纳，又贷一

13 □一个，□斜褐一段，□□□□绢利□□不得，其保住此理有

14 [屈] [　　　　] □ [伏]望

15 大王阿郎高悬宝镜，鉴照苍生，念见保住窘乏之流，今

16 被押衙曹闰成横生欺负。伏乞

17 仁恩，特赐　判凭裁下 [处分]

18 牒件状如前，谨牒。

19 　　雍熙五年戊子岁十一月 日神沙乡百姓吴保住牒①

---

① 唐耕耦、陆宏基编：《敦煌社会经济文献真迹释录》第二辑，全国图书馆文献缩微复制中心1990年版，第308页。第3行“般次”一词，张广达先生认为唐末五代宋初西北交通往来的特色是依靠不定期的般次。“般次”，屡见于唐末五代宋初的敦煌文书中。官私书信往往也“因般次出发”而随之捎出。这一情况与拥有发达的馆驿和函马、长行马、长行坊系统的唐代盛世的交通方式已迥然不相同了。般次有从事贸易的般次，有星骑、使人往来的般次。就文书中所见，大多数是官员、使者往来的般次，因此，这种般次在文书中也以“使次”见称。在回鹘语中，般次称为arqiš。在粟特语中，般次作rxyš，实际上与回鹘语相同，即arqiš（张广达：《唐末五代宋初西北地区的般次和使次》，载张广达《文书、典籍与西域史地》，广西师范大学出版社2008年版，第183—191页）；沙知先生认为般次在敦煌文书与使次常交互使用，视之为同义词似无不可。般次、使次在唐代文献中出现的时间当较早，沿袭的时间也较久，不限于唐末至宋初。“般次”一词最早见于《旧唐书·高宗本纪》“总章二年五月庚子，移高丽户……将入内地，莱营二州般次发遣……”，最晚下限至少可至北宋晚期即公元11世纪末《宋史·外国六·于阗》“绍圣中……其王阿忽都董娥……于阗、大食、拂菻等国供奉般次踵至……”在唐五代北宋时期，作为官方交通往来的般次使次似具有普遍性。一则存在于其时西北地区诸国诸政治势力之间，一则通行于唐五代北宋与西北地区乃至中亚西亚诸国诸政治势力之间。般次使次依其所负任务的不一，而有进奉（或称贡奉、贡献、入贡）、进奏、专使、册礼、复礼（回礼）贺恩、天使等名称。这些名称表明，许多般次使次的流向为西东往返，自东向西流动的则较少。形成这种现象的原因当与中西贸易、政治外交有关。东来的般次使次常担负贸易政治双重任务，纯政治性的般次使次甚少。以贸易为主要目的者居多。其规模大的可至百人以上。这种般次使次似具更多贸易色彩。般次使次初有分班、分批、当般之意，后来演变成专名，流行于中原和西北地区。参阅沙知《般次零拾》，载白化文等编《周绍良先生欣开九秩庆寿文集》，中华书局1997年版，第142—147页。

本件文书记载了宋雍熙五年（988）沙州百姓吴保住出使西州路上般次被打破，遭劫，被俘至伊州界内，到十一月份，吴保住方由沙州使臣安都知、押衙曹闰成等人赎回。在文书第9—13行记载了吴保住被赎回来之后，还众人赎身钱和氾达坦的牛价，并以其地13亩折绢价10匹，交由曹押衙佃种三年。这13亩土地的三年租佃期很有可能是吴保住偿还曹押衙的一部分赎身钱，两人商定由曹押衙在耕种土地期间，其科税地子、柴、草以及羊价、官布也由曹押衙交纳，但是曹押衙并不交纳。可知吴保住虽然奉差出使，但是赎身钱还要由自己支付。由这件文书我们可以推测：吴保住被掳掠偿还赎身钱这种情况也体现在归义军时期农业雇佣契约里，“若逢贼打，一看大例”，即受雇人在劳作过程中被“贼”掳掠或打伤，其赎身钱或医药费由受雇人自己出，雇主没有任何义务为其负责。

小　结

综上可知，敦煌吐鲁番出土雇佣契约中雇佣双方的权利和义务最大的特点是双方的权利和义务并不对等。对雇主来讲，主要是为受雇人提供雇价；其次是在农业或手工建筑业契约中为受雇人提供劳动工具。关于劳动工具的保管也仅是受雇人劳作完毕收拾到家若丢失和其无关。虽然在隋唐五代宋初时期的雇佣契约中，不同时间的文书里偶尔记载了部分雇主可能给受雇人提供口粮或者根据受雇人劳作情况给其一部分奖励的规定，但是这种规定并不常见。相反，受雇人承担的却很多，在契约签订后按时劳作，不得抛工；按时按质按量给雇主提供合格的劳务或产品；在户外劳动时保管好雇主家的劳动工具并自律，若受雇人在劳动过程中发生偷盗事件，由本人或其家人赔偿。或若遇见烽上有逋留，“贼打”等不可抗拒因素，赎金或损失不关雇主之事。可知，隋唐五代宋初时期雇佣双方之间的权利和义务存在着极大的不平等，是二者极度失衡的重要表现。

第五章

隋唐五代宋初雇佣契约中的处罚与担保

敦煌吐鲁番出土的雇佣契约中还规定了雇佣双方关于违约、悔约及担保等问题的解决办法。从契约文书内容看，处罚包括劳动过程中的违约处罚和签订契约时的悔约处罚。其中劳动过程中的违约处罚主要针对受雇人一方，即受雇者一方在劳动过程中违反了契约中的规定时，要由受雇人或保人赔偿雇主的损失。悔约处罚是指雇佣双方签订契约以后，对其中悔约的一方进行的处罚。① 这些违约条款反映了400余年间雇佣契约条款的历史变化，不同时期的情况，试分析如下。

第一节　雇佣契约中处罚方式的变化

从雇佣契约中的处罚条款看，不同时期的处罚方式有三种类型：人身处罚型；掣夺家资型；罚雇价型。其中，最后一种处罚方式在雇佣契约中占绝大多数且比较复杂。

---

① 余欣先生在《敦煌出土契约中的违约条款初探》一文从经济法学角度出发对敦煌契约中的违约条款作了初步考察。作者将敦煌契约的违约条款缺失，界定为“有理由的缺省”“非正常缺失”“无制裁内容的有名无实者”三类。并将敦煌的契约违约条款分罚则型、任夺家产型以及罚则、任夺财物综合型三类（余欣：《敦煌出土契约中的违约条款初探》，《史学月刊》1997年第4期）。随后，杨际平先生《也谈敦煌出土契约中的违约责任条款——兼与余欣同志商榷》一文中对余先生的结论进行了批驳，并运用其他的证据得出相反的论证：当时在各种契约中订立违约条款是一种普遍现象，该条款在唐五代的敦煌地区已经广泛推广。少数几件契约非正常缺失违约条款，只能视为特例，而不具普遍意义（杨际平：《也谈敦煌出土契约中的违约责任条款——兼与余欣同志商榷》，《中国社会经济史研究》1999年第4期）。

一　人身处罚

记载有人身惩罚的雇佣文书只有麴氏高昌国时期的一件，即《高昌午岁武城诸人雇赵沙弥放羊契》。文书中规定，若羊“有破坏处，仰大（打）放羊儿了”。[①]“大”即“打”，即赵沙弥如果不小心使羊受损，要受到肉体的处罚。赵沙弥虽然为武城诸人放羊，但是并没有卖身给他们。于受雇人来说，这不仅仅是肉体上的损害，亦是精神上的折磨，受雇人的自尊心受到践踏。但是这种肉体上的惩罚到唐西州、吐蕃以及归义军时期的雇佣契约中就已经消失了。

二　掣夺家资

从出土的相关文书看，掣夺家资型的雇佣文书有四件：麴氏高昌国时期两件，唐西州时期一件，吐蕃统治敦煌时期一件（详见表5—1）。

表5—1　　掣夺家资型处罚方式

编号	文书名称	年代	掣夺规定
1	《延昌廿二年康长受从道人孟忠边岁出券》	582年	若过其（期）不偿，听抴家财平为麦直。若长受身东西毛（无），仰妇儿上
2	《高昌巳岁王庆祐等三人取银钱作孤易券》		若王刘张三人身东西无，仰妇儿收［　］，［　］前却不上（偿），听抴家财，平为孤易直
3	《唐景龙二年（708）宋悉感取钱作物契》	708年	如身东西不在，一仰收［　］
4	P.2964号《巳年（837）二月十日令孤善奴便刈麦价契稿》	837年	如若依时吉报不收，或欠收刈不了，其所将斛斗请陪罚叁硕贰斗，当日便须佃（填）纳。如违，一任掣夺家资杂物牛畜等，用充麦直

① 国家文物局古文献研究室、新疆维吾尔自治区博物馆、武汉大学历史系合编：《吐鲁番出土文书》第五册，文物出版社1983年版，第155—156页。

在表5—1中的四件文书，掣夺家资的条件分别有所不同。第1件岁出券，由于这件契约是岁出人康长受和其主人签订的，契约中约定康长受被掣夺家资的条件是：一、当康长受不能按期缴纳与其主人约定的岁出价50斛时，要被其主掣夺家资，赔偿其主的损失；二、当康长受"东西毛""仰妇儿上"。"东西毛""东西"即东奔西逃、逃避不在之意，是唐人的惯用语。[①] 在河西及西北地区的方言中，"毛"即"无"，"东西毛"即"死亡"，[②] 这里的"仰妇儿上"即由其妻子儿女赔偿，由于他们同家共财。因此，也是掣夺家资之意。在第2件作孤易的契约中，雇主掣夺家资的条件是"若王刘张三人身东西无"，即一旦王刘张等三人死亡，则雇主的损失就要由受雇人的妻子儿女在约定的期限偿还，还不上就要被掣夺家资。这与第1件契约文书掣夺家资的条件还有些微的差别。第4件吐蕃统治时期的契约，掣夺家资的条件是受雇人令狐善奴在麦子成熟时若不及时收获，或在适当的天气里没有收获完成，要赔偿雇主一倍的雇价。受雇人若违反了以上规定，他将被掣夺家资杂物牛畜等来偿还雇主麦子的损失。其掣夺家资的情况和第2件契约规定一样。

《唐律疏议》卷26《杂律》"负债强牵财物条"规定："诸负债不告官司，而强牵财物过本契者，坐赃论。"疏议曰："谓公私债负，违契不偿，应牵制者，皆告官司听断。若不告官司而强牵制财物，若奴婢、畜产，过本契者，坐赃论。若监临官共所部交关，强牵过本契者，计过剩之物，准'于所部强市有剩利'之法。"[③] 《宋刑统》卷26《杂律》"诸负债不告官司条"，继承唐律，其中也有如此规定。[④] 在古代，雇佣契约作为债法的一种，其内容条款的规定也应该符合这一时期法律的要求。但是我们从存世的唐西州时期的雇人代役契约和归义军时期的雇佣契约中并没有发现这种记录，而童丕先生在研究敦煌的借贷时亦指出，在9世纪借贷

---

① 转引自罗彤华《唐代民间借贷之研究》，北京大学出版社2009年版，第284页。

② 蒋礼鸿主编：《敦煌文献语言词典》，杭州大学出版社1994年版，第80—81页。

③ （唐）长孙无忌等撰，刘俊文点校：《唐律疏议》卷26《杂律》"负债强牵财物"条，中华书局1983年版，第485—486页。

④ （宋）窦仪等撰，吴翊如点校：《宋刑统》卷26《杂律》"诸负债不告官司"条，中华书局1984年版，第412页。

契约中的掣夺条款到10世纪时似乎消失了，[1] 至于原因并未指出。

三　从倍罚雇价到抛工处罚

当受雇人违约时，还有一种处罚方式是罚雇价。从出土的文书看，这种类型的处罚方式主要存在麴氏高昌国、唐西州、吐蕃、归义军时期，特别是归义军时期。其具体处罚的方式也不尽相同。

1. 麴氏高昌国时期

从麴氏高昌国时期残存的雇佣契约看，这一时期雇佣契约中罚雇价的方式，有的是罚每天的雇价，如《高昌延和十二年（613）某人从张相憙等三人边雇人岁作券》中规定："钱即毕，人即入作。若［　　］不作一日，到年满头，一日还上一日。若客儿身病，听［　　］死，到头一日还上一日。"有的是倍罚，如《高昌延寿元年（624）张寺主明真雇人放羊契》规定：羊"若出寺阶门住，一罚二入张寺□"。可知，麴氏高昌国时期至少存在着两种罚雇价的方式。

2. 唐西州时期

但是到唐西州时期，雇佣契约中罚雇价的方式发生了变化（详见表5—2）。从表5—2中所列唐西州时期雇价的处罚方式看，这时期的罚雇价比麴氏高昌国时期的要复杂。主要有三种方式。

其一，以生息的方式处罚。如第1件规定"一日四钱生钱半文"，日生息率达12.5%；第2件规定"钱一日谪钱半文"。因雇价钱总数残缺，故日生息率不明，但是从其"钱一日谪钱半文"，其生息率当也不低。第5件规定"日别生钱□"，雇价钱及日生息率亦不明。但是从第1件日生息率达12.5%看，雇人代役契中的这种处罚方式日别生利率肯定是超出了借贷契约中的"月息10%到20%"[2]。

其二，倍罚雇价。如第3件规定"若不承了，谪银钱十文入范"。在这件契约中雇主支付的雇价银钱是"［　　］文半"，由于文书雇价残缺，具体情况不明。但是我们从唐永徽年间的雇人上烽价一般为四文到七文推

---

① ［法］童丕：《敦煌的借贷——中国中古时代的物质生活与社会》，余欣、陈建伟译，中华书局2003年版，第150页。

② 陈国灿：《敦煌学史事新证》，甘肃教育出版社2002年版，第20页。

测，罚银钱十文大概是雇主所支付雇价的一倍。又如第6件规定，其物至九月三日内不得，一罚二付成。也是倍罚雇价。

其三，罚每天的雇价。如第4件规定“若更有别使白，计日还钱”。从雇佣双方约定的这三种处罚方式看，很显然第三种处罚对受雇人更有利一些。

表5—2　　唐西州时期的罚雇价方式

编号	文书名称	年代	罚雇价条款
1	《唐西州高昌县赵某雇人契》	贞观	一日四钱生钱半文入范
2	《唐张隆伯雇人上烽契》	永徽	须十日至，若不，钱一日谪钱半文
3	《唐永徽六年（655）西州高昌县宁昌乡令狐相□受雇上烽契》	655年	若不承了，谪银钱十文入范
4	《唐显庆三年（658）西州范欢进雇人上烽契》	658年	若更有别使白，计日还钱
5	《唐杜定欢雇人放马契》	高宗末	过限不毕，日别生钱□交
6	《唐景龙二年（708）宋悉感取钱作物契》	708年	其物至九月三日内不得，一罚二入成

3. 吐蕃统治敦煌时期

吐蕃统治时期的违约赔偿条款，除部分契约中的掣夺家资外，从已知的五件契约条款看（详见表5—3），这时期的处罚一般是雇价的两倍，如第1—4件规定，若收麦季节受雇人不能按时收获或收获不了，将被罚雇价的两倍：或雇价麦一驮赔两驮，或一硕六斗罚三硕二斗等。不同之处是第1件契约中除倍罚雇价外还规定了如果张和和违其限，槅蓠加倍赔偿，即交纳槅蓠40扇。此外，第5件契约规定，若受雇人谢比西违期没有收割庄稼，应该立即交给僧人与当地产量相当于10亩的青稞数。因为10亩青稞的产量比较大，若受雇人谢比西不能按期完成契约中规定的任务，其处罚应该也和掣夺家资差不多，超出了雇主所付雇价之数倍。由此可知，吐蕃统治敦煌时期的雇佣契约，其处罚方式除部分契约规定掣夺家资外，一般是倍罚雇价，或者劳动产品数量的本身或两倍。

表 5—3　　吐蕃时期的罚雇价方式

编号	文书名称	年代	条款
1	S. 6829 号背《卯年张和和预支麦价承造楊蔺契》	811 年	如违其限，楊蔺请倍，麦一驮倍两驮。（楊蔺价麦一番驮）
2	P. 2964 号《巳年（837）二月十日令狐善奴便刈麦价契稿》	837 年	不得为（违）时限。如若依时吉报不收，或欠收刈不了，其所将斛斗请陪罚三硕二斗，当日便须佃（填）纳
3	S. 5998 号背《年代不详悉宁宗部落百姓贺胡子预取刈价契（习字）》	吐蕃	如若不刈，或有□□讫，依乡原当时还麦 硕并汉斗
4	S. 5998 号《年代不详悉宁宗部落百姓王晟子预取刈麦契（习字）》	吐蕃	如若不刈，或有麦［　　］原当时还麦陆硕并汉斗
5	P. T. 1297 号（4）《收割青稞雇工契》	吐蕃	到时不割，往后延期或比西毁约……立即交给僧人（比丘）与当地产量相当之十畦青稞数。假如比西因摊派王差不能完成，仍照上述交付

4. 归义军统治敦煌时期

归义军时期的雇佣契约包括农业领域里的雇人契约与因出使等雇驼、马的契约，为明晰起见，分别列表 5—4 与表 5—5 说明。

表 5—4　　归义军时期农业契约中的抛工处罚

编号	文书名称	年代	毁约赔偿
1	S. 6614 号背《庚辰年洪池乡百姓唐丑丑等雇工契（习字）》	920 年	不得抛谪公（工）口。克物一斗［
2	P. 2249 号背《壬午年康保住雇工契》	922 年或 982 年	不得抛工一日。若亡示抱（忙时抛）工（一）日，抛［
3	S. 6452 号 1V《癸未年樊再升雇工契（抄）》	923 年或 983 年	如若忙时抛工一日，克物二斗
4	S. 1897 号《龙德四年雇工契（样式）》	924 年	抛工一日，克物二斗

续表

编号	文书名称	年代	毁约赔偿
5	P. 2451 号《己酉年二月十二日乾元寺僧宝香雇百姓邓仵子契》	925 年或 985 年	如若忙月抛一日，勒勿（物）五斗，闲月抛一日，勒勿（物）一斗。……如若有病患者，五日将里（理）余日算价下
6	P. 5008 号《戊子年梁户史氾三雇工契》	928 年或 988 年	忙时抛工一日，勒物二斗。若闲时抛工一日，勒［物一斗］恐无交加
7	天津艺博 0735 号背《后晋天福四年（939）姚文清雇工契（抄）》	939 年	不得抛工一日。如若欠作一日，克物二斗
8	S. 10564 号《庚子年洪润乡百姓阴富晟雇工契（习字）》	940 年	不得抛（工）一日
9	S. 5578 号《戊申年李员昌雇工契（抄）》	948 年	若忙时抛（工）一日，克勿（物）二斗，闲（时）抛功一日，克勿（物）一斗
10	P. 3441 号背《康富子雇工契（样式）》	归义军	一定已后，比年限满，中间不得抛直。若有抛直五日已外，便算日克勿（物）。若有年未满，蕃（翻）悔者，罚在临时，入不悔人
11	P. 2877 号背《乙卯年正月一日孟再定雇工契》	955 年	忙时抛却一日，勒物二斗，闲时勒物一斗
12	北图 309：8374 即生字 25 号《甲戌年窦跛蹄雇工契（抄）》	974 年	若作儿病者，算日勒价
13	P. 3094 号背《某某雇工契》	归义军	若忙时抛工一日，克物二斗
14	P. 3875 号《雇工契残片》	归义军	抛工夫者，一日勒物一斗
15	P. 3875A《年代不详兵马使曹庆庆雇工契》	归义军	若抛工夫者，一日勒物一斗

表 5—5　　　　归义军时期雇牛驼等契约中的违约处罚

编号	文书名称	年代	违约赔偿
1	北图殷字 41 号《癸未年四月十五日张修造雇父驼契》	923？年	驼若路［上］贼打病死，一仰要同行［证］见。若非里（理）押损走却，不［关］驼主知（之）事，一仰修造
2	北图殷字 41 号《癸未年七月十五日张修造雇父驼契》	923？年	若路上贼打，看为大礼（例），或若病死，舌（折）却雇价，立为（还）本驼。若是驼高走煞，不［关驼］主诸（之）事，一仰修造之（祇）当

续表

编号	文书名称	年代	违约赔偿
3	P. 3448 号背《辛卯年董善通张善保雇驼契》	931？年	将驼去后，比至到来，路上有危难，不达本州，一看大礼（例），若驼相走失者，雇价本在，于年岁却立本驼，或若道上疮出病死，须同行证盟
4	S. 6341 号《壬辰年雇牛契（样式）》	932？年	若是自（㸾）牛并（病）死者，不关雇人之是（事）。若驼高走煞，不关牛主诸（之）事
5	P. 2652 号《丙午年宋某雇驼契（样式）》	946 年	于限不还者，依乡价元礼（例）生理（利），所有路上驼伤走失，驼［如若疮出病死者，得同行三人征见］在须立［还］本驼，驼价本在。若有身东西不平善者，一仰男厶（某）专甲面上折［却］雇价，立［还］本驼
6	S. 1403 号《某年十二月程住儿雇驴契》		如若不还，便任掣夺便皮贾（价）□仰住儿裴（陪）掣，如若身东西□其驴走失及非［理］用损雇□雇贾本在，仰立还本驴

从表 5—4 归义军时期的农业雇佣契约看，文书规定的受雇人的违约条款比较单一：一般是按抛工的天数赔偿，“闲时抛工一日，勒（尅）物一斗，忙时抛工一日，勒（尅）物二斗”。只有 3 件文书，如第 5 件规定“如若有病患者，五日将里（理）余日算价下”。① 第 10 件规定“一定已后，比年限满，中间不得抛直。若有抛直五日已外，便算日克勿（物）。若有年未满，蕃（翻）悔者，罚在临时，入不悔人”②。第 12 件规定“若

① 唐耕耦、陆宏基编：《敦煌社会经济文献真迹释录》第二辑，全国图书馆文献缩微复制中心 1990 年版，第 70 页。

② 同上书，第 66 页。

作儿病者，算日勒价”。[1] 虽然我们不知道第5、10、12件文中的“算日勒价”是否指“闲时抛工一日，勒物一斗，忙时抛工一日勒物二斗”，还是每日雇价6.67升，但是根据这一时期的大多数农业雇佣契约中的通例，似乎是指前者。

从表5—5雇牛、驴、驼等契约看，其处罚方式一般是根据雇价的多少按乡规民约处理。如第5件规定“于限不还者，依乡价元礼（例）生理（利）”；[2] 又如第6件规定“到甘州日付，如若不还，便任掣夺便皮（价），仰住儿裴（陪）掣”[3]。但是当雇主在路上不能很好地保护好其牲畜时，其赔偿方式一般是“若路上贼打，看为大礼（例），或若病死，舌（折）却雇价，立为（还）本驼”，或者是“所有路上驼伤走失，驼［如若疮出病死者，得同行三人征见］在须立［还］本驼，驼价本在。若有身东西不平善者，一仰男厶（某）专甲面上折［却］雇价，立［还］本驼”等规定。

由此可知，归义军时期的农业雇佣契约一般按照忙时两斗、闲时一斗来处罚，即每日雇价6.67升的近一倍或者三倍多。个别契约中的规定是五日以外再算日处罚。其处罚方式和以上几个时期不同。而在雇牛驴驼等契约中，处罚方式一般是按照敦煌的乡规民约按日生利处罚或者是罚雇价一倍。当牲畜在路上，所雇之人没有保护好牲畜并造成牲畜死亡或受伤时，还要偿还驼主本驼和雇价。

综上所述，从敦煌吐鲁番出土的6—10世纪共400余年雇佣契约的发展历程看，无论违约处罚的条款如何规定，雇佣契约发展的轨迹基本上是沿着从人身处罚到经济处罚、从掣夺家资到按日抛工处罚的规定向前发展。对于受雇人来讲，这些处罚条约虽然具有极大的不平等性，但是我们从契约处罚方式的变化：人身处罚消失，代之以经济处罚；从掣夺家资到按日抛工处罚，其规定越来越人性化，不致影响受雇人的人格，具有历史进步性。

---

① 唐耕耦、陆宏基编：《敦煌社会经济文献真迹释录》第二辑，全国图书馆文献缩微复制中心1990年版，第69页。

② 同上书，第41页。

③ 同上书，第42页。

第二节　雇佣契约中的担保

在签订雇佣契约时，雇主为保护自己的利益不受损失，除了规定要由受雇人赔偿损失外，还在契约中规定了另一种重要赔偿方式：担保。从中国古代社会契约发展的历史进程可知，这是一种不亚于掣夺家资的赔偿方式。在出土的敦煌吐鲁番文书中，雇佣契约中的担保有两种方式，一是保人担保，二是质典。

一　保人担保

1. 敦煌吐鲁番契约中的保人变化

所谓保人是指在签订契约时为契约双方或多方履约作保证的人。戴炎辉先生认为，保证制度分两类：一为“留住保证制”，保证人须担保债务人不逃亡，若债务人逃亡，保证人即寻找带回原处，倘不能找回则须承担代偿责任。二为“支付保证制”，唐以后，根据以上转为：因债务人逃亡不能清偿时，保证人须代偿；再转为：因债务人死亡时而不能清偿，保证人须代偿；三转为：不论何种原因，债务人不能清偿时，保证人须代偿。① 但是我们从敦煌吐鲁番出土的契约文书看，保人担保或代偿的规定早在唐或者宋初就已经出现了。它们广泛存在于借贷、买卖、租佃、雇佣等文书中。

《唐律疏议》卷4《名例》“略和诱人等赦后故蔽匿”条规定：“赦书到后百日，见在不首，故蔽匿者，复罪如初。媒、保不坐。”疏议曰：“其媒、保不坐者，谓嫁娶有媒，买卖有保，既经赦原，无问百日内外，虽不自首，并皆不坐。”② 可知唐律并不追查保人的法律责任。但是王梵志《无亲莫充保》诗云：“无亲莫充保，无事莫作媒。虽失乡人意，终身无害灾。”其《拾得诗》又云：“觅他作保见，替他说道理，一朝有乖张，

---

① 转引自高大敏《中国古代契约中的中保人制度探析——从大觉寺契约文书说起》，《法制与社会》2007年第5期。

② （唐）长孙无忌等撰，刘俊文点校：《唐律疏议》卷4《名例》“略和诱人等赦后故蔽匿”条，中华书局1983年版，第94、95页。

过咎全在你。”[①] 敦煌变文《庐山远公话》亦说：“相公前世作一个商人，他家白庄也是一个商人，相公遂于白庄边借钱五百贯文。是时贫道作保，后乃相公身亡，贫道欲拟填还，不幸亦死。轮回数遍，不愚（遇）相逢，已（以）是姻缘，保债得债。……劝门徒弟子欠债，直须还他。贫道为作保人，上（尚）自六载为奴不了。凡夫浅识，不具（懼）罪愆，广造众罪，如何忏悔！”[②]《宋刑统》卷26《杂令》引唐开元二十五年（737）规定：“如负债者逃，保人代偿。”[③] 作保是要承担民事责任的，在负债人不能偿还债务或逃亡时要赔偿债权人的损失。

保人字样广泛出现于借贷、买卖、租佃等契约文书中，但是保人在雇佣契约文书中的出现是在唐西州时期，这时雇佣契约中的保人仅在契尾签名画押。[④] 到吐蕃统治敦煌时期，“保人”字样不仅明显出现于契约正文中，还出现于契尾签押处。举例证如下：

第一件，S. 6829号背《卯年（811?）张和和预支麦价承造楬蓠契》：

6 （前略）中间或身东西，一仰保人等代还。

---

① （唐）王梵志著，项楚校注：《王梵志诗校注》，上海古籍出版社1991年版，第524页。

② 黄征、张涌泉校注：《敦煌变文校注》卷2《庐山远公话》，中华书局1997年版，第267—268页。

③ （宋）窦仪等撰，吴翊如点校：《宋刑统》卷25《杂令》，中华书局1984年标点本，第413页。

④ 在唐西州时期的一件雇佣契约里还出现了“保知”，即《武周雇高昌县人康黑奴替番上契》契尾：

9 钱主［ ］
10 替上［ ］
11 保知［ ］
12 知见［ ］

（参阅荣新江、李肖、孟宪实主编《新获吐鲁番出土文献》，中华书局2008年版，第368页）。蒋礼鸿先生解释：“保知：保证。”（参阅蒋礼鸿主编《敦煌文献语言词典》，杭州大学出版社1994年版，第13页）黄征、张涌泉校注：《敦煌变文校注》：“保知：保人。签契约等多有保人，如毁约即需保人承担责任。”又注：“保知：保证，必定。敦煌吐鲁番文献中都有大量契约，这些契约后大多有‘保人’‘知见人’的签押格式，由此可知‘保知’之意。”（参阅黄征、张涌泉校注《敦煌变文校注》，中华书局1997年版，第188、582页）

9 保人弟 张贾子年廿五①

第二件，P. 2964 号《巳年（837）二月十日令孤善奴便刈麦价契稿》：

7（前略）如身东西不在，
8 一仰保人代还。
11 保人孙愿奴卅五
12 保人②

第三件，S. 5998 号《年代不详悉宁宗部落百姓王晟子预取刈麦契（习字）》：

3（前略）其身或有东西，一仰保人［ ］③

第四件，上海图书馆 174 号（6）《丁丑年（917?）赤心乡百姓郭安定雇驴契》：

3（前略）若身不平善来者，仰口承妻立驴。
7 口承人妻张氏知④

第五件，S. 1897 号《龙德四年（924）雇工契（样式）》：⑤

10（前略）忽若偷盗他人麦粟牛羊鞍马逃走，一仰厶（某）甲

① 唐耕耦、陆宏基编：《敦煌社会经济文献真迹释录》第二辑，全国图书馆文献缩微复制中心 1990 年版，第 82 页。

② 同上书，第 94 页。

③ 沙知辑校：《敦煌契约文书辑校》，江苏古籍出版社 1998 年版，第 246 页。

④ 同上书，第 304—306 页。

⑤ 唐耕耦、陆宏基编：《敦煌社会经济文献真迹释录》第二辑，全国图书馆文献缩微复制中心 1990 年版，第 59 页。

亲眷祇当。

17 见人厶甲（倒写） 雇身厶甲

18 见人厶甲（倒写） 口承人厶甲

从这五件录文看，它们都规定了保人代偿的条件，如第一件规定受雇人若“中间或身东西”，第二件规定“如身东西不在”，第五件规定“忽若偷盗他人麦粟牛羊鞍马逃走，一仰厶（某）某甲亲眷祇当”。第4件属于雇驴契，文书规定，若驴在路上遇贼打或死亡不能还时，由雇驴人的担保人妻子儿女偿还。由此可知保人代偿条款规定的严谨性。

此外，吐蕃和归义军时期的保人称谓有了明显的变化，吐蕃时期的保人，归义军时期称“口承人”，这种称谓的最明显变化体现在P.3394号《唐大中六年（852）僧张月光、吕智通易地契》中。为明白起见，转录文第17—18行如下：

17 （前略）如身东西不在，一仰口承人知当。恐人无信，故立此契用作

18 后凭。园舍田地主僧张月光（圆形印章）、保人男坚坚（圆形印章）、保人男手坚（圆形印章）、保人弟张日兴（押）①

在这件唐大中六年（852）僧张月光和吕智通的换地契中，既出现了保人、又出现了口承人，可知此时的保人称谓正处于吐蕃至归义军时期的过渡阶段。关于“口承人”，蒋礼鸿先生在《敦煌文献语言词典》中解释，“口承”即允诺、保证、承认诏伏之意。② 归义军时期“保人”完全被“口承人”替代。

2. 敦煌雇佣契约中的保人

敦煌雇佣契约中的保人身份主要有如下几类（详见表5—6、表5—7）。

---

① 唐耕耦、陆宏基编：《敦煌社会经济文献真迹释录》第二辑，全国图书馆文献缩微复制中心1990年版，第2页。

② 蒋礼鸿主编：《敦煌文献语言词典》，杭州大学出版社1994年版，第187页。

表 5—6　　吐蕃时期雇佣契约中的保人

编号	文书名称	年代	保人（担保人）及身份	与受雇人关系
1	P. T. 1297 号（4）《收割青稞雇工契》	吐蕃虎年	阴腊赉、郭悉诺山、王玉悉顿、张孜孜等人，谢比西父子	
2	P. T. 1098 号《于阗贡使岁赋事》	吐蕃某年仲秋	王达古、鲁泽象、梁何佩存、永安张义子、周拉登公子等	
3	S. 5998 号《年代不详悉宁宗部落百姓王晟子预取刈麦契》	吐蕃	保人［　］	
4	S. 6829 号背《卯年张和和预支麦价承造榻蓠契》	811？年	张贾子年廿五	受雇人之弟
5	P. 2964 号《巳年二月十日令孤善奴便刈麦价契》	837 年	孙愿奴年卅五保人某	

表 5—7　　归义军时期雇佣契约中的口承人

编号	文书名称	年代	口承人及身份	与受雇人关系
1	上图 174（6）号《丁丑年赤心乡百姓郭安定雇驴契》	917？年	张氏知	受雇人之妻
2	S. 1897 号《龙德四年（924）雇工契（样式）》	924 年	厶甲	
3	P. 2451 号《己酉年（925 或 985）二月十二日乾元寺僧宝香雇百姓邓仵子契》	925 年或 985 年	邓清子	受雇人之弟？
4	P. 3448 号背《辛卯年（931？）董善通张善保雇驼契》	931 年	史男？子押衙张庆明	不明
5	S. 1403 号《某年十二月程住儿雇驴契》	归义军时期	兵马使程庆庆	受雇人之父
6	S. 10619 号《年代不详白兆唑雇驴契》	归义军时期	骨子	受雇人之子
7	дx1323—5942 号《年代不详押衙刘某雇牧羊人契》	归义军时期	阿孃	受雇人之母
8	P. 2869 号《雇工残契》	归义军时期	某	受雇人之兄

表 5—6 和表 5—7 所载雇佣契约中的保人除了一部分属于异姓保人，如表 5—6 中第 5 件保人孙愿奴、表 5—7 中第 4 件口承人押衙张庆明、第

5件口承人兵马使程庆庆之外，绝大部分保人都是受雇人的亲属，或是父母，或为妻子儿女。据杨惠玲研究，敦煌契约文书中的保人多为立约人的直系亲属；保人的身份有百姓、僧、尼、道、官吏、健儿等，可见当时敦煌僧、尼、道亦参与世俗活动，他们虽为出家人却仍为家人、朋友承担着契约的保人。[①] 雇佣契约中的保人也不例外。

雇佣契约中的保人担保通常是针对受雇人一方。之所以会出现这种情况，可能与受雇人出卖给雇主的是劳动力有关。敦煌雇佣契约中雇价的支付通常是雇主先付雇价的一部分或者全部。如果受雇人在支取了雇价之后逃亡，受损失的是雇主。所以这时需要保人来保证受雇人能按时劳作，当受雇人逃走或死亡之后赔偿雇主的损失。《宋刑统》卷26《杂令》引唐开元二十五年（737）令规定："如负债者逃，保人代偿。"[②] 又如上揭文提到的王梵志《无亲莫充保》以及庐山远公没来得及为相公某人还债，落得个"六载为奴不了"，可见保人承担的责任及付出的代价极大。在这种情况下，几乎很少有异姓人自愿作保。在中国古代社会，一般家庭同财共产，"父债子还，夫债妻还"，因此保人这一义务必然落到家人或具有血缘关系的亲属身上。在敦煌地区特别是归义军政权建立以后还实行过合户政策，家庭共同财产的增多，更为以亲属为保人的被担保人提供了便利的条件。

3. 唐宋之际敦煌非出家女性的社会地位探析——以敦煌契约中的女性保人为中心

敦煌女性的地位，有学者根据借贷、买卖等契约以及敦煌文书中的女人施入疏、女人社的记载认为，当时敦煌妇女具有一定支配经济的权力，有较高的经济地位、社会地位和家庭地位，有自己独立的人格，因此具有一定的民事责任能力，可以做担保人。[③] 但敦煌女性的社会地位真有这么高吗？笔者以为实际情况可能有一定的出入。为明晰起见，列敦煌文书中

---

① 杨惠玲：《敦煌契约文书中的保人、见人、口承人、同便人、同取人》，《敦煌研究》2002年第6期。

② （宋）窦仪等撰，吴翊如点校：《宋刑统》卷26《杂令》，中华书局1984年版，第413页。

③ 杨惠玲：《敦煌契约文书中的保人、见人、口承人、同便人、同取人》，《敦煌研究》2002年第6期。

女性保人的来源如表5—8所示。

表5—8　　　　　　敦煌文书中的女性保人

<table>
<tr><th>编号</th><th>文书名称</th><th>被保人</th><th>保人及年龄</th><th>与被保人关系</th><th>出处①</th></tr>
<tr><td rowspan="2">1</td><td rowspan="2">S. 5867号《建中三年（782）马令痣举钱契》</td><td rowspan="2">马令痣</td><td>同取人苑二娘50岁</td><td>母</td><td rowspan="2">第140页</td></tr>
<tr><td>同取人马二娘12岁</td><td>妹</td></tr>
<tr><td>2</td><td>S. 1475号V《未年（827）安环清卖地契》</td><td>安环清</td><td>安 52岁</td><td>母</td><td>第1页</td></tr>
<tr><td>3</td><td>P. 2161号C残契</td><td></td><td>索氏</td><td>母</td><td>第21页</td></tr>
<tr><td>4</td><td>S. 5820号+5826号《未年（803）尼僧明相卖牛契》</td><td>尼僧明相</td><td>尼僧净情（?）18岁</td><td>尼僧</td><td>第33页</td></tr>
<tr><td>5</td><td>P. 2119号背《贷绢契残片》</td><td>愿泰</td><td>愿泰</td><td>妻</td><td>第133页</td></tr>
<tr><td rowspan="2">6</td><td rowspan="2">S. 5871号《大历十七年（782）霍昕悦便粟契》</td><td rowspan="2">霍昕悦</td><td>同便人马三娘35岁</td><td>妻</td><td rowspan="2">第138页</td></tr>
<tr><td>同取人霍大娘15岁</td><td>女</td></tr>
<tr><td>7</td><td>S. 5872号+5870号《唐大历某年女妇许十四举钱契》</td><td></td><td>举人女妇许十四娘26岁</td><td>女</td><td>第139页</td></tr>
<tr><td>8</td><td>S. 5869号《建中八年（787）举钱契》</td><td>阿孙</td><td></td><td>妻</td><td>弟141页</td></tr>
<tr><td>9</td><td>上图174号（6）《丁丑年（917?）赤心乡百姓郭安定雇驴契》</td><td>郭安定</td><td>郭安定妻</td><td>妻</td><td>《敦煌契约文书辑校》第304—306页</td></tr>
<tr><td>10</td><td>北图殷字41号《癸未年（923?）五月十六日彭顺子便麦粟契》</td><td>彭顺子</td><td>张二侄子</td><td>妻</td><td>第116页</td></tr>
<tr><td rowspan="2">11</td><td rowspan="2">P. 3370号《戊子年（928）六月五日某寺公廨麦粟出便与人抄录》</td><td>宋昌进</td><td>赵氏</td><td>阿婶</td><td>第207页</td></tr>
<tr><td>石章六</td><td>安有妻裴氏</td><td>不明</td><td>第208页</td></tr>
</table>

① 表中文书凡未注明出处者均来源于唐耕耦、陆宏基编《敦煌社会经济文献真迹释录》第二辑，全国图书馆文献缩微复制中心1990年版。

续表

编号	文书名称	被保人	保人及年龄	与被保人关系	出处
12	S. 4445 号 IV《庚寅年（930?）二月三日寺家汉不勿等贷褐历》		张家女	女	第 209 页
			阿孃、张家女	母	《社家女人便面历》第 211 页
13	S. 8443 号 A－H《甲辰年—丁未年（944—947?）李阇梨出便黄麻麦名目》	龙什德	曹子妻	（不明）	第 217 页
			某	孔郎丑子妻	第 219 页
14	P. 2680 号 V 便粟历	音声李流子	口承人王昇君妻	阿姑	第 234 页
15	俄藏 1416 号、3025 号《甲寅年—乙卯年（954—955）大乘寺百姓李恒子等便粟历》		高氏	妻	第 265 页
16	俄藏 3110 号＋1432 号《年代不明黑眼子等便地子仓麦历》		三娘子	女	第 276 页
17	新德里国家博物馆《966 年平康乡百姓索清子贷绢契》		张代	妻	《敦煌契约文书中的保人见人口承人同便人同取人》

首先，契约中的女性保人多是具有血缘关系的家人或亲属。表 5—8 所列 17 件各类文书中的 22 名女性保人的身份有两类。其一是有血缘关系的家人或亲属。从表 5—8 可知 22 名女性保人当中有 19 名是签订契约之人的母亲、妻子、妹妹或女儿，她们作为保人在契约中出现，占总人数的 86. 4%。此外，第 11 件文书中安有妻裴氏和石章六的关系、第 13 件文书中口承人曹子妻和龙什德的关系虽然不明，但是我们从同是第 11 件文书中宋昌进的保人是其婶子赵氏，第 14 件文书中音声李流子的口承人王昇君妻是其姑姑，可推测出石章六与安有妻裴氏、龙什德与曹子妻之间的关系极有可能同第 14 件文书中李流子与王昇君妻的关系是一样，同属于亲属关系。其二是关系比较好的邻居或僧侣。如第 4 件尼僧明相卖牛契中的保人是尼僧净情，她们应该是关系比较好的僧人，所以作保。

由此可知，在敦煌除了一部分女性出家为尼，有较高的威信，可以独立作保外，其他契约文书中的女性保人，多是具有血缘关系的家人或亲属。换言之，与男性保人可以为非亲属关系的人作保不同，我们并未见到敦煌的非出家女性为异姓非亲属关系的人作保的例证。并且在一些重要的活动，如涉及家资财产等问题时，女性出现并处理的机会并不多。所以她们的社会地位并不高。

其次，从女人结社对财务的处理可知女性的地位也不高。孟宪实先生在研究女人结社时指出，这类结社中的女性“我们也可以推测她们绝不来自那种没有任何经济实力的家庭”[①]。此据有四：一、从结社规定的经济支援的范围和具体项目看，女人结社中支援和奉献的都是粮食物品如油、麦、粟，有的也包括灯油，但是和男性结社相比没有布匹方面的赠纳规定；二、每次纳赠和支出的个人平均数量，就可比的丧葬纳赠的数量与品质而言，少于男性；三、从罚则来看，女人结社没有仓储功能，都是即时消费的物品，如酒、筵席、羊、棍棒等；四、没有后代继承前代要求的结社，女人结社相对而言属于规模较小、经济活动有限、时间也相对有限的结社。[②] 可见，在唐宋之际的敦煌地区，女性的经济能力、社会活动和地位还都是有限的，而且这种结社也并不是所有家庭妇女都可以置办得起的，只限于部分比较富裕的家庭。因此，对于绝大多数普通女性来讲，她们也许并不同男性一样具有平等的社会地位。

再次，放妻书。虽然唐代女性的社会地位有了很大的提高，但那也仅是相比于唐代之前后以及唐前期。唐前期的妇女在开放的社会风气熏染下，女性特别是武则天以来众多的女性可以参政，她们拥有婚姻自主的权利，可以离婚改嫁和夫死再嫁，贞节观念比较淡薄。然而，在唐后期经历了“安史之乱”的空前浩劫之后，社会经济开始日益衰退，周边少数民族如吐蕃、回纥、南诏等势力崛起，趁唐王朝国势衰落之际相继寇边。在这种内忧外患的情况下，李唐统治者竭力在朝廷上大力提倡儒学，企图通过恢复儒学的正统地位来维护尊卑森严的封建等级制度。在这种背景下，作为社会群体的唐代女性，其地位也由唐前期的上升状态逐渐呈现出下降

---

① 孟宪实：《敦煌民间结社研究》，北京大学出版社 2009 年版，第 298 页。

② 同上书，第 296—298 页。

趋势，向传统角色复归，遵礼法，守妇道，社会交往减少，正如民谚所说“当时妇弃夫，今日夫离妇”。[①] 在敦煌文书中的放妻书抑或是夫妻相离书也明显地表明了这一点。如 S. 6537 号 IV《放妻书（样式）》记载：“何乃结为夫妇，不悦鼓瑟，六亲聚而咸怨，邻里见而含恨。酥乳之合，尚恐异流。猫鼠同窠，安能得久。二人违隔，大少（小）不安。更若流连，家业破散。颠铛损却，至见宿活不残。擎鏊筑瓮，便招困弊之苦。男饥耕种，衣结百穿。女寒绩麻，怨心在内。夫若举口，妇便生嗔。妇欲发言，夫即拾棒。”[②] 如 P. 3212 号背（11）《夫妻相别书一道》记载：“今则夫妇无良，便作互逆之意。不敬翁嫁，不敬夫主，不事六亲，亲属污辱，臬门连累。……自别已后，愿妻再嫁富贵，得高夫某，不再侵凌论理，一似如鱼德（得）水，壬（任）自波游。”[③] 从其中的语言看，这是以男子的口吻写的。虽然表面上是对妻子的赞美及祝福，但更多的是隐含着对离婚妻子的指责“不敬翁嫁，不敬夫主，不事六亲，亲属污辱”以及离婚时男子占主动权，女性必须接受此离婚书的无奈。她们连自己的离婚都做不了主，更何谈其他！

最后，敦煌文书中的见人。从敦煌出土的各类文书如借贷、买卖、租佃、雇佣等文书中，除一件尼僧明相卖牛契约中的见人之一是尼僧明兼（?）外，[④] 其他所有文书中担任见人的人全部是男性。由此可知，在唐宋之际的敦煌，虽然也有女性社会活动比较活跃的例证，但是在一些比较重要的事件或者活动中，大多数女性并未有与男子同等的地位。她们仍然未能改变“女在室，以父为天；出嫁，以夫为天。又：在家从父，出嫁从夫，夫死从子”[⑤] 的传统习惯。实际上，她们仍然处在家庭附属的地位上。邓小南先生《六至八世纪的吐鲁番妇女》一文认为，尽管在唐代吐鲁番地区许多妇女在契约关系中充当保人，但尚未发现一例由女性出任知见人者。个中原因其实相当明显：作为保人，她们事实上是其丈夫、父亲

---

① 参阅段塔丽《唐代妇女地位研究》，人民出版社 2000 年版，第 124—180 页。

② 唐耕耦、陆宏基编：《敦煌社会经济文献真迹释录》第二辑，全国图书馆文献缩微复制中心 1990 年版，第 177 页。

③ 同上书，第 195 页。

④ 同上书，第 33 页。

⑤ （后晋）刘昫撰：《旧唐书》卷 27《礼仪志》，中华书局 1975 年标点本，第 1026 页。

的附属担保者，而知见人所需要的，是一种独立的证人身份。一旦契约双方就条款内容、偿付与否等问题发生冲突，乃致引惹起诉讼，知见人应该以中立不倚的身份向官府作出见证说明，家庭中的妇女们显然不被认为具有此种资格。而女性作为债务关系中的保人，并不意味着女性们有独立可供支付的财产，只不过是因为她们具有管理或是继承家庭产业的潜在可能。一旦她们的丈夫或父亲因“没落”而无法还债，她们在走投无路时，只得听任债权人夺产抵债。①

综合以上因素，笔者以为，唐宋之际敦煌地区部分契约文书中的女性保人，她们为人作保具有被动性。除部分尼僧外，这些女性只能为自己家人或亲属作保，并不享有和男性保人同等的社会地位，即她们以保人的身份出现仅有象征性的意义。从而也说明，在唐宋之际的敦煌地区女性的社会地位并不高。

二　质典

所谓质典即签约双方在契约签订时，其中一方在另一方违约时为保证自身的利益，要求另一方的质押物。敦煌出土的质典型雇佣契约只有一件，即 P. 2825 号背《唐乾宁三年（896）二月冯文达雇驼契（稿）》，为明白起见，转录文如下：

1 乾宁三年丙辰岁二月十七日，平康乡百姓冯文达
2 奉差入京，为少畜乘，今于同乡百姓李略（?）延（?）
3 边，遂雇八岁黄父驼一头。断作雇价却回来
4 时，准绢五疋。见立典物分付。
5　　　　　　　　　　驼主②

在这件契约文书中，冯文达向驼主李略延雇八岁驼一头奉使入京，双方约

---

① 邓小南：《六至八世纪的吐鲁番妇女》，载季羡林等主编《敦煌吐鲁番研究》第 4 卷，北京大学出版社 1999 年版，第 226 页。

② 唐耕耦、陆宏基编：《敦煌社会经济文献真迹释录》第二辑，全国图书馆文献缩微复制中心 1990 年版，第 36 页。

定的雇价等冯文达回来时支付，但是驼主李略延为保证自己的利益，将冯文达相当于雇价的东西作为质典物。唐律和《宋刑统》卷 26《杂令》"受寄财物辄费用"条引："收质者，非对物主，不得辄卖。若计利过本不赎，听告市司，对卖有剩还之。"① 但不言可知的是，质权人既有出卖质物之权，即显示他也应该可以拥有该质物之所有权，而不仅是占有而已，故质权人扣下质物不卖，也是方法之一。② 本件契约中，如果骆驼在出雇期间发生意外或者冯文达违约不交付雇价，李略延有权处理质典物。虽然敦煌文书中质典型的雇佣契约仅此一件，但是它既然在归义军时期出现，其数量应不在少数。

此外，我们在敦煌文书中还发现有一种典人契约似乎也含有雇佣的因素在里面，如 P. 3150 号《癸酉年（941）吴庆顺典身契》：

1 癸酉年十月二十八日，慈惠乡百姓吴庆顺兄弟三人商拟（议），为缘

2 家中贫欠负广深，今将庆顺己身典在龙兴寺索

3 僧政家。见取麦一十硕，黄麻一硕六斗准麦三硕

4 二斗，又取粟九硕，更无交加。自取物后，人无雇价，物无

5 利头，便任索家驱驰。比至还得物日，不许左右。或若到

6 家被恶人构卷，盗切（窃）他人牛羊园菜麦粟，一仰庆顺

7 祗当，不忏主人之事。或若兄弟相争，延引抛工，便同雇

8 人逐日加物三斗。如若主人不在，所有农（具）遗失，亦仰庆顺

9 填倍（陪）。或若疮出病死，其物本在，仰二弟填还。两共面

10 对，商量为定。恐人无信，故立此契，用为后凭。

11 又麦一硕、粟二斗。恐人不信，只（质）典兄吴庆顺（押）

12 押字为凭。　叔吴佛婢（押）同取物口承弟吴万昇（押）

13 　　　　　　　　同取物口承弟吴庆信（押）

① （宋）窦仪等撰，吴翊如点校：《宋刑统》卷 26《杂律》"受寄财物辄费用"条引，中华书局 1984 年标点本，第 413 页。

② 罗彤华：《唐代民间借贷之研究》，北京大学出版社 2009 年版，第 272 页。

14　　　　口承见人房叔吴佛婢（押）

15　　　　见人安寺主（押）[①]

在这件文书中明确规定："比至还得物日，不许左右。或若到家被恶人构卷，盗切（窃）他人牛羊园菜麦粟，一仰庆顺祇当，不忓主人之事。或若兄弟相争，延引抛工，便同雇人逐日加物三斗。如若主人不在，所有农（具）遗失，亦仰庆顺填倍（陪）。或若疮出病死，其物本在，仰二弟填还。"与雇佣契约中的条款几乎如出一辙。可知同时期的雇佣契约对典人契约的重大影响。在一定条件下，这类典人契约可能会转变成一般的雇佣契约。唐大中九年（855）闰四月《禁岭南货卖男女敕》："岭南诸州居人，……迫于征税，则货卖男女。奸人乘之，倍讨其利，以齿之幼壮，定估之高下，窘急求售，号哭逾时。为吏者谓南方之俗，素习为常，适然不怪，因亦自利。遂使居人男女与犀象杂物俱为货财。……自今以后，无问公私土客，一切禁断。……如有贫穷不能存济者，欲以男女佣雇与人，贵分口食，任于行止，当立年限为约，不得将出外界，还同交关。"[②] 在国家法令的干预下，典卖变成了雇佣。

第三节　悔约处罚

从敦煌吐鲁番出土的雇佣文书看，悔约处罚在历经麴氏高昌国到归义军时期的400余年沧桑岁月中，已经形成了一套比较规范、简洁的语言。如麴氏高昌国时期的"二主先和后卷（券），卷成之后各不得返悔，悔者一倍二入不悔者。民有私要，各自署名为信"，或"四主和［　　］［　　］之后，各不得返悔，□□一罚二入不悔者，民［　　］［　　］二主，各自署名为□"，"诸人和可后为卷（券）要，卷□□□□□不得返悔，悔者壹罚二入不悔者。民有私要，要行二主，各［　　］"。

① 唐耕耦、陆宏基编：《敦煌社会经济文献真迹释录》第二辑，全国图书馆文献缩微复制中心1990年版，第51页。

② （宋）宋敏求编，洪丕谟、张信元、沈傲天等点校：《唐大诏令集》卷109《禁岭南货卖男女敕》，学林出版社1992年版，第520页。

唐西州时期一般是“两和立获卷为信（两和立券，获指为信）”，“先有悔[者]［ ］[从]私契。两主和可”，“□有先悔者，一罚贰，入不悔人。[指]为记”。

吐蕃统治敦煌时期的悔约处罚，根据雇佣内容的不同，在签订契约时的处罚也不一样。如氾英振承造佛堂契是“如先悔者，罚麦三驮，入不悔人”，而在预取雇价的契约中一般是“恐人无信，故立此契，两共平章，书指为凭”或“恐人无信，故勒此契”等。

归义军时期的处罚。如雇牛、驼等契约是“两共对面平章，不许休悔。如先［悔］者罚羊一口，充入不悔人”，或“两共对面平章，更［不］许先（休）悔。又（有）人悔者，罚麦一硕，充入不悔人。恐人无凭，故立司（私）契，用为后验”；农业领域中是“两共对面稳审平章，更不许休悔。如先［悔］者罚羊一口，充入不悔人。恐人无信，故勒此契，用为后验”，或“两共对面平章为难定，准法不悔许（许悔）。休悔者，罚青麦五驮，充入不悔人。恐人无信，故勒斯契，用为后凭（后有勾）”，抑或“两共对面平章，准格不许番（翻）悔者。已已，若先悔者，罚青麦一十驮，充入不悔人。恐人无信，故立私契，用为凭（后有勾），押字为定（押）”等。

由以上不同时期、不同领域里悔约处罚的条款看，这些悔约条款不但简明扼要，而且具有继承性。不同之处在于，悔约处罚从麴氏高昌时期的不明指代的“一罚二”，到吐蕃、归义军政权时期的罚羊一口，或罚青麦一驮、五驮或十驮不等。条款规定清晰明确。

综上可知，敦煌吐鲁番出土雇佣契约中的违约处罚，无论经历了从人身处罚到经济处罚，还是从掣夺家资到拋工按日处罚，或者保人担保还是质典，这些处罚基本上都是针对受雇人一方，保护的是雇主的利益。在契约文书中虽然也规定了双方之间的悔约条款，但是由于受雇人一方的贫困，为维持生活他们不得不外出受雇，在经济上或社会地位上他们又处于弱势一方。为了生存，他们一般不敢随意悔约。因此，雇主很少有实质性的损失。

结　语

隋唐五代宋初时期的雇佣契约文书，不仅在中国雇佣史、而且在中国雇佣契约的发展历程中都占有重要的地位。本书通过对敦煌吐鲁番出土雇佣契约的研究获得了以下几点认知。

一　敦煌吐鲁番出土雇佣契约反映的社会生产生活

敦煌吐鲁番出土的雇佣契约反映了当时的社会生产生活。首先，从政治或军事的角度讲，隋唐五代宋初时期的雇佣现象，特别是土地兼并严重或连年灾荒时雇佣增多会引起统治者的恐慌，如《长安三年（703）三月括逃使牒并敦煌县牒》记载“甘、凉、瓜、肃所居停沙州逃户……逃迸投诣他州，例被招携安置。常遣守庄农作，抚恤类若家僮。好即薄酬其佣，恶乃横生构架。为客脚危，岂能论当。荏苒季序，逡巡不归”。[①] 德宗贞元八年（792）陆贽上奏云：“今夏江、淮水潦，漂损田苗，比于常时，米贵加倍，氓庶匮乏，流庸颇多。”[②] 元和三年（808）《贤良方正直言极谏策》云：“今疆畛相接，半为豪家，流庸无依，率是编户，本为交易，焉得贪（夺?）富以补贫，将欲因循，是曰损多而益寡，酌于中道，其术如何?”[③] 又如于邵在关中“池阳之间，获空闲数顷之地，暂将作劳

---

① 唐耕耦、陆宏基编：《敦煌社会经济文献真迹释录》第二辑，全国图书馆文献缩微复印中心 1990 年版，第 326 页。

② （唐）陆贽著，刘泽民点校：《陆宣公集》卷 18《请减京东运收脚价于缘边州镇储蓄军粮事宜状》，浙江古籍出版社 1988 年版，第 193 页。

③ （宋）李昉等编：《文苑英华》卷 489《贤良方正直言极谏策》，中华书局 1966 年标点本，第 2499 页。

陇亩，以往秋登，所乏耕牛，佣赁无计”[①]。这些都会给统治者带来有关统治秩序、社会治安等方面的隐患。但是敦煌吐鲁番出土的雇佣契约的签订，会吸收一部分劳动力参加劳动，使流民减少，客观上有利于社会生活秩序的稳定。此外，唐前期西州地区出现的雇人代役契约，从国家统治或安全角度讲，因诸种原因，唐政府默认了民众在上役时，可以雇人替代。政府的这种行为，虽然是当时当地情况下的无奈之举，但也体现了政府针对西州的具体情况所采取的灵活变通，不仅弥补了政府对西州军事守卫力量上的不足；另一方面，也在一定程度上有助于唐政府治下百姓的社会生产生活，有人性化的因素在里面，历史意义深远。

其次，从经济利益出发。敦煌吐鲁番出土雇佣契约中受雇人的身份，除一部分受雇者是卫士、低级武官外，绝大部分的受雇人是少地或无地的贫民与佃户，经济利益的驱使以及为了维持生计，他们需要经常地打短工或长期受雇获得雇价，缓解他们的经济状况。

再次，敦煌吐鲁番雇佣契约中雇佣双方的关系与社会地位，从法律地位来讲，麴氏高昌国时期隶属于其主人的受雇人没有人身自由，他们被其主人签约出雇获取雇价。而唐西州以及吐蕃与归义军时期的雇主与绝大部分受雇人在法律上的地位都是平等的，在签订契约之前二者之间相互独立、没有人身隶属的关系；契约签订以后，（雇主与受雇人在经济地位上处于强与弱的关系）雇佣双方要按契约的规定履行各自的权利与义务，若违约就会受到经济处罚。但是从契约规定的条款看，违约主要针对受雇人一方，且越到归义军政权中后期处罚越轻。

最后，在出土雇佣契约中的见人多是关系比较熟悉的乡邻。关于保人，除了男性保人以外，还出现了女性保人的身影，并且绝大部分女性保人是受雇人的亲属，没有一例非出家女性为异姓非亲属作保的例证。这从一定程度上说明了敦煌地区的女性可以抛头露面从事社会生产活动，但是在一些比较重要的经济活动中，她们并没有权力或机会参加并发表自己的意见。

---

① （宋）李昉等编：《文苑英华》卷670《与李尚书书》，中华书局1966年标点本，第3448页。

二　敦煌吐鲁番出土雇佣契约的历史地位

早期中国自出现雇佣现象以后，至秦汉以至魏晋南北朝时期，雇佣契约都未曾出现在官方典籍中，与国家法令也没有多大的关系。直到唐玄宗开元二十三年（735）五月诏："贫下百姓有佣力买卖与富儿及王公已下者，任依常式。"① 二十四年（736）正月诏："朕临御天下二十四载，……使黎氓失业，户口凋零，忍弃枌榆，转徙他土，佣假取给，浮窳求生。"② 德宗大中九年（855）闰四月《禁岭南货卖男女敕》："岭南诸州居人，与蛮獠同俗。火耕水耨，昼乏暮饥，迫于征税，则货卖男女。奸人乘之，倍讨其利，以齿之幼壮，定估之高下，窘急求售，号哭逾时。为吏者谓南方之俗，素习为常，适然不怪，因亦自利。遂使居人男女与犀象杂物俱为货财。……自今以后，无问公私土客，一切禁断。敕诸州刺史，各于境内设法钤制，不得容奸，依前为市。如敢更有假托事由，以贩卖为业，或抢劫溪洞，或典卖平民，潜出书券，暗过州县，所在搜获，据赃状依强盗论。纵逢恩赦，不在原囿之限。……如有贫穷不能存济者，欲以男女佣雇与人，贵分口食，任于行止，当立年限为约，不得将出外界，还同交关。各委本道长吏专加纠察，仍先具条流闻奏。其余州县，更有积弊，深害百姓，而因循未革者，亦具分析闻奏。当酌量处分，粗安黎庶。"③ 但是这些敕令的颁布大都属于特殊时期，或是社会秩序混乱，或是国家经济发生了很大的改变。统治者为了稳固社会秩序、稳定社会生产生活而不得已采取的措施，并非建立在正常经济现象之上的规定。此间，纵使有朝廷官员提到雇佣也仅是对出现天灾人祸进行阐述时的附带，是对统治秩序的担忧，亦未从经济层面上对其进行深度分析。但即使如此，也表明了唐中央政府在国家敕令中正式承认"佣力买卖……任依常式"，逐渐承认了它由民间通用的习惯法跃而成为国家敕令。

更重要的是在唐宋之际的敦煌地区出现了雇佣契约的样文。宋太平兴

① （宋）王钦若等撰：《册府元龟》卷147《恤下》，中华书局1960年影印本，第1780页。

② （宋）宋敏求编，洪丕谟、张信元、沈傲天等点校：《唐大诏令集》卷111《听逃户归首敕》，学林出版社1992年版，第529页。

③ （宋）宋敏求编，洪丕谟、张信元、沈傲天等点校：《唐大诏令集》卷109《禁岭南货卖男女敕》，学林出版社1992年版，第520页。

国年间出现了“榜样”，八年（983）国子监丞、知开封府录参军事赵孚上言：“庄宅多有争诉，皆由衷私妄写文契，说界至则全无丈尺，昧邻里则不使闻知，欺罔肆行，狱讼增益。请下两京及诸道州府商税院，集庄宅行人，众定割移典卖文各一本，立为榜样，违者论如法。”[①] 这是宋代关于房屋买卖出现的法定契约格式，不是针对雇佣契约，但是仍然对雇佣契约有影响。明清以降，国家法律的规定中直接有了“雇工人”称谓及相关规定，这是一个国家以法律的形式对雇佣契约、对受雇者从法律的层面加以规定。

由此可知，敦煌吐鲁番出土的雇佣契约正处于中国雇佣契约发展史上的过渡时期：承上，它继承、总结了雇佣契约出现以来的格式及内容，集其大成；启下，它又成为宋元明清时期雇佣契约发展的蓝本，对后世影响深远。

---

① （宋）李焘撰：《续资治通鉴长编》卷 24“太平兴国八年”条，中华书局 1979 年标点本，第 542 页。

附　　录

一　部分敦煌契约校释

一　雇牛驼等契约

（一）唐乾宁三年（896）二月冯文达雇驼契（稿）

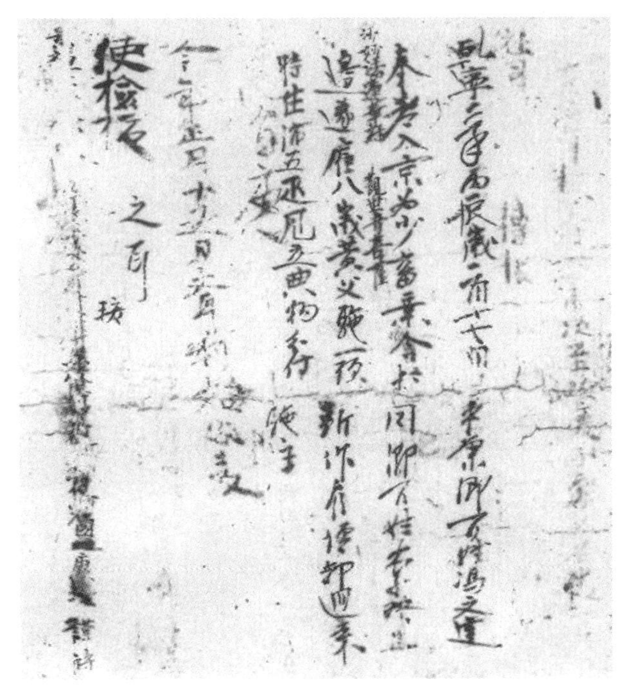

图一：唐乾宁三年（896）二月冯文达雇驼契（稿）

1 乾宁三年丙辰岁二月十七日，平康乡百姓冯文达

2 奉差入京，为少畜乘，今于同乡百姓索略？延？

3 边，遂雇八岁黄父驼一头。断作雇价却回来

4 时，准绢五疋。见立典物分付。

5 驼主

[法藏敦煌文献 P. 2825 号 V，本件文书法藏定名 P. 2825v0 “乾宁三年二月平康乡百姓冯文达雇驼契”，乾宁三年是 896 年。见《法藏敦煌文献》第一九册，第 6 页；《敦煌社会经济文献真迹释录》以下简称《释录》第二辑，第 36 页。]

注：

1. 第 2 行“百姓索略？延?”，唐耕耦先生录作“李”但是从敦煌文书“李”与“索”的字形与写法看，“李”应作“索”字。

（二）辛卯年（931?）董善通张善保雇驼契

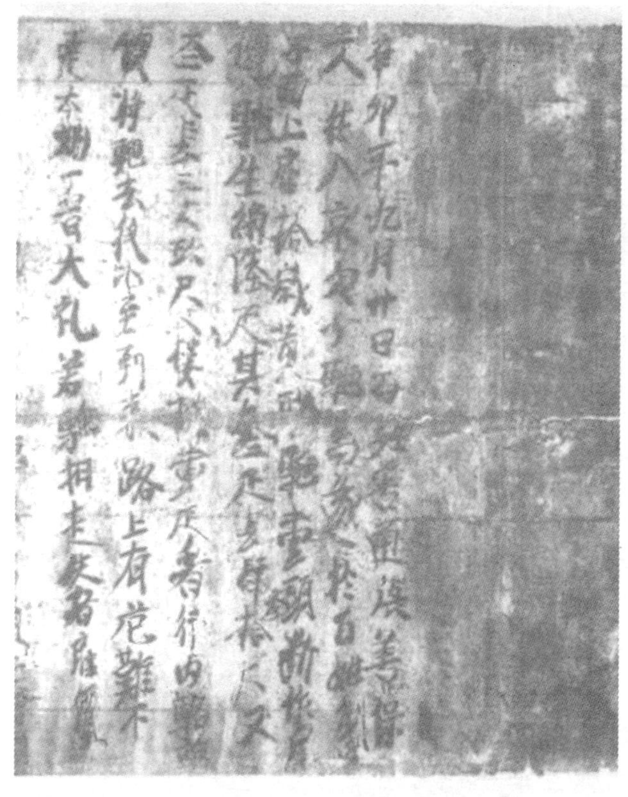

图二：辛卯年（931?）董善通张善保雇驼契

1 辛卯年九月二十日，百姓善通、张善保

2 二人往入京，欠少驼畜，遂于百姓刘达

3 子面上雇十岁黄骆驼一头。断作雇

4 价驼生绢六疋。其三疋，长肆（三）十尺。又

5 三疋，长三丈九尺。又楼机一疋，看行内骆驼

6 价。将驼去后，比至到来，路上有危难，不

7 达本州，一看大礼（例），若驼相走失者，雇价

8 本在，于年岁却立本驼，或若道上疮出

9 病死，须同行证盟。立此文书，故勒私

10 契，用为后验（后有勾）

11 驼主刘达子（押）

12 雇人董善通（押）

13 雇［人］张善保（押）

14 口承人史男？子（押）

15 口承押衙张庆明（押）

［法藏敦煌文献 P. 3448 号 V 定名“董善通张善保雇驼契”，见《法藏敦煌文献》第二四册，第 234 页；唐耕耦先生定名“辛卯年（931?）董善通张善保雇驼契”，《释录》第二辑，第 39 页。］

注：

1. 第 1 行“百姓善通、张善保”，唐耕耦先生录作“百姓（董）善通、张善保”。

2. 第 4 行“价驼”，唐耕耦先生录作“驼价”，旁有倒勾；“肆”已圈去，旁注“三”，应读三。

（三）丙午年（946）宋某雇驼契（样式）

图三：丙午年（946）宋某雇驼契（样式）

1 丙午年正月廿二日，洪润乡百姓宋专［甲］［充］

2 使西州，欠少驼畜，遂于同乡百姓厶专甲

3 面上，故（雇）八岁父驼一头，断作驼价生绢一疋，

4 正月至七月便须填还，于限不还者，依乡

5 元礼（例）生理（利），所有路上驼伤走失，驼［如若疮出病死者，得同行三人征见］

6 在须立［还］本驼，驼价本在。若有身东西不平

7 善者，一仰男厶（某）专甲面上折［却］雇价，立［还］本驼。

［法藏敦煌文献 P. 2652 号定名“丙午年洪润乡百姓宋某雇驼契”，见《法藏敦煌文献》第一七册，第 106 页；唐耕耦先生考证丙午年为 946 年，《释录》第二辑，第 41 页。］

注：

1. 文书第1行“百姓宋”下残半字“专”，其后文书残，缺两字。唐耕耦先生补录“百姓宋专［甲］［充］”。

2. 第5行“元礼生理”，即“元例生利”。此外，第5行至第6行之间有驼“如若疮出病死者，得同行三人征见”字样，应在第5行“所有路上驼伤走失，驼”之后，即“所有路上驼伤走失，驼（如若疮出病死者，得同行三人征见）”。

3. 第6行“在须立本驼”，唐耕耦先生补录作“在须立［还］本驼”。

4. 第7行“善者，一仰男厶专甲面上折雇价，立本驼”，唐耕耦先生补录“善者，一仰男厶（某）专甲面上折（却）雇价，立［还］本驼”。

（四）壬午年（922?）苏永进雇父驼契

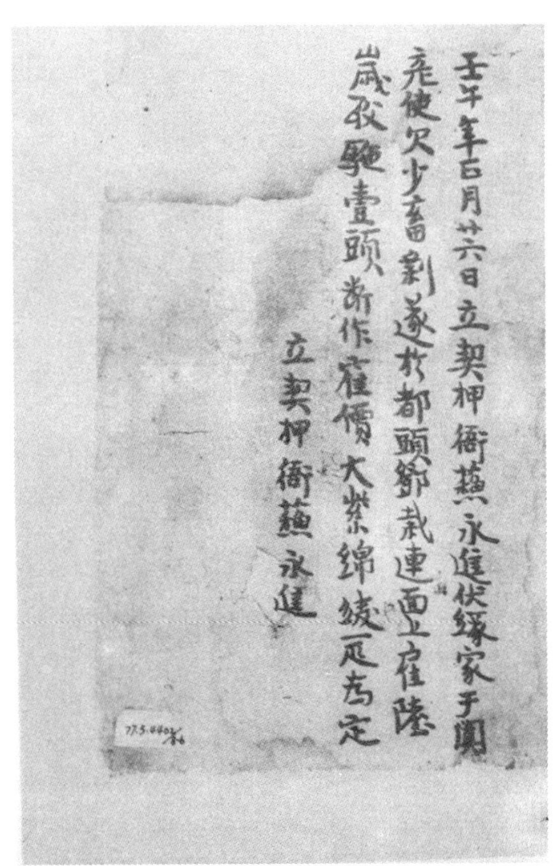
壬午年正月廿六日立契押衙蘇永進伏緣家中闕
乏使欠少畜乘遂於都頭鄧裁連面上雇陸
歲父駝壹頭斷作雇價大紫綿綾壹疋爲定
立契押衙蘇永進

图四：壬午年（922?）苏永进雇父驼契

1 壬午年正月廿六日立契。押衙苏永进伏缘家于阗

2 充使，欠少畜剩（乘），遂于都头邓栽连面上雇六

3 岁父驼一头，断作雇价大紫绵绫一疋，为定。

4 立契押衙苏永进

［天津艺术博物馆藏文书编号61F（77.5.4402⑥）V，定名“壬午年苏永进雇父驼契”；沙知先生考证壬午年可能是922年，见《敦煌契约文书辑校》，第307页。］

注：

1. 第1行，唐耕耦先生认为“押衙苏永进伏缘家”以下当有脱字。

2. 第3行“大紫绵绫一疋”之“绵”字，沙知先生录作“帛绫”。

（五）壬辰年（932?）雇牛契（样式）

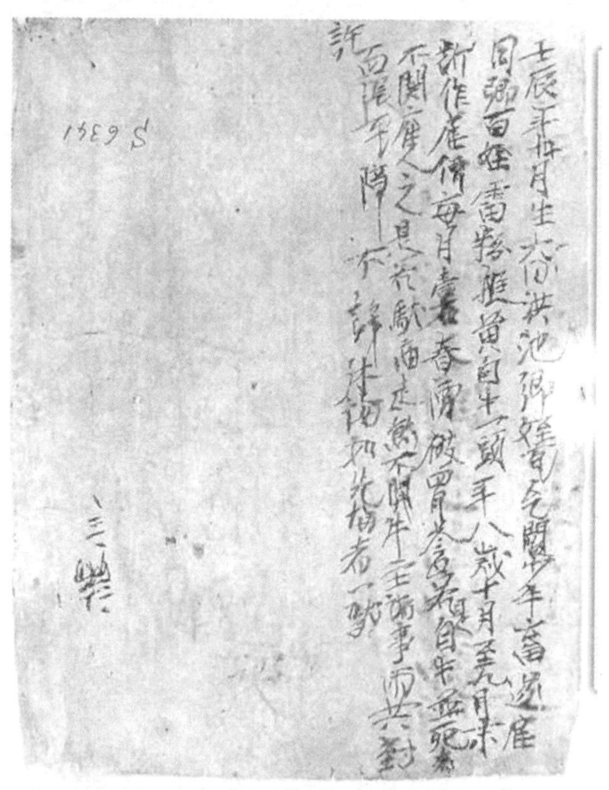

图五：壬辰年（932?）雇牛契（样式）

1 壬辰年十月生六日洪池乡百姓厶乙缺少牛畜，遂雇

2 同乡百姓雷粉堆黄自牛一头，年八岁，十月至九月末，

3 断作雇价每月一石，春价被四月三匹。若是自牛并死者，

4 不关雇人之是。若驼高走煞，不关牛主诸事。两共对

5 面张（衍）平障，不许休悔。如先悔者［罚］一驼。（下空）

6 许（后空）

［英藏敦煌文献 S. 6341 号定名“壬辰年十月六日洪池乡百姓某乙雇雷粉搥（堆）牛契抄”，见《英藏敦煌文献》第一一册，第 18 页；唐耕耦先生考订壬辰年是 932 年，定名“壬辰年（932?）雇牛契（样式）”，《释录》第二辑，第 40 页。］

注：

1. 文书第 1 行“洪池乡姓百厶乙缺少牛畜”，“姓百”二字之间有倒勾。应为“百姓”。

2. 第 2 行有“黄自牛”，唐耕耦先生补录作“黄自（牸）牛”，第 3 行“自（牸）牛并（病）死者”，第 4 行“不关雇人之是（事），不关牛主诸（之）事”亦是。

3. 第 5 行“面张平障”，唐耕耦先生指出“张”字是衍字。“如先悔者一驼”，补“如先悔者［罚］一驼”。

二　买卖契约

清泰三年（936）洪润乡百姓氾富川买牛残契

1　　　　　　　　　　　　　　　清泰

2 三年丁酉岁十二月洪润乡百姓氾富川为家中力欠

3 小，田（? 或因?）耖（?）氏户地水十（?）二（?）亩，全□二九亩。从母（?）□□□丙

4 东到西，买九（?）岁更牛，全自相交（?）赤心（?）

5 □□□□□□□□□□□□□□□□□□□□□□□

6 □□□□□□□□□□□□□□□□□□□□□□□

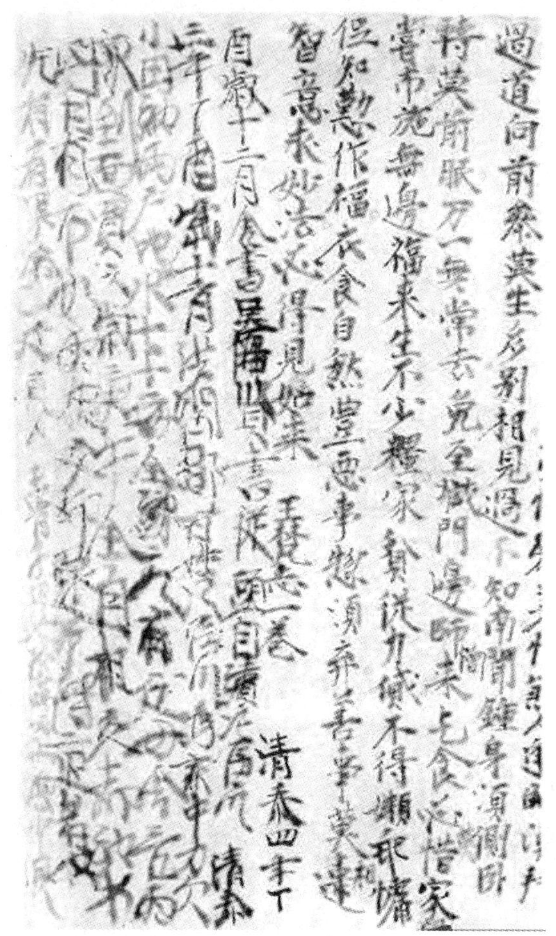

图一：清泰三年（936）洪润乡百姓氾富川买牛残契

［英藏敦煌文献 S. 2710/3 号文书图版未定名，并杂写于“清泰三年（936）十二月洪润乡百姓氾富川卖牛契”中，见《英藏敦煌文献》第四册，第 206 页；唐耕耦先生定名“清泰四年（937）残契”，见《释录》第二辑，第 61 页。］

注：

1. 本文书自图版第 6 行中间起有“王梵志一卷”字样，行末有“清泰四年丁”；第 7 行末有“清泰”二字；第 8 行首“三年丁酉岁十二月”中的“三年”，唐耕耦先生在《释录》中录作“四年”，应与图版第 6 行中比较清晰的“清泰四年”相关。

2. 图版第 9 行即释文第 3 行“□”内字不能识读；图版第 10 行即释文第 4 行“□”内字不能识读。图版第 11 行及以后文字均不能识读。

3. 本件文书的性质，从已经识读的文书内容“洪润乡百姓氾富川为家中欠小田”“地水”“买更（耕）牛”等字样来看，应是买牛畜之类的契约。

三　农业雇佣契约

（一）戊戌年（878）令狐安定雇工契（抄）

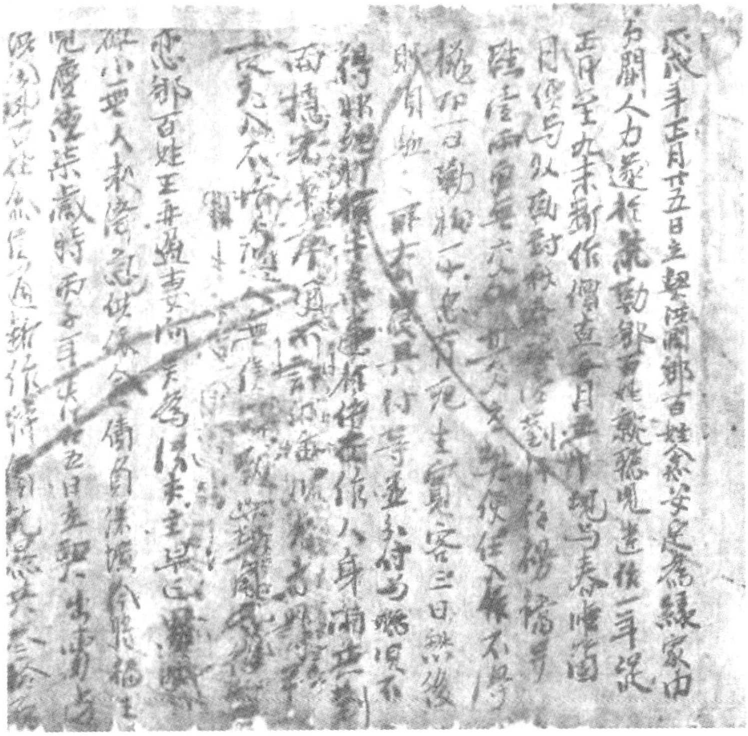

图一：戊戌年（878）令狐安定雇工契（抄）

1 戊戌年正月廿五日立契，洪润乡百姓令狐安定，为缘家内

2 欠阙人力，遂于龙勒乡百姓龙聪儿造作一年。从

3 正月至九末，断作价直每月五斗。现与春四箇

4 月价，与收勒到秋，春衣一对，汗衫褛裆并

鞋一两，更无交加。其人立契，便任入作，不得抛工。一日，勒物一斗。忽有死生，宽容三日，然后则须驱驱。所有农具什等，并分付与聪儿，不得非理打损牛畜。违打，倍在作人身。两共对面稳审平章，更不许休悔。如先者罚羊一口，充入不悔人。恐人无信，故勒此契，用为后验。

[英藏敦煌文献 S. 3877V/3 号定名“戊戌年正月廿五日洪润乡百姓令狐安定雇工契”，见《英藏敦煌文献》第五册，第 190 页；唐耕耦先生考订戊戌年为 878 年，定名“戊戌年（878）令狐安定雇工契”，见《释录》第二辑，第 55 页。]

注：

1. 文书第 1 行“戊戌年正月廿五日”，唐耕耦先生录作“二十五日”。

2. 第 2 行“龙勒乡百姓龙聪儿造作一年”，唐耕耦先生录作“就聪儿”，并补“龙勒乡百姓龙聪儿［面上雇　　］造作一年”。关于龙姓，S. 367 号《沙州伊州地志》第 80—81 行载“龙部落，本焉耆人，今甘、肃、伊州各有首领，其人轻锐，健斗战，皆禀皇化”。虽然敦煌、吐鲁番等文书中所载的龙姓人也有可能是两汉以来由内地迁移来的汉族龙姓，但是从总体上看，有些焉耆龙姓人已经是敦煌地区的乡里百姓，有自己的田产（参阅荣新江《龙家考》，载杨富学、杨铭主编《中国敦煌学百年文库·民族卷（一）》，甘肃文化出版社 1999 年版，第 132—155 页）。

3. 第 3 行“正月至九末”，唐氏补“九（月）末”。

4. 第 4 行“与收勒到秋”，唐氏录作“余收勒到秋”。

5. 第 6 行“抛工一日，勒物一斗”，唐氏补“抛工。（抛工）一日，勒物一斗”。

6. 第 7 行“所有农具什等并分付与聪儿”，唐氏补“所有农具什（物）……”。

7. 第 8 行“得非理打损牛畜。违打，倍在作人身”，唐氏补“得非理打损牛畜。［如］违打，倍（陪）在作人身”，“陪”应为“赔”。

8. 第 9 行“如先者罚羊”，唐氏补“如先（悔）者罚羊”。

（二）甲寅年（894）五月二十八日张纳鸡雇工契（抄）

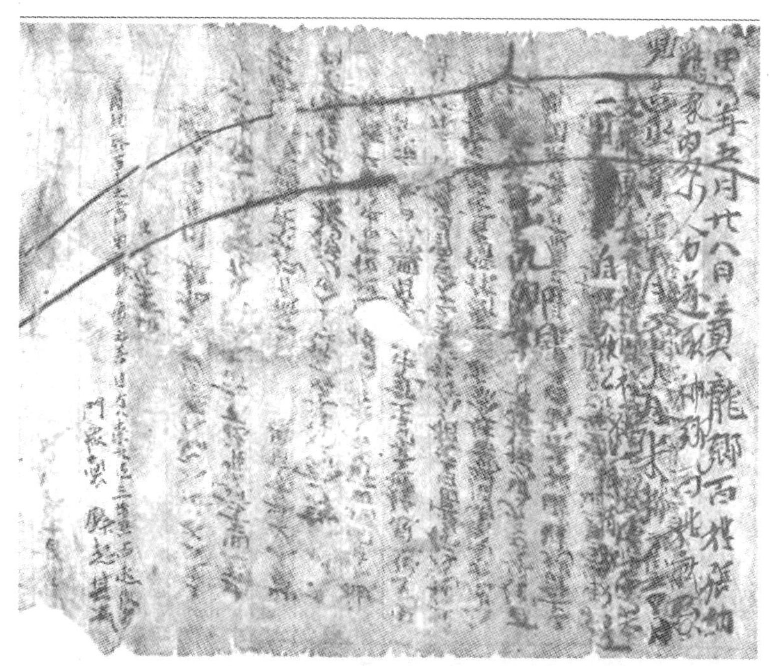

图二：甲寅年（894）五月二十八日张纳鸡雇工契（抄）

1 甲寅年五月二十八日立契，龙乡百姓张纳
2 鸡家内欠少人力，遂取神沙百姓龙憨
3 儿造作一年。从正月至九月末，断雇价月
4 麦粟一驼。春衣汗衫一对，皮鞋一两，共
5 一年，自从入作之后，便须驱驱造
（后空）

［英藏敦煌文献 S. 3877/4 号定名“甲寅年五月廿八日龙（勒）乡百姓张纳鸡雇工契”，见《英藏敦煌文献》第五册，第 188 页；唐耕耦先生考甲寅年为 894 年，即“甲寅年（894）五月二十八日张纳鸡雇工契（抄）”，见《释录》第二辑，第 56 页。］

注：

1. 第1行“龙乡”，唐耕耦先生补“龙（勒）乡”。

2. 第2—3行“神沙百姓龙憨儿”，唐氏录作“就憨儿”，“憨儿”应是“龙”姓，即“龙憨儿”。

3. 第4行“春衣汗衫一对，皮鞋一两，共”，唐氏漏录汗衫“一对，皮鞋一两”。

（三）唐乾宁二年（895）二月雇工契

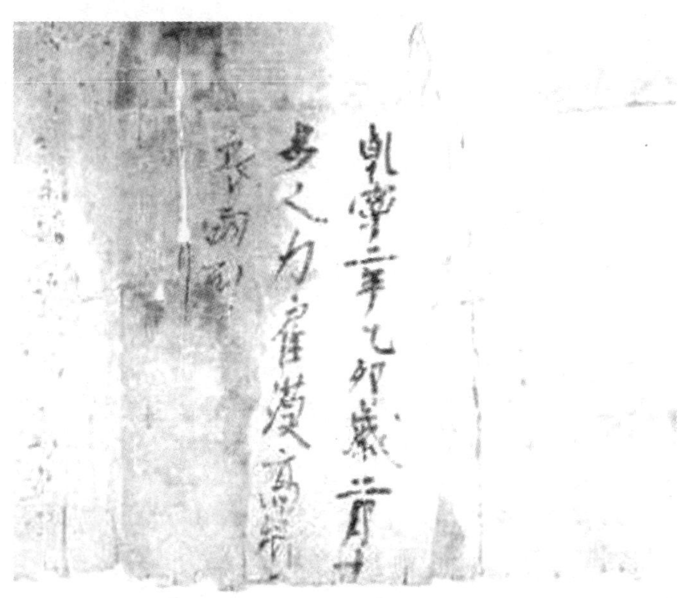

图三：唐乾宁二年（895）二月雇工契

1 乾宁二年乙卯岁二月十［

2 少人力雇漠高乡［

3 长？两斗

［英藏敦煌文献 S. 1921 号 V 定名“乾宁二年（895）二月雇工契”，见《英藏敦煌文献》第三册，第184页；唐耕耦先生定名“唐乾宁二年（895）二月雇工契残片”，见《释录》第二辑，第56页。］

注：第2行“漠高乡”，即莫高乡。唐耕耦先生录作“汉高乡”。

（四）龙德四年（924）雇工契（样式）

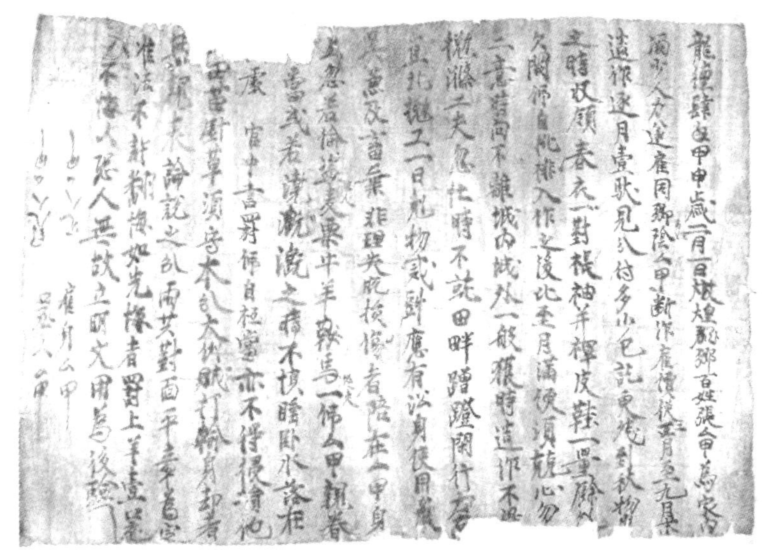

图四：龙德四年（924）雇工契（样式）

1 龙德肆年甲申岁二月一日，敦煌乡百姓张厶甲，为家内

2 阙少人力，遂雇同乡百姓阴厶甲，断作雇价从正（二）月至九月末

3 造作，逐月一驼，见分付多少已讫。更残，到秋物（收）

4 之时收领。春衣一对，长袖并裈、皮鞋一量，余外

5 欠阙，仰自排批。入作之后，比至月满，便须兢心，勿（得）

6 二意。时向不离，城内城外，一般获时造作，不得

7 抛涤工夫。忽忙时，不就田畔，蹭蹬闲行，左南

8 直北，抛工一日，克物贰斗。应有沿身使用农

9 具，兼及畜乘，非理失脱、伤损者，陪在厶甲身

10 上。忽若偷盗他人麦粟牛羊鞍马逃走，一仰厶甲亲眷

11 祇当，或若浇溉之时，不慎睡卧，水落在

12 □处，官中书罚，仰自祇当。亦不得侵损他

13 □（人）田苗针草，须守本分。大例，贼打输身却者，

14 无亲表论说之分。两共对面平章为定，

15 准法不许翻悔。如先悔者，罚上羊一口，充

16 入不悔人。恐人无［信］故立明文，用为后验（后有勾）

17 　　　见人厶甲（倒写）　　　雇身厶甲

18 　　　见人厶甲（倒写）　　　口承人厶甲

［英藏敦煌文献 S. 1897 号定名“龙德四年（924）二月敦煌乡百姓张某雇工契”，见《英藏敦煌文献》第三册，第 172 页；唐耕耦先生定名“龙德四年（924）雇工契（样式）”，见《释录》第二辑，第 59 页。］

注：

1. 第 1 行“敦煌乡”，图版“乡”字之上有涂抹“郡”字。

2. 第 2 行“从正月至九月末”，“正”字旁有“二”字，根据第 1 行立契时间，可知受雇人造作时间从二月开始计算。

3. 第 3 行末“更残，到秋物”后有残字“收”字样。唐耕耦先生补录“收获”一词。

4. 第 4 行末“外”字残缺，唐耕耦先生补“外”字。

5. 第 5 行“仰自批排”，唐耕耦先生录作“排批”。贾思勰《齐民要术·杂说》载“至十二月内，即须排比农具使足”，即准备使用的农具要充足。本契约中“仰自批排”之意，根据上文雇主提供的春衣、长袖、皮鞋等衣物，可知是指受雇人需要准备充足劳动期间所穿衣物。《唐五代语言词典》释义：安排、准备。“批排”为“排批”的倒文，而“排批”即“排比”，“比”因“排”连类而加“扌”旁。引《祖堂集》卷五“道吾和尚”：“师曰：‘如法批排茶，明日我与你勘。’”（参阅江蓝生、曹广顺编著《唐五代语言词典》，上海教育出版社 1997 年版，第 277 页）《敦煌变文校注》解释，“排比”原作“排批”，“批”字涉“排”字而类化。排比，准备（参阅黄征、张涌泉注《敦煌变文校注》，中华书局 1997 年版，第 52 页注㊶）。

6. 第 6 行末“一般获时造作，不得”之“得”字是残字，唐耕耦先生补“得”。

7. 第 7 行“忽忙时”，唐耕耦先生补录“忽（若）忙时”。

8. 第 9 行“损伤”二字旁有倒勾，唐耕耦先生录作“伤损”。

9. 第 10 行“忽若偷盗他人麦粟牛羊鞍马”旁有添加“逃走”二字。

10. 第11行首唐耕耦先生补“祇”字；第13行首唐氏补“人”字。第16行唐氏补“恐人无信”之“信”字。

（五）戊子年（928或988）梁户史汜三雇工契

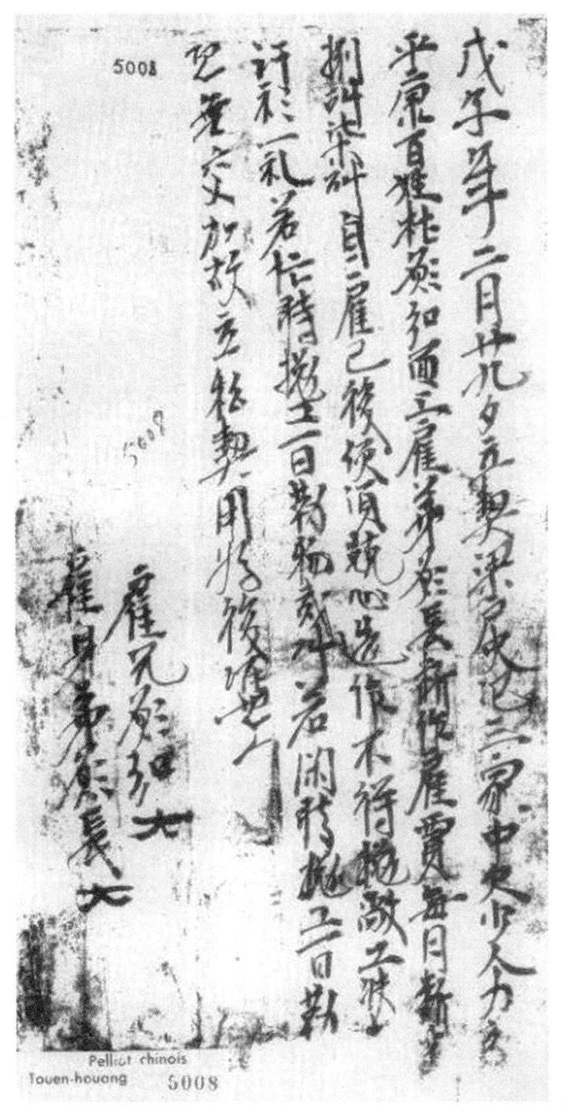

图五：戊子年（928或988）梁户史汜三雇工契

1 戊子年二月廿九夕立契，梁户史汜三家中欠少人力，(遂)

2 平康（乡）百姓杜愿弘面上雇弟愿长。断作雇贾（价）每月

断麦粟

3 八斗七斗。自雇已后，便须兢心造作，不得抛敞工扶（夫）。□［

4 汗衫一礼。若忙时抛工一日，勒物二斗。若闲时抛工一日，勒［物一斗］

5 恐无交加，故立私契，用为后凭。（后有勾）

6 雇兄愿弘（押）

7 雇身弟愿长（押）

［法藏敦煌文献 P. 5008 号定名“戊子年二月廿九夕梁户史汜三雇杜愿长契”，见《法藏敦煌文献》第三四册，第 12 页；唐耕耦先生考定戊子年为 928 或 988 年，定名“戊子年（928 或 988）梁户史汜三雇工契”，见《释录》第二辑，第 60 页。］

注：

1. 第 1 行末“遂”字不清且残，唐耕耦先生补“遂于”二字。

2. 第 2 行“平康百姓杜愿弘”，唐氏补“平康（乡）”；行末“断麦”后，唐氏补“断麦（粟）”字。

3. 第 3 行“不得抛敞工扶”之“扶”字，即“夫”字，“工夫”，时间之意。抛敞即浪费、荒废之意。此处的“抛敞”与“抛涤”同义。《唐五代语言词典》记载，“抛涤”又作“抛敌”，“涤”“敌”皆“擿”的音借字。抛擿即抛掷，引申为荒废（江蓝生、曹广顺编著：《唐五代语言词典》，上海教育出版社 1997 年版，第 275—276 页）。

（六）后晋天福四年（939）姚文清雇工契

1 天福四年己亥岁正月一日，百姓姚文清为无人力，遂雇同乡

2 百姓程义深男一人。断作雇价每月一驮，麦粟各半。春衣一

3 对长袖一领，汗衫一领，褐袴一腰，皮鞋一量，余欠欠阙，

4 任自排备。自从入作已后，不得抛工一日。如若欠作一日，

5 尅物二斗，不得偷他麦粟瓜果牛羊。忽若捉得，自身

6 祗当。手上使用笼具失却，倍在自身。若逢贼

7 打，一看大例。（下空）

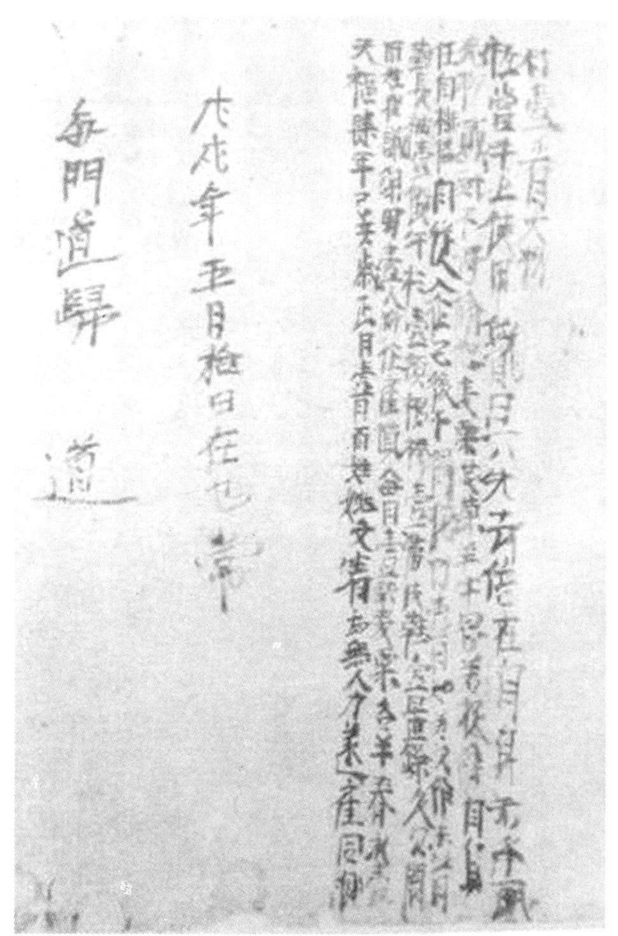

图六：后晋天福四年（939）姚文清雇工契

［天津艺术博物馆藏文书编号 169（77.5.0735）V，定名“天福肆年正月姚文清雇工契”，见《天津艺术博物馆藏敦煌文献》第三册，第 264 页；唐耕耦先生定名“后晋天福四年（939）姚文清雇工契（抄）”，见《释录》第二辑，第 62 页。］

注：

1. 本件文书文字从左往右书写，第 3 行“余欠欠阙”，“余”后衍字“欠”，唐耕耦先生录作“余外欠阙”。

2. 第 5 行“不得偷他麦粟瓜果羊牛”，唐耕耦先生录作“不得偷他（人）瓜果牛羊”。

3. 第 6 行“倍在自身”，“倍”即“赔”，赔偿之意。

（七）某年（948?）雇工契（抄）

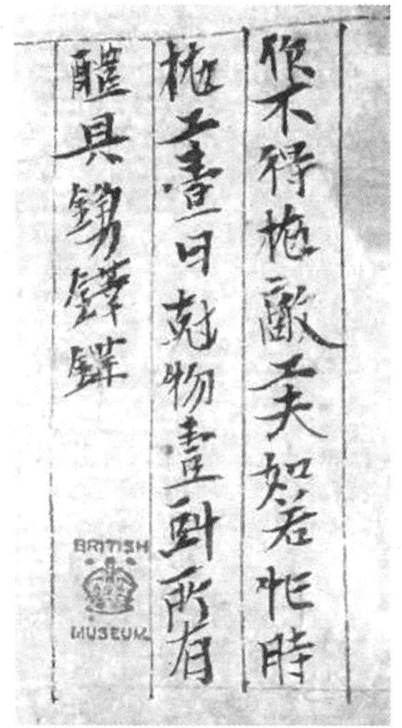

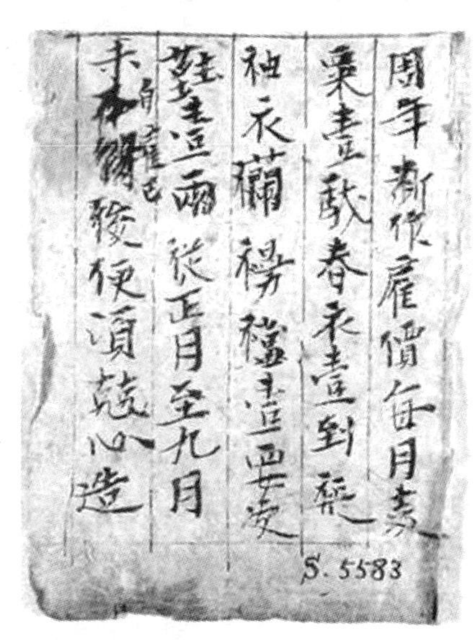

图七：某年（948?）雇工契（抄）

1 周年，断作雇价：每月麦

2 粟一驼，春衣一对，袸

3 袖衣襕褐裆一要（腰），皮

4 鞋一两。从正月至九月

5 未（末），自雇已后，便须兢心造

6 作，不得抛敲工夫。如若忙时

7 抛工一日，尅物一斗。所有

8 醴具铮刀铧鏁（下空）

［英藏敦煌文献 S. 5583/1 号定名“雇佣契”，见《英藏敦煌文献》第八册，第 76 页；唐耕耦先生定名“某年雇工契”，并指出此雇工契（抄）残

片与 S. 5578 号“戊申年李员昌雇工契（抄）”的形式笔迹，系同一人抄写。抄写年代当相近。某年可能是 948 年，见《释录》第二辑，第 64 页。]

注：

1. 第 5 行首“未”，根据上文造作时间“从正月至九月”，“未”即“末”字。

2. 第 8 行“醴具铮刀铧鏁”，唐耕耦先生录作“醴具镰铧钩”。

（八）丁巳年（957）贺保定雇工契（抄）

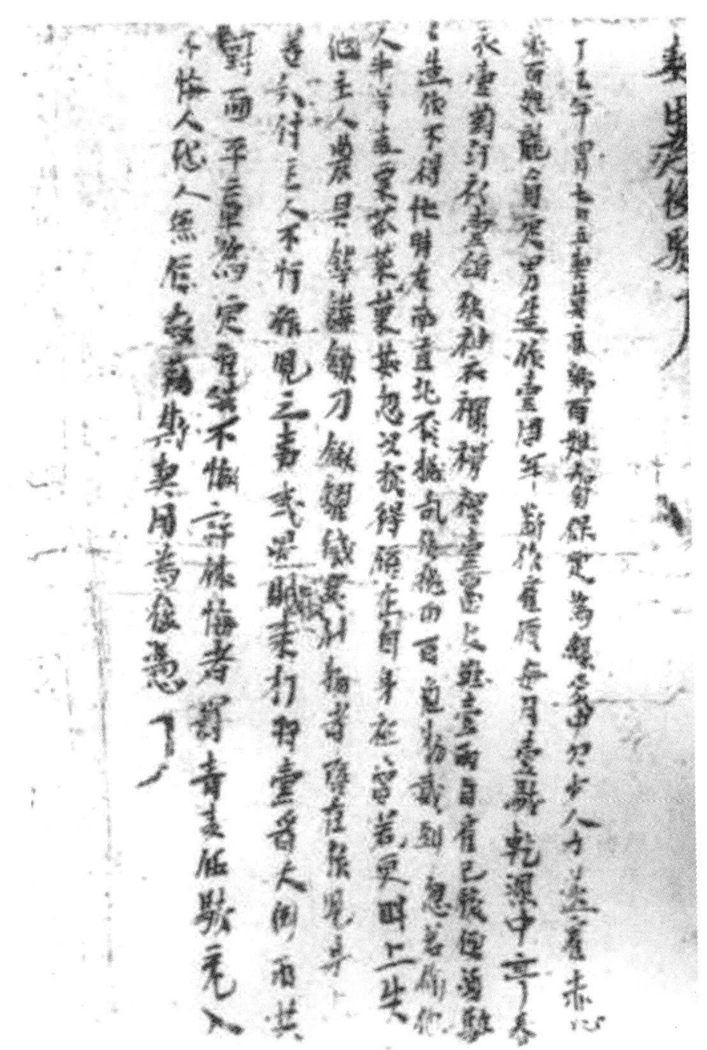

图八：丁巳年（957）贺保定雇工契（抄）

1 丁巳年四月七日立契，莫高乡百姓贺保定，为缘家内欠少人力，遂雇赤心

2 乡百姓龙员定男造作一周年。断作雇价每月一驼，干湿中亭，春

3 衣一对，汗衫一领，袄袖衣襕褛一腰，皮鞋一两。自雇已后，便须驱

4 驱造作，不得忙时左南直北抛乱作，抛功一日，克物二斗。忽若偷他

5 人牛羊麦粟瓜果菜茹，忽又（若）捉得，陪在自身祇当。更若畔上失

6 他（却）主人农具铧钩镰刀锹镬袋器什物者，陪在作儿身上。

7 若分付主人，不忓作儿之事。或遇贼来打将，一看大例。两共

8 对面平章为定，准法不悔许（许悔）。休悔者，罚青麦五驼，充入

9 不悔人。恐人无信，故勒斯契，用为后凭（后有勾）

（后空）

[法藏敦煌文献 P. 3649 号 V 定名“丁巳年四月七日莫高乡百姓贺保定雇工契”，见《法藏敦煌文献》第二六册，第 232 页；唐耕耦先生考证丁巳年是 957 年，贺保定亦见于 P. 3234 号背甲辰年牧羊人贺保定领羊凭。定名“丁巳年（957）贺保定雇工契”，见《释录》第二辑，第 65 页。]

注：

1. 第 1 行，图版为“莫高乡”，唐耕耦先生录作“敦煌乡”。

2. 第 2 行“百姓龙员定男造作壹周年”，唐耕耦先生录作“百姓龙员定造作一周年”，漏“男”字。

3. 第 5 行“倍在自身祇当”，唐耕耦先生录作“陪”。“倍”，“赔”之别写；第 6 行“倍”字亦是。

（九）乙卯年（955?）正月一日孟再定雇工契

图九：乙卯年（955?）正月一日孟再定雇工契

1 乙卯年正月五日立契。莫高乡百孟再欠□

2 乙卯年正月一日，莫高乡百姓孟再定阙少人力，

3 遂雇龙勒乡百（姓）马富郎弟盈德一年造作。

4 断作价直，每月断物八斗，至九月末造作，春

5 衣衫汗、皮鞋一两。所用锄镢，主人并付与盈

6 德者，失却仰，盈德祇当。若到家内付舆主

7 人者，不忓盈德之事。若盈德抛敲。忙（?）时（?）

8 抛却二（一）日，勒物一（二）斗，闲时勒物一斗。两共面对平

9 章，更不许休悔。如若先悔者，罚青麦

10 两驼，充入不悔人，恐人无信，故勒私契，用

11 为凭，押字为验（后有勾）

12　　　　　　　　兄富郎（押）

13　　　　　　　　入作弟盈德（押）

［法藏敦煌文献 P. 2877 号 V^0定名“乙卯年雇工契”，见《法藏敦煌文献》第一九册，第 286 页；唐耕耦先生考证乙卯年可能是 955 年，定名“乙卯年（955?）正月一日孟再定雇工契”，见《释录》第二辑，第 67 页。］

注：

1. 图版第 1 行“乙卯年正月五日立契。莫高乡百孟再欠□”，“孟再”二字被涂抹。

2. 第 3 行“遂雇龙勒乡百马富郎弟……”，唐耕耦先生补“百（姓）”。

3. 第 5 行“衫汗”，唐耕耦先生订正“汗衫”。

（十）丁亥年（987）邓憨多雇工契

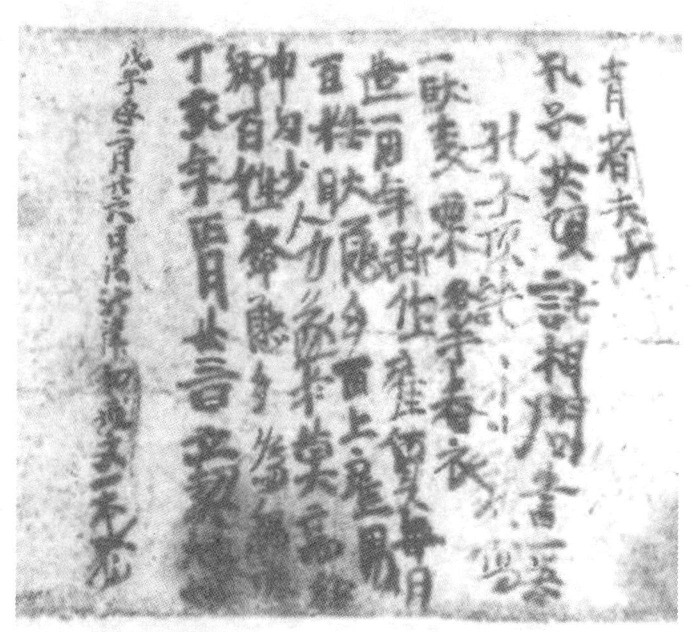

图十：丁亥年（987）邓憨多雇工契

1 丁亥年正月二十三日立契，敦煌

2 乡百姓邓憨多，为缘家

3 中欠少人力，遂于莫高乡

4 百姓耿憨多面上雇男

5 造一周年。断作雇价每月

6 一驮，麦粟各半；春衣

［法藏敦煌文献 P. 3826 号 V 定名“丁亥年敦煌乡百姓邓憨多雇工契”，见《法藏敦煌文献》第二八册，第 254 页；唐耕耦先生考证丁亥年是 987 年，定名“丁亥年（987）邓憨多雇工契（抄）”，见《释录》第二辑，第 68 页。］

注：

1. 本件文书从左往右书写，左前有一行“戊子年二月廿六日借新□和□文一本”字样。

2. 第 5 行唐耕耦先生补“造作”之“作”字。

（一一）壬午年（922 或 982）康保住雇工契

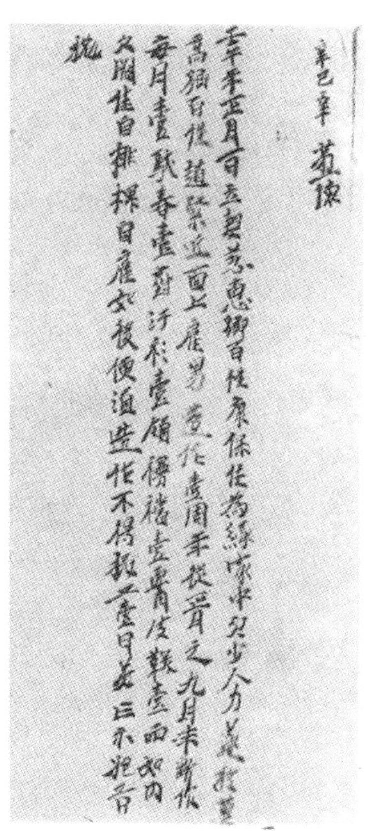

图一一：壬午年（922 或 982）康保住雇工契

1 壬午年正月一日立契，慈惠乡百性康保住，为缘家中欠少人力，遂于莫

2 高乡百性赵紧近面上雇男造作一周年。从正月之九月末，断作

3 每月一驮，春一对，汗衫一领，褸裆一腰，皮鞋一两。如内

4 欠阙佳自排捭，自雇如后，便须造作，不得抛工一日。若亡示抱工日，

5 抛

［法藏敦煌文献 P. 2249 号 V 背文献定名“壬午年正月一日慈惠乡百姓康保住雇工契”，见《法藏敦煌文献》第十册，第 74 页；壬午年，唐耕耦先生考证为 922 或 982 年，定名“壬午年（922 或 982）康保住雇工契”，见《释录》第二辑，第 71 页。］

注：

1. 第 1 行“百性”即“百姓”，第 2 行亦是；“从正月之九月末”，“之”即“至”。

2. 第 3 行“春壹对”，唐耕耦先生补“春（衣）壹对”。

3. 第 4 行末“若亡示抱工日”，唐耕耦先生补正“亡示抱（忙时抛）工（一）日”。

（一二）雇工契残片

图一二：雇工契残片

1 [　　] 年正月八日，兵马使曹庆庆欠阙人力，遂

（中缺）

2 [　　　　　　　　] 价更有 [

3 [　　　　　　　] 一月一石，春衣一

4 对，袄袖衣兰（襕），鞋一两。其田骨子立契

[　　　　　　　　　　　　] 若抛功夫者，一日勒物一斗。

5 已后，不得抛 [　　　　　　] 笼具

6 [　　] 陪畔

（中缺）

7 [　　　　　　　] 章为定，准法不悔。

8 [　　　　　　　] 羊一口，充入（不）悔人，恐

9 [　　　　]，用为后凭。

（法藏敦煌文献 P. 3875AP1 + AP3 号定名“兵马使曹庆庆雇工契”，见《法藏敦煌文献》第二九册，第 54 页；唐耕耦先生定名“雇工契残片”，见《释录》第二辑，第 75 页；沙知先生定名“年代不详兵马使曹庆庆雇工契”，见《敦煌契约文书辑校》，第 287—288 页。）

注：

1. 第 4 行“袄袖衣兰”，“兰”即“襕”。

2. 第 6 行“倍畔”，《辑校》录作“陪畔”，“倍”即“赔”，“赔偿”之意。

（一三）壬午年（982）七月平康乡百姓某甲雇赤心乡百姓宋□□白□（驼或马或牛）契/壬午年（982）七月平康乡百姓某甲雇工契

1 [　　] 壬午年七月廿（?）□□□

2 立契。平康乡百姓某甲伏缘家内欠少疋（?），

3 百姓 [　　] 赤心乡百姓宋□□□面

4 上雇白□，白绢一疋，长三丈七尺□

5 粟四硕共头限至来年利有四本□罚

6 于（?）看乡元生利，若自身东西不平

7 □□若一仰口承梁昌□□□
8 取□□□后□信，故立此契。恐□
9 后（本行以下不清）
10 壬午年七月廿五日立契。平
11 康乡百姓某甲伏缘家内欠少人力，遂
12 雇赤心乡百姓罗不奴面上男长
13 盈造作一年周，断作雇价每月
14 麦粟衆亭一驮，春衣一对，汗
15 衫襣裆皮鞋

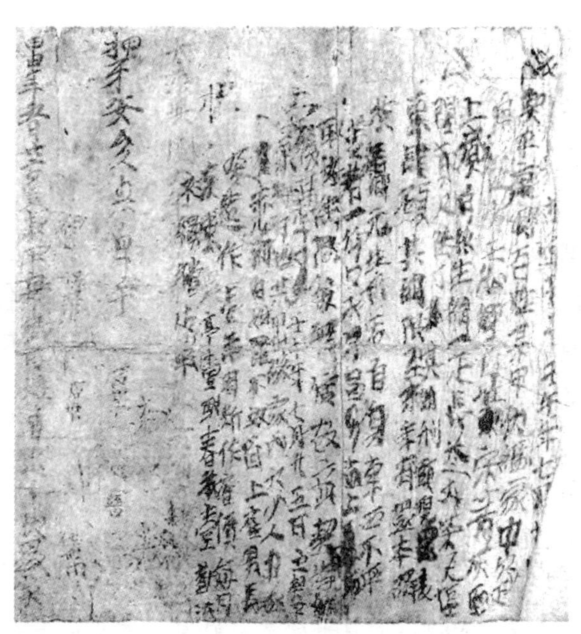

图一三：壬午年（982）七月平康乡百姓某甲雇赤心乡百姓宋□□白□（驼或马或牛）契/壬午年（982）七月平康乡百姓某甲雇工契

［本件图版包含两件契约，其一是英藏敦煌文献 S. 766V/1 号定名“壬午年七月廿五日平康乡百姓某甲雇佣契”，见《英藏敦煌文献》第三册，第 147 页；唐耕耦先生考壬午年是 982 年，并指出此雇工契在“壬午年七月贷生绢契”背面，见《释录》第二辑，第 130 页；沙知先生定名“壬午年（982）平康乡百姓雇工契（习字）”，见《敦煌契约文书辑校》第 282 页。

即本书录文第 10—15 行；其二是“壬午年七月平康乡百姓某甲雇赤心乡百姓宋□□白□（驼或马或牛）契”，即本书录文第 1—9 行。]

注：

1. 第 2 行末“伏缘家内欠少疋（?）”中的“疋”字，据上下文意，应属衍字。

2. 第 3、4 行录文“百姓［　　　　］赤心乡百姓宋□□□面上雇白□，白绢一疋，长叁丈柒尺□”，结合归义军时期雇牛、驼、马契的契约格式及内容，如天津艺术博物馆藏文书编号 61F（77. 5. 4402⑥）V《壬午年（922?）苏永进雇父驼契》记载：“壬午年正月廿六日立契。押衙苏永进伏缘家于阗充使，欠少畜剩（乘），遂于都头邓栽连面上雇陸岁父驼壹头，断作雇价大紫帛绫一疋，为定。”（见《敦煌契约文书辑校》，第 307 页）本件契约可重新定名为“壬午年（982）七月平康乡百姓某甲雇赤心乡百姓宋□□白□（驼或马或牛）契”。

（一四）庚辰年（920）洪池乡百姓唐醜醜等雇工契（习字）

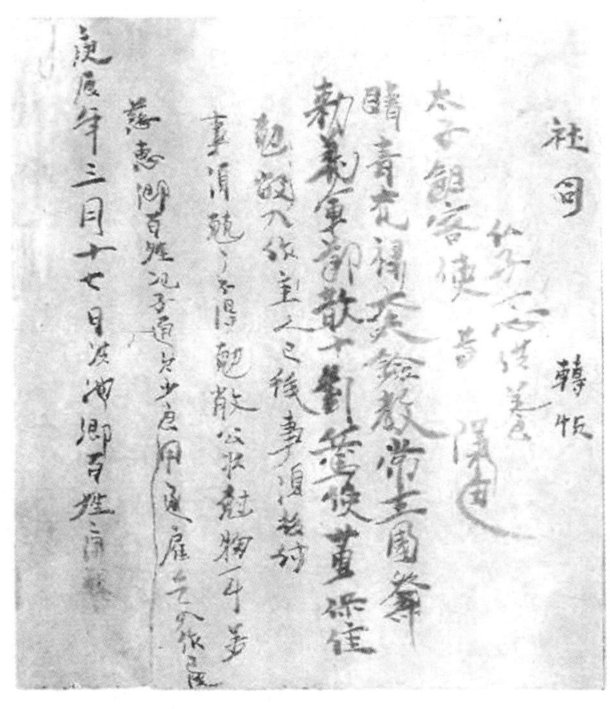

图一四：庚辰年（920）洪池乡百姓唐醜醜等雇工契（习字）

1 庚辰年三月十七日，洪池乡百姓唐醜醜，

2 慈惠乡百姓氾子通，欠少急用，遂雇厶乙。入作已后，

3 事须兢兢。不得勉敞公状。克物一斗。若

4 勉敌入作主人已后，事须后付

［英藏敦煌文献 S. 6614 号 V 定名“庚辰年三月十七日雇工契”，见《英藏敦煌文献》第一一册，第 133 页；沙知先生考订庚辰年是 920 年，定名“庚辰年（920）洪池乡百姓唐醜醜等雇工契”，见《敦煌契约文书辑校》，第 254—255 页。］

注：

1. 第 3 行“事须兢兢，不得勉敞公状”。“勉敞”，沙知先生《辑校》补作“抛敵”，笔者以为可作“抛敞”理解，即闲散偷懒之意。“公状”，沙知先生释作“工夫”，敦煌吐鲁番文书Ⅲ A 第 121 页作“公状”。“公状”结合上下文意，应指双方契约签订的工作内容，与“工夫”所指内容一致。

2. 第 4 行“勉敌”同“抛敞”。

（一五）后梁贞明六年（920）押衙康富子雇工契

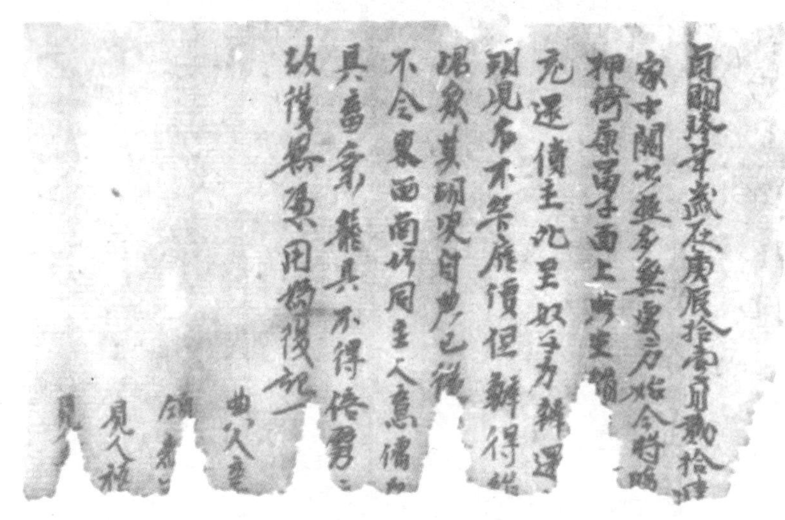

图一五：后梁贞明六年（920）押衙康富子雇工契

1 贞明六年岁在庚辰十一月二十四［　　　　］

2 家中阙少极多，无处方始　。今将（杨）

3 押衙、康富子面上典生绢［　　　　］

4 充还债主，此至奴子力辦还［　　　　］

5 玥（?）见□不算（?）雇价，但辦得绢

6 珺（?）象（?）其胡儿，自雇已后［　　　　］

7 不令东西南北，同主人意，儒为

8 具畜羊（?）笼具不得倍赔（?）

9 故后无凭，用为后记（后有勾）

10　　　　典人立□

11　　　　□□□□

12　　　　见人禛□

13　　　　见人□□

〔俄藏敦煌文献дх1409号定名“贞明陸年十一月二十四日典物契”，见《俄藏敦煌文献》第八册，第154页。沙知先生录自《苏联科学亚洲民族研究所藏敦煌汉文书写本注记目录》第一册，第636页。据注记，此件为押衙康富子雇工契。契尾有立约双方及见人名。该目体例，介绍文书只录首末二行，故不获见全貌。康富子名亦见P. 3441号背康富子雇契样文。又校注贞明六年庚辰岁十一月廿四日相当920年1月5日。见《敦煌契约文书辑校》，第256—257页。〕

注：

1. 第2行末“今将”后残半字“杨”。

2. 第4行“辦”即“办”，第5行“辦”亦是。

3. 第5行首“玥”“算”、第6行首“珺”及“象”等字，仅据字形录，或许不是本字。

4. 第7行末“儒”即“若”字，假如、如果之意。

（一六）庚子年（940?）洪润乡百姓阴富晟雇工契

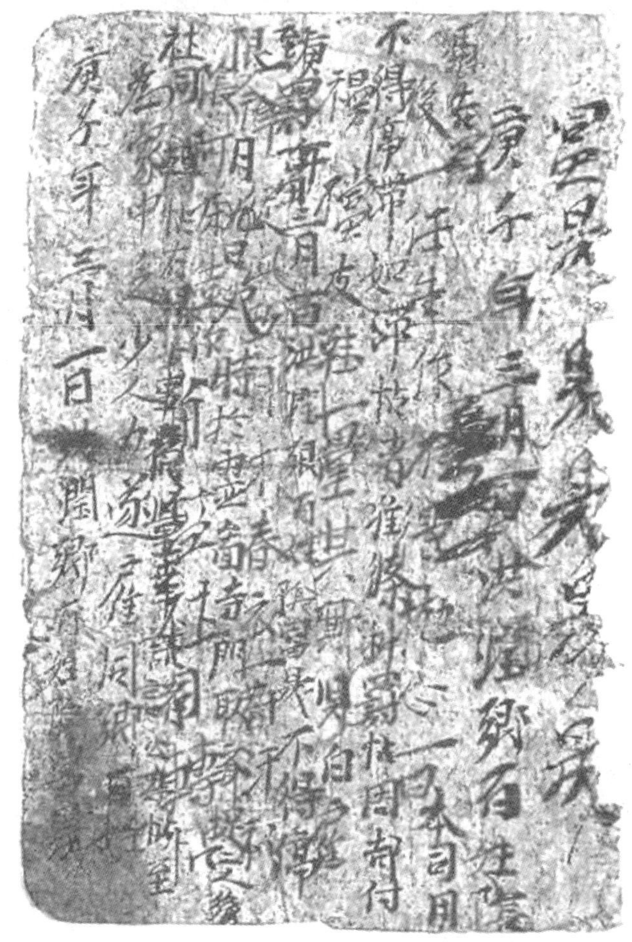

图一六：庚子年（940?）洪润乡百姓阴富晟雇工契

1 庚子年三月一日，洪润乡百姓阴富晟

2 为家中乏少人力，遂雇同乡百姓

3 阴阿朵造作

4 一年。从此九月末，春衣一对，汗衫、

5 褐裆，皮鞋一量，其厮儿白雇

6 后一任造作，不得抛一日。

[英藏敦煌文献 S. 10564 号定名“庚子年三月一日洪润乡百姓阴富晟雇契（抄）”，见《英藏敦煌文献》第一三册，第 67 页；沙知先生考证庚子年可能是 940 年，定名“庚子年（940?）洪润乡百姓阴富晟雇工契（习字）”，见《敦煌契约文书辑校》，第 68 页。]

注：

1. 本件文书与社司转帖相互夹杂。图版第 6 行有“庚子年三月一日，洪润乡百姓阴富晟不得停”字样。图版最右两行“庚子年三月一日，洪润乡百姓阴富晟家”以下重复为“晟”的习字。

2. 第 5 行“其斯儿白雇”，“白”字，根据上下文即“自”字。

3. 第 6 行“不得抛一日”，沙知先生补“抛（工）”。

附录：S. 10564 号《社司转帖》

1 社司转帖存录。上事□风（兴?）里诫公所至

2 限至今月九日叁时于雨（?）并面，寺门取齐，捉之后

3 到者，罚［　　　　　　　　　　　　］不得停

4 不得停滞，如滞帖者，准条科罚。帖周却付

5 恐告（?）罚［　　　　　　　　］本司用

(一七) 丙午年（946?）莫高乡张再通雇工契

1 丙午年六月廿日立契。莫高乡张再通为缘家中欠少人力，遂雇赤

2 心乡百姓安万定男永昌[illegible]作九个月，从正月至九月末，不得抛慌。

3 限满五月，任取任

[法藏敦煌文献 P. 3706 号 V 定名“丙午年六月廿日莫高乡张再通契”，见《法藏敦煌文献》第二七册，第 29 页；沙知先生考证丙午年可能是 946 年，定名“丙午年（946?）莫高乡张再通雇工契（习字）”，见《敦煌契约文书辑校》，第 270 页。]

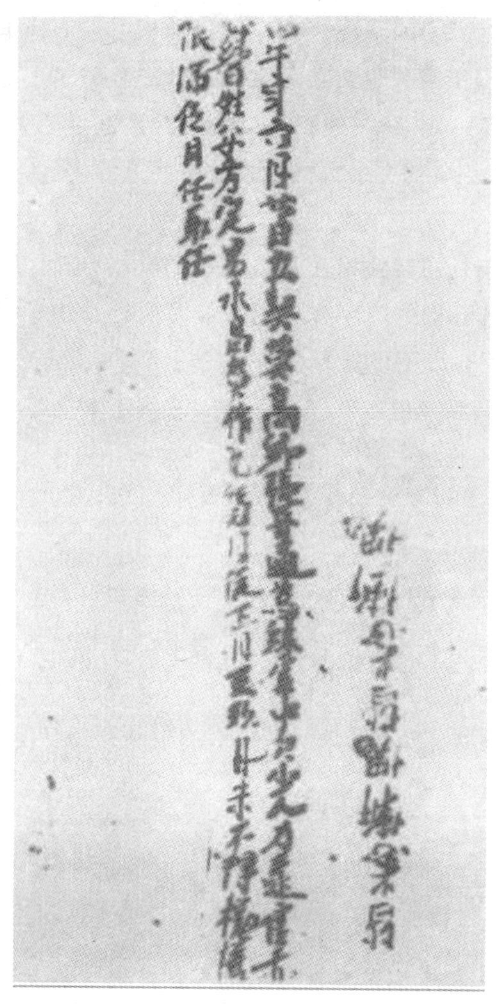

图一七：丙午年（946?）莫高乡张再通雇工契

注：

1. 沙知先生注明张再通亦见 S. 4489 号背“宋雍熙二年六月沙州慈惠乡百姓张再通牒”。

2. 第 2 行“心乡百姓安万定男永昌茕作九个月”，沙知先生注明“永昌”，《敦煌吐鲁番文书》Ⅲ（A）第一二六页作“水曷”，《巴黎国家图书馆藏敦煌汉文写本注记目录》第四册，第 190 页作“永曷”。笔者以为应作“永昌”。此外“茕作”即“营作”。“抛慌”，沙知先生录作“抛摘”。《唐五代语言词典》记载，“抛涤”又作“抛敌”，“涤”“敌”皆

"擿"的音借字。抛擿即抛掷，引申为荒废（江蓝生、曹广顺编著：《唐五代语言词典》，上海教育出版社 1997 年版，第 275—276 页）。此处的"抛慌"与"抛涤"、"抛敞"同义。

（一八）残契

图一八：残契

1 丙午年六月廿日立契，莫高乡百姓穆诸于（或手?）为

（此契约残存内容在法藏敦煌文献 P. 3706 号 V"社司转帖等杂写"最左一行，且倒写。见《法藏敦煌文献》第二七册，第 30 页。）

（一九）龙勒乡或莫高乡百姓残契

图一九（甲）：龙勒乡或莫高乡百姓残契

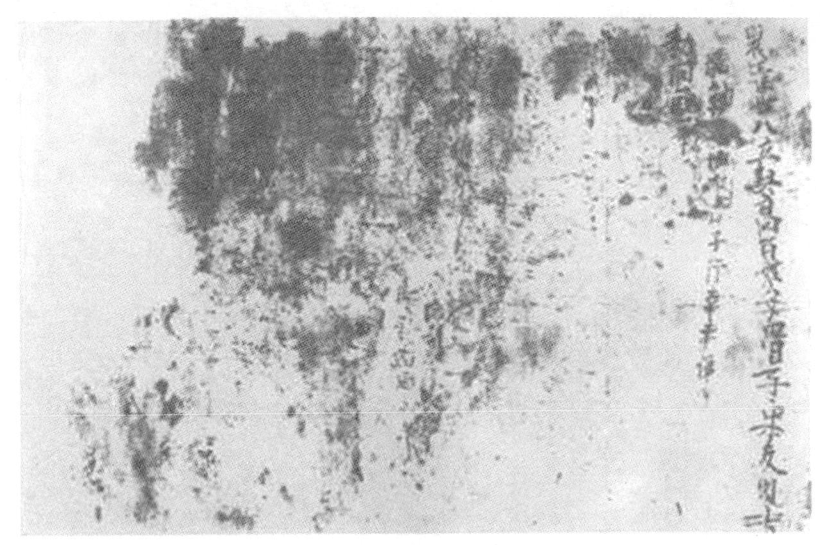

图一九（乙）：龙勒乡或莫高乡百姓残契

（甲）

1 甲辰年正月廿八立契。（莫）高（乡）百姓安骨子宋友□

2 龙勒乡百姓□□子行幸幸侈（?）手

3 丙午年（?）月廿八日立契。莫高乡归（?）百姓程友儿面。

（乙）

1 甲辰正月廿八立契。高百姓安骨子宋友见（指印）

2 龙勒百姓尤（?）骨子行行□□

3 勅回□□

[法藏敦煌文献 P. 3706 号 V 图版（13—12）与（13—13）内容互相印证，分别对应释文甲、乙。见《法藏敦煌文献》第二七册，第 31 页。]

注：1. 图版甲左数第 3 行、第 2 行、第 7 行对应释文；图版乙右数第 1 行、第 2 行、第 3 行对应乙文。

（二〇）丙寅年（966?）慈惠乡百姓张通子雇工契

图二〇：丙寅年（966?）慈惠乡百姓张通子雇工契

1 丙寅年正月一立契，慈惠乡百姓张通
2 子欠少人力，遂雇赤心乡百姓索和信［造］
3 作一周年。断作雇价每月一驮，麦粟各
4 半。春衣一对，汗衫

［法藏敦煌文献 P. 3908 号定名“丙寅年正月慈惠乡百姓张通子雇工契”，见《法藏敦煌文献》第二九册，第 195 页；沙知先生考证丙寅年可能是 966 年，定名“丙寅年（966?）慈惠乡百姓张通子雇工契”，见《敦煌契约文书辑校》，第 279 页。］

注：

1. 图版第2行末“索和信”下有残字“造”。

2. 第4行“春衣一对，汗衫”以后为杂写，如“锅子、锅、青铜、铛”等字样。

（二一）史章雇李富子造作契

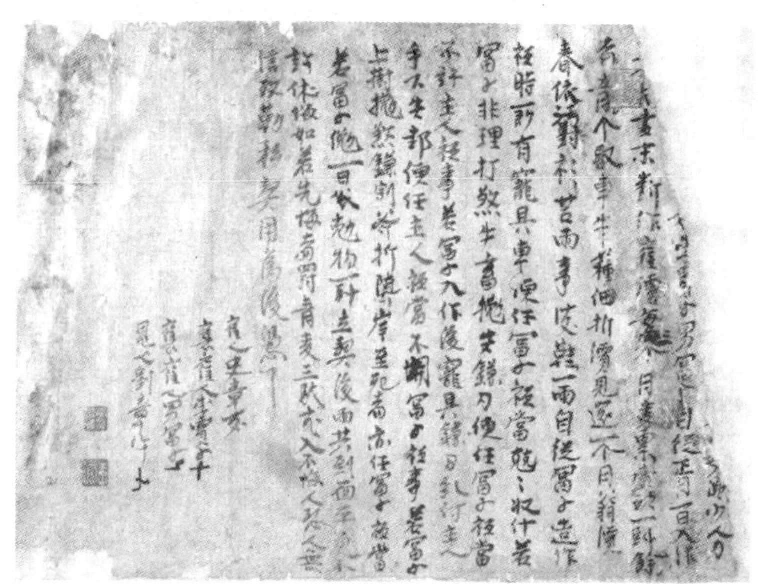

图二一：史章雇李富子造作契

（前缺）

1 阙少人力，

2 李买子男富子。自从正月一日入作，

3□□月尽末，断作雇价每三个月麦粟一硕一斗，余

4 者五月个取车牛种佃，折价见还一个月。算价

5 春依一对、衫苦两事、皮鞋一两。自从富子造作

6 祇时，所有寵（笼）具车，便任富子祇当，兢兢收什。若

7 富子非理打煞牛畜、抛失镰刀，便任富子祇当，

8 不许主人祇事。若富子入作后，寵（笼）具镰刀分付主人

9 手下失卻，便任主人祇当，不关富子祇事。若富子

10 上树抛煞镰□斧折，随岸至死者，亦任富子祇当。

11 若富子抛一日，分克物一斗。立契后，两共到面平（章），更不

12 许休悔，如若先悔者，罚青麦三驮，充入不悔人。恐人无

13 信，故勒私契，用为后凭（后有勾）。

14　　　　雇人史章（押）

15　　　　应雇人李买子（押）

16　　　　应雇人男富子（押）

17　　　　见人刘章仵（押）

（杏雨书屋藏敦煌文书 069－1 号，《敦煌秘笈》定名“雇人史章□种地契”，陈丽萍先生重新定名“史章雇李富子造作契”，见陈丽萍《杏雨书屋藏敦煌契约文书汇录》，《隋唐辽宋元史论丛》第四辑，2014 年，第 192 页。）

注：

1. 第 4 行“五月个”，“个”与“月”之间有倒勾，即“五个月”。

2. 第 5 行“春依”即“春衣”。

3. 第 6 行“车”，陈丽萍先生补“车（牛）”。“收什”即“收拾”。此外，关于本件文书中的“祇”字，第 6 行 2 处、第 7 行 1 处、第 8 行 1 处、第 9 行 2 处、第 10 行 1 处，陈氏均录作“袥”字。根据其他雇佣契约内容可知，应是“祇”。“祇当”，《唐五代语言词典》释义：“承当、应对。”（参阅江蓝生、曹广顺编著《唐五代语言词典》，上海教育出版社 1997 年版，第 448 页）在本件契约中，“祇”的意思有两种：一是“承当、应对”；二是相当于“之”，如“不关富子祇事”中“祇”即“之”字。

4. 第 8 行“纷付”，陈氏录作“纠付”，根据同时期的雇佣契约，即“分付”之意。

5. 第 9—10 行“若富子上树抛煞镰□斧折”，据“镰□斧折”之“斧折”一词，“镰□”一词应与“斧折”对应，今陈氏录作“镰割斧折”字，未知确字。“随岸至死者”，“死”即“失”，“随岸至失者”即随身或随手带到河岸边丢失之意。

6. 第 11 行“若富子抛一日，分克物一斗”，“分”是衍字，即“若

富子抛一日，克物一斗”；“两共到面平（章）”，根据其他契约内容可知是“两共对面平章”，陈氏补“章”字。

7. 第11—12行“不许休悔”，陈氏录作“不诉休悔”，据其他敦煌雇佣契约，应是“许”字。

8. 第15行陈氏录作“应雇人（父）李买子（押）”，图版无“父”字。

二　敦煌吐鲁番雇佣契约出处

附表一　　　麴氏高昌国时期雇佣契约文书名称及出处①

编号	文书名称	出处
1	60TAM320：01/6，01/7《高昌巳岁（609）王庆祐等三人取银钱作孤易券》	《文书》三，第40—41页
2	72TAM151：104《高昌延和十二年（613）某人从张相憙等三人边雇人岁作券》	《文书》四，第156—157页
3	67TAM80：12《高昌延寿元年（624）张寺主明真雇人放羊券》	《文书》三，第207页
4	60TAM326：01/9《高昌午岁武城诸人雇赵沙弥放羊契》	《文书》五，第155—156页
5	72TAM155：51、52、53《高昌延寿八年（631）张憙儿雇人耕作券》	《文书》三，第281页
6	69TAM140：18/2《高昌延寿九年（632）范阿僚举钱作酱券》	《文书》五，第56页
7	64TAM15：29/1《高昌康保谦雇刘祀海券》	《文书》四，第39页

① 本表及以下四表所引文书出处，除特别注明外，《敦煌社会经济文献真迹释录》简称《释录》，《吐鲁番出土文书》简称《文书》，相应的册数也简称《释录》几、《文书》几。

附表二　　　　唐西州时期雇佣契约文书及出处

编号	文书名称	出处
1	《唐某年二月十四日西州高昌县宁大乡何善慈雇人契》	《新获吐鲁番出土文献》，第 327 页
2	59TAM301：14/2-1（a）《唐西州高昌县赵某雇人契》	《文书》四，第 147 页
3	67TAM78：40《唐西州交河县严某受雇上烽契》	《文书》四，第 120 页
4	69TAM140：17/1《唐张隆伯雇董悦海上烽契》	《文书》五，第 57—58 页
5	69TAM140：17/4，17/5-2《唐张隆伯雇范住落上烽契》	《文书》五，第 59—60 页
6	69TAM140：17/2《唐张隆伯雇人上烽契》	《文书》五，第 61 页
7	69TAM140：17/3《唐张信受雇上烽契永徽》	《文书》五，第 62 页
8	64TAM10：43、50《唐永徽六年（655）匡某雇人上烽契》	《文书》五，第 84 页
9	60TAM337：11/2《唐永徽七年（656）西州高昌县宁昌乡令狐相□受雇上烽契》	《文书》五，第 111—112 页
10	60TAM338：32/4-1，32/4-2《唐显庆三年（658）西州范欢进雇人上烽契》	《文书》五，第 142 页
11	60TAM326：10/1，01/2《唐西州高昌县武城乡张玉塠雇人上烽契》	《文书》五，第 164—165 页
12	69TAM139：2/3《唐牛定武雇人上烽契》	《文书》九，第 226 页
13	69TAM139：2/2，2/4，2/5《唐牛某雇人残契》	《文书》九，第 267—268 页
14	69TAM139：2/1《唐辛某残契》	《文书》九，第 229 页
15	60TAM317：30/8《唐某人雇人送练契》	《文书》六，第 182 页
16	60TAM317：30/2，30/3《唐张某等雇赵申君送练契》	《文书》六，第 183 页
17	60TAM338：32/2《唐龙朔四年（664）西州高昌县武城乡运海等六人赁车牛契》	《文书》五，第 147—148 页
18	《唐咸亨元年（670）五月二十二日西州高昌县宁大乡白欢信雇人契》	《新获吐鲁番出土文献》，第 63 页
19	65TAM40：39《唐杜定欢雇人放马契》	《文书》六，第 590 页
20	67TAM93：25《唐西州高昌县严某雇人上烽契》	《文书》七，第 270 页
21	67TAM93：24《唐西州高昌县阳某雇人上烽契》	《文书》七，第 271 页

续表

编号	文书名称	出处
22	67TAM93：27（a）、28（a）《唐西州赵某雇人上烽契》	《文书》七，第272页
23	67TAM93：29.3《唐侯某雇人上烽契》	《文书》七，第273页
24	TSYMX《武周长安三年（703）三月酒泉城人雇车往方亭戍契》	《新获吐鲁番出土文献》，第367页
25	《武周雇高昌县人康黑奴替番上契》	《新获吐鲁番出土文献》，第368页
26	TSYMX1：3—11《唐雇□黑奴上烽契残片》	《鄯善新发现的一批唐代文书》，第12—13页
27	Ast.005　Ma 315《唐雇契残片》	《斯坦因所获吐鲁番文书研究》，第397页
28	《唐景龙二年（708）宋悉感取钱作物契》	《文书》七，第504页
29	D. VII. 3. c　Cha. 8. S. 6972《唐贞元四年（788）雇驴契残片》	《斯坦因所获吐鲁番文书研究》，第550页
30	大古文书5444（A）《唐代某人雇白苏大契》	《大古文书集成》三，第175页

附表三　　吐蕃时期雇佣契约文书名称及出处

编号	文书名称	出处
1	P. T. 1297号（4）《收割青稞雇工契》	《敦煌古藏文文献探索集》，第272页
2	P. T. 1098号《于阗贡使岁赋事》	同上书，第284页
3	S. 6829号背《卯年（811）张和和预支麦价承造㭊篱契》	《释录》第二辑，第82页
4	北图59：500背即咸字59号《寅年（822）氾英振承造佛堂契》	《释录》第二辑，第54页
5	P. 2964号《巳年（837）二月十日令孤善奴便刈麦价契稿》	《释录》第二辑，第94页
6	S. 5998号《年代不详悉宁宗部落百姓王晟子预取刈麦契（习字）》	《敦煌契约文书辑校》，第246页
7	S. 5998号背《年代不详悉宁宗部落百姓贺胡子预取刈价契（习字）》	《敦煌契约文书辑校》，第244—245页

附表四　　归义军时期雇牛驴驼等契约文书名称及出处

编号	文书名称	出处
1	P. 2825 号背《唐乾宁三年（896）二月冯文达雇驼契（稿）》	《释录》第二辑，第 36 页
2	上海图书馆 174 号（6）《丁丑年（917?）赤心乡百姓郭安定雇驴契》	《敦煌契约文书辑校》，第 304—306 页
3	津博 4402 号背《壬午年（922?）苏永进雇父驼契》	《敦煌契约文书辑校》，第 307 页
4	北图殷字 41 号《癸未年（923?）四月十五日张修造雇父驼契》	《释录》第二辑，第 38 页
5	北图殷字 41 号《癸未年（923?）七月十五日张修造雇父驼契》	《释录》第二辑，第 38 页
6	P. 3448 号背《辛卯年（931?）董善通张善保雇驼契》	《释录》第二辑，第 39 页
7	S. 6341 号《壬辰年（932?）雇牛契（样式）》	《释录》第二辑，第 40 页
8	P. 2652 号《丙午年（946）宋某雇驼契（样式）》	《释录》第二辑，第 41 页
9	S. 1403 号《某年十二月程住儿雇驴契》	《释录》第二辑，第 42 页
10	S. 10619 号《年代不详白兆唑雇驴契》	《敦煌契约文书辑校》，第 318 页

附表五　　归义军时期农业及其他领域雇佣契约名称及出处

编号	文书名称	出处
1	S. 3877 号 4V《戊戌年（878）令狐安定雇工契（抄）》	《释录》第二辑，第 55 页
2	S. 3877 号《甲寅年（894）五月二十八日张纳鸡雇工契（抄）》	《释录》第二辑，第 56 页
3	S. 1921 号 1V《唐乾宁二年（895）二月雇工契残片》	《释录》第二辑，第 56 页
4	S. 3011 号 7V《辛酉年（901 或 961）李继昌雇工契（抄）》	《释录》第二辑，第 57 页
5	S. 1478 号背《丙子年（916?）赤心乡百姓安富通雇工契（习字）》	《敦煌契约文书辑校》，第 253 页
6	S. 6614 号背《庚辰年（920）洪池乡百姓唐丑丑等雇工契（习字）》	《敦煌契约文书辑校》，第 254—255 页

续表

编号	文书名称	出处
7	дх1409 号《后梁贞明六年（920）押衙康富子雇工契》	《敦煌契约文书辑校》，第 256—257 页
8	P. 2249 号背《壬午年（922 或 982）康保住雇工契》	《释录》第二辑，第 71 页
9	北殷 41 号《癸未年（923?）龙勒乡口文德雇工契（习字）》	《敦煌契约文书辑校》，第 260 页
10	S. 6452 号 1V《癸未年（923 或 983）樊再升雇工契（抄）》	《释录》第二辑，第 58 页
11	S. 1897 号《龙德四年（924）雇工契（样式）》	《释录》第二辑，第 59 页
12	P. 2451 号《己酉年（925 或 985）二月十二日乾元寺僧宝香雇百姓邓仵子契》	《释录》第二辑，第 70 页
13	S. 5509 号 1V《甲申年（924 或 984）苏流奴雇工契（抄）》	《释录》第二辑，第 60 页
14	P. 5008 号《戊子年（928 或 988）梁户史汜三雇工契》	《释录》第二辑，第 60 页
15	P. 3946 号背《后唐清泰二年（935）雇工契（抄）》	《释录》第二辑，第 61 页
16	ДX12012 号《丙申年（936）正月赤心乡百姓宋多胡雇工契》	《俄藏敦煌契约文书研究》，第 188 页
17	S. 2710 号《清泰四年（937）雇工残契》	《释录》第二辑，第 61 页
18	天津艺博 0735 号背《后晋天福四年（939）姚文清雇工契（抄）》	《释录》第二辑，第 62 页
19	S. 1485 号背《己亥年（939?）安定昌雇工契（抄）》	《释录》第二辑，第 67 页
20	S. 10564 号《庚子年（940?）洪润乡百姓阴富晟雇工契（习字）》	《敦煌契约文书辑校》，第 268 页
21	P. 3706 号背《丙午年（946?）莫高乡张再通雇工契（习字）》	《敦煌契约文书辑校》，第 270 页
22	S. 5578 号《戊申年（948）李员昌雇工契（抄）》	《释录》第二辑，第 63 页

续表

编号	文书名称	出处
23	S. 5583 号《某年（948?）雇工契（抄）》	《释录》第二辑，第 64 页
24	P. 2877 号背《乙卯年（955?）正月一日孟再定雇工契》	《释录》第二辑，第 67 页
25	P. 3649 号背《丁巳年（957）贺保定雇工契（抄）》	《释录》第二辑，第 65 页
26	P. 3908 号《丙寅年（966?）慈惠乡百姓张通子雇工契（习字）》	《敦煌契约文书辑校》，第 279 页
27	北图 309：8374 即生 25 号《甲戌年（974）窦跛蹄雇工契（抄）》	《释录》第二辑，第 69 页
28	S. 766 号背《壬午年（982）七月贷生绢契（抄）后面雇工契》	《释录》第二辑，第 130 页
29	S. 0766 号背《壬午年（982）平康乡百姓雇工契（习字）》	《敦煌契约文书辑校》，第 282 页
30	S. 6946 号 2V《太平兴国九年（984）契（抄）》	《释录》第二辑，第 75 页
31	P. 3826 号《丁亥年（987）邓憨多雇工契（抄）》	《释录》第二辑，第 68 页
32	дx1323—5942 号《年代不详押衙刘某雇牧羊人契》	《敦煌契约文书辑校》，第 292—293 页
33	P. 3441 号背《康富子雇工契（样式）》	《释录》第二辑，第 66 页
34	P. 3094 号背《某某雇工契》	《释录》第二辑，第 73 页
35	P. 2869 号《雇工残契》	《释录》第二辑，第 74 页
36	P. 3875 号《雇工契残片》	《释录》第二辑，第 75 页
37	P. 3875A《年代不详兵马使曹庆庆雇工契》	《敦煌契约文书辑校》，第 287—288 页
38	S. 10625 号《年代不详残雇契》	《敦煌契约文书辑校》，第 295 页
39	杏雨书屋《雇人史章□种地契》	《隋唐辽宋元史论丛》第四辑，2014 年，第 192 页

参考文献

一　典籍文献类

（春秋）左丘明撰，陈戍国注：《春秋左传校注》，岳麓书社 2006 年版。

（先秦）韩非子著，张觉等撰：《韩非子译注》，上海古籍出版社 2007 年版。

（汉）司马迁撰：《史记》，中华书局 1982 年标点本。

（汉）班固撰：《汉书》，中州古籍出版社 2004 年标点本。

（汉）许慎撰，（宋）徐铉校订：《说文解字》，长江文艺出版社 2005 年版。

（北魏）贾思勰撰：《齐民要术》，中华书局 1956 年标点本。

（唐）魏徵、令狐德棻撰：《隋书》，中华书局 1973 年标点本。

（唐）姚思廉撰：《梁书》，中华书局 1983 年标点本。

（唐）长孙无忌等撰，刘俊文点校：《唐律疏议》，中华书局 1983 年版。

（唐）陆贽著，刘泽民点校：《陆宣公集》，浙江古籍出版社 1988 年版。

（唐）杜佑撰，王文锦等点校：《通典》，中华书局 1988 年版。

（唐）李林甫等撰，陈仲夫点校：《唐六典》，中华书局 1992 年版。

［日］圆仁撰，白化文等校注：《入唐求法巡礼行记校注》，花山文艺出版社 2007 年版。

（后晋）刘昫等撰：《旧唐书》，中华书局 1975 年标点本。

（宋）司马光编撰：《资治通鉴》，中华书局 1956 年标点本。

（宋）司马光撰：《司马文正公传家集》，商务印书馆 1937 年版。

（宋）罗愿著：《罗鄂州小集》，《北京图书馆古籍珍本丛刊》第八十八册，书目文献出版社 1992 年版。

（宋）李昉等撰：《太平广记》，中华书局 1961 年标点本。

（宋）李昉等撰：《文苑英华》，中华书局1966年标点本。

（宋）欧阳修、宋祁等撰：《新唐书》，中华书局1975年标点本。

（宋）王溥：《五代会要》，上海古籍出版社1978年标点本。

（宋）李焘撰：《续资治通鉴长编》，中华书局1979年标点本。

（宋）窦仪等撰，吴翊如点校：《宋刑统》，中华书局1984年版。

（宋）宋敏求编，洪丕谟、张信元、沈傲天等点校：《唐大诏令集》，学林出版社1992年版。

（宋）王钦若等撰，周勋初等校订：《册府元龟》，凤凰出版社2008年版。

（元）马端临撰：《文献通考》，江苏古籍出版社1988年标点本。

（清）张廷玉等撰：《明史》，中华书局1974年标点本。

二　近现代著作类

陶希圣、鞠清远：《唐代经济史》，商务印书馆1936年版。

中国人民大学中国历史教研室编：《中国资本主义萌芽问题讨论集》，生活·读书·新知三联书店1957年版。

中国人民大学中国历史教研室编：《中国封建经济关系的若干问题》，生活·读书·新知三联书店1958年版。

国家文物局古文献研究室、新疆维吾尔自治区博物馆、武汉大学历史系合编：《吐鲁番出土文书》全十册，文物出版社1981—1991年版。

中国古代史论丛编委会编：《中国古代史论丛》第3辑，福建人民出版社1982年版。

沙知、孔祥星主编：《敦煌吐鲁番文书研究》，甘肃人民出版社1984年版。

［日］池田温：《中国古代籍帐研究》，龚泽铣译，中华书局1984年版。

［日］池田温：《敦煌文书的世界》，张铭心、郝轶君译，中华书局2007年版。

唐长孺主编：《敦煌吐鲁番文书初探》，武汉大学出版社1984年版。

唐长孺主编：《敦煌吐鲁番文书初探二编》，武汉大学出版社1990年版。

韩国磐主编：《敦煌吐鲁番出土经济文书研究》，厦门大学出版社1986年版。

王尧、陈践编著：《敦煌吐蕃文书论文集》，四川民族出版社1988年版。

王尧、陈践译注：《敦煌古藏文文献探索集》，上海古籍出版社 2008 年版。
中国唐史学会编：《中国唐史学会论文集》，三秦出版社 1989 年版。
中国敦煌吐鲁番学会编：《敦煌吐鲁番学研究论文集》，汉语大词典出版社 1990 年版。
姜伯勤：《唐五代敦煌寺户制度》，中华书局 1987 年版。
唐耕耦、陆宏基编：《敦煌社会经济文献真迹释录》第一辑，书目文献出版社 1986 年版；第二—五辑，全国图书馆文献缩微复制中心 1990 年版。
中国社会科学院历史研究所、中国敦煌吐鲁番学会敦煌古文献编辑委员会、英国国家图书馆、伦敦大学亚非学院合编：《英藏敦煌文献》全十四册，四川人民出版社 1990—1995 年版。
俄罗斯科学院东方研究所圣彼得堡分所、俄罗斯科学出版社东方文学部、上海古籍出版社编：《俄藏敦煌文献》全十七册，上海古籍出版社、俄罗斯科学出版社东方文学部 1992—2001 年版。
上海古籍出版社、法国国家图书馆编：《法藏敦煌西域文献》全三十四册，上海古籍出版社 1995—2005 年版。
刘俊文：《敦煌吐鲁番唐代法制文书考释》，中华书局 1989 年版。
程喜霖：《汉唐烽堠制度研究》，三秦出版社 1990 年版。
项楚校注：《王梵志诗校注》，上海古籍出版社 1991 年版。
刘俊文主编：《日本学者研究中国史论著选译》（第四卷六朝隋唐），夏日新、韩昇、黄正建等译，中华书局 1992 年版。
卢向前：《敦煌吐鲁番文书论稿》，江西人民出版社 1992 年版。
陈国灿：《斯坦因所获吐鲁番文书研究》，武汉大学出版社 1997 年修订本。
蒋礼鸿主编：《敦煌文献语言词典》，杭州大学出版社 1994 年版。
季羡林、饶宗颐、周一良主编：《敦煌吐鲁番研究》第 1 卷、第 2 卷，北京大学出版社 1995、1997 年版。
张传玺主编：《中国历代契约汇编考释》，北京大学出版社 1995 年版。
张泽咸：《唐代阶级结构研究》，中州古籍出版社 1996 年版。
陈国灿、刘永增编：《日本宁乐美术馆藏吐鲁番文书》，文物出版社 1997

年版。
郑炳林主编:《敦煌归义军史专题研究》,兰州大学出版社 1997 年版。
黄征、张涌泉校注:《敦煌变文校注》,中华书局 1997 年版。
马德编著:《敦煌工匠史料》,甘肃人民出版社 1997 年版。
沙知辑校:《敦煌契约文书辑校》,江苏古籍出版社 1998 年版。
王仲荦:《金泥玉屑丛考》,中华书局 1998 年版。
王仲荦:《隋唐五代史》(上、下),中华书局 2007 年版
朱雷主编:《唐代的历史与社会》,武汉大学出版社 1997 年版。
朱雷:《敦煌吐鲁番文书论丛》,甘肃人民出版社 2000 年版。
江蓝生、曹广顺编著:《唐五代语言词典》,上海教育出版社 1997 年版。
宁可主编:《中国经济通史》(隋唐五代经济卷),经济日报出版社 2000 年版。
程喜霖:《唐代过所研究》,中华书局 2000 年版。
汪维辉:《东汉—隋常用词语演变研究》,南京大学出版社 2000 年版。
段塔丽:《唐代妇女地位研究》,人民出版社 2000 年版。
雷绍锋:《归义军赋役制度初探》,洪叶文化出版公司 2000 年版。
陈国灿:《敦煌学史事新证》,甘肃教育出版社 2002 年版。
李方:《唐西州行政体制考论》,黑龙江教育出版社 2002 年版。
胡戟、张弓、李斌城、葛承雍主编:《二十世纪唐研究》,中国社会科学出版社 2002 年版。
慈鸿飞、李天石主编:《中国历史上的农业经济与社会》,兰州大学出版社 2002 年版。
赵云旗:《唐代土地买卖研究》,中国财政经济出版社 2002 年版。
李天石:《中国中古良贱身份制度研究》,南京师范大学出版社 2004 年版。
[法] 童丕:《敦煌的借贷:中国中古时代的物质生活与社会》,余欣、陈建伟译,中华书局 2003 年版。
邓小南主编:《唐宋女性与社会》(上、下),上海辞书出版社 2003 年版。
高启安:《唐五代敦煌饮食文化研究》,民族出版社 2004 年版。
陈国栋、罗彤华主编:《经济脉动》,中国大百科全书出版社 2005 年版。
荣新江:《中国中古史研究十论》,复旦大学出版社 2005 年版。

荣新江、李肖、孟宪实主编:《新获吐鲁番出土文献》,中华书局 2008 年版。
李鸿宾:《隋唐五代诸问题研究》,中央民族大学出版社 2006 年版。
新疆吐鲁番地区文物局编:《吐鲁番学研究》(第二届吐鲁番学国际学术研讨会论文集),上海辞书出版社 2006 年版。
李锦绣:《敦煌吐鲁番文书与唐史研究》,福建人民出版社 2006 年版。
殷晴主编:《吐鲁番学新论》,新疆人民出版社 2006 年版。
乜小红:《唐五代畜牧经济研究》,中华书局 2006 年版。
刘进宝:《唐宋之际归义军经济史研究》,中国社会科学出版社 2007 年版。
才让:《吐蕃史稿》,甘肃人民出版社 2007 年版。
钟敬文主编,韩养民等著:《中国民俗史》(隋唐卷),人民出版社 2008 年版。
张广达:《文书、典籍与西域史地》,广西师范大学出版社 2008 年版。
李正宇:《敦煌学导论》,甘肃人民出版社 2008 年版。
曹艳春:《雇主替代责任研究》,法律出版社 2008 年版。
敦煌研究院编:《敦煌吐蕃文化学术研讨会论文集》,2008 年。
罗彤华:《唐代民间借贷之研究》,北京大学出版社 2009 年版。
孟宪实:《敦煌民间结社研究》,北京大学出版社 2009 年版。
[美] 韩森:《传统中国日常生活中的协商:中古契约研究》,鲁西奇译,江苏人民出版社 2009 年版。
梁方仲编著:《中国历代户口、田地、田赋统计》,中华书局 2008 年版。
[日] 土肥义和编:《敦煌、吐鲁番出土汉文文书の新研究》,东洋文库 2009 年版。
阿凤:《明清时代妇女的地位与权利——以明清契约文书、诉讼档案为中心》,社会科学文献出版社 2009 年版。

三 期刊论文

赵冈:《唐代西州的布价——从物价看古代中国的棉纺织业》,《幼狮月刊》1977 年第 6 期。
黄清连:《唐代的雇佣劳动》,《历史语言研究所集刊》1978 年第 3 期。
姜伯勤:《敦煌寺院文书中“梁户”的性质》,《中国史研究》1980 年第 3 期。

姜伯勤：《突地考》，《敦煌学辑刊》1984 年第 1 期。
李伯重：《唐代江南地区粮食亩产量与农户耕田数》，《中国社会经济史研究》1980 年第 2 期。
孔祥星：《唐代前期的土地租佃关系》，《中国历史博物馆馆刊》1982 年第 4 期。
张泽咸：《试论秦汉至两宋的乡村雇佣劳动》，《中国史研究》1984 年第 3 期。
张弓：《唐五代敦煌的牧羊人》，《兰州学刊》1984 年第 2 期。
唐耕耦：《唐五代时期的高利贷——敦煌吐鲁番出土借贷文书初探》，《敦煌学辑刊》1985 年第 2 期、1986 年第 1 期。
杜文玉：《论唐代雇佣劳动》，《渭南师专学报》1986 年第 1 期。
陈良文：《唐代地主庄园中雇佣劳动者的几个问题》，《中国社会经济史研究》1986 年第 4 期。
冻国栋：《唐代农业领域内商品经济的发展与经营管理试探——兼论唐代的农业雇佣问题》，《河南师范大学学报》1989 年第 4 期。
宋杰：《吐鲁番文书所反映的高昌物价与货币问题》，《北京师范学院学报》1990 年第 2 期。
王素：《吐鲁番所出高昌取银钱作孤易券试释》，《文物》1990 年第 9 期。
徐庆全：《高昌、西州时期量制考》，《河北学刊》1992 年第 5 期。
李天石：《唐宋时期典身性质的变化及其意义》，《历史研究》1993 年第 3 期。
雷绍锋：《论曹氏归义军时期官府之“牧子”》，《敦煌学辑刊》1996 年第 1 期。
杨际平：《唐代尺步、亩制、亩产》，《中国社会经济史研究》1996 年第 2 期。
余欣：《敦煌出土契约中的违约条款初探》，《史学月刊》1997 年第 4 期。
杨际平：《也谈敦煌出土契约中的违约责任条款——兼与余欣同志商榷》，《中国社会经济史研究》1999 年第 4 期。
高启安：《唐五代宋初敦煌的量器及量制》，《敦煌学辑刊》1999 年第 1 期。
［日］堀敏一：《中唐以后敦煌地区的税制》，《敦煌研究》2000 年第

3 期。

俞江：《关于“古代中国有无民法”问题的再思考》，《现代法学》2001 年第 6 期。

乜小红：《从吐鲁番敦煌雇人放羊契看中国 7—10 世纪的雇佣关系》，《中国社会经济史研究》2003 年第 1 期。

乜小红：《对敦煌农业雇工契中雇佣关系的研究》，《敦煌研究》2009 年第 5 期。

苏金花：《唐五代敦煌农业劳动力的身份结构探析》，《中国经济史研究》2004 年第 3 期。

刘进宝：《唐五代敦煌棉花种植研究——兼论棉花从西域传入内地的问题》，《历史研究》2004 年第 6 期。

敏春芳：《敦煌契约文书中的“证人”、“保人”流变考释》，《敦煌学辑刊》2005 年第 2 期。

杨惠玲：《敦煌契约文书中的保人、见人、口承人、同便人、同取人》，《敦煌研究》2002 年第 6 期。

徐秀玲：《晚唐五代宋初敦煌雇佣契约样文研究》，《中国农史》2010 年第 4 期。

蒋福亚：《走马楼吴简所见雇佣劳动》，《首都师范大学学报》2011 年第 1 期。

陈丽萍：《杏雨书屋藏敦煌契约文书汇录》，《隋唐辽宋元史论丛》第 4 辑，2014 年。

四 学位论文

苏金花：《唐五代敦煌绿洲农业研究》，博士学位论文，中国社会科学院，2002 年。

马翼：《敦煌地区农民家庭收入若干问题研究》，硕士学位论文，武汉大学，2005 年。

刘志伟：《从敦煌契约文书看唐代契约制度》，硕士学位论文，苏州大学，2007 年。

刘勇明：《唐宋之际马政变革研究》，硕士学位论文，南京师范大学，2008 年。

后　　记

时光总是过得飞快，2008 年 9 月我有幸考入南京师范大学历史系，师从刘进宝先生攻读博士学位。三年来，在先生无数次的谆谆教导和耳提面命之下，我的学术视野得到了扩展。平心而言，我是一个资质愚钝之人，敦煌吐鲁番文书又是在博士入学以后接触，对此，我只能用加倍的努力去弥补。博士学位论文的选题，正是在先生的督促和指导下，经过三年的学习、积累、酝酿、撰写、修改，才最终完成。先生学术学风严谨，在我论文写作及修改过程中，先生对文中资料的精确核对时常让粗心的我心生惭愧，先生提出的修改意见也时常拓宽我的思路，使我受益匪浅。求学路上遇到严师良师，是我人生旅途中收获的最大的财富，并将影响着我一生的学习及治学态度。但是在生活中，先生又是一位和蔼可亲之人，求学期间，先生对我的关怀和帮助，使我非常感激，亦是铭记于心，永生难忘！

南京是一座古老的城市，文化底蕴深厚，浸润着每一个生活在这里的人，而坐落于鼓楼区的南师随园被誉为东方最美丽的校园，在美妙如画、风景秀丽的校园里，聆听诸位老师的教诲，是一种诗情画意般的享受。非常感谢施和金、慈鸿飞、邹农俭、李天石、张进、汤惠生等诸位先生，他们通过开题、上课等多种方式教授着我们知识，不同老师的授课风格及思想给我以启迪，在此我表示衷心的感谢。

随园三年的求学生活是紧张和充实的。在此，我也借此机会，感谢三年来陪伴我一同生活学习的吴朝阳、叶康宁、陈园园、张少筠、魏鹏、李取勉、张秀娟、郁晓刚、孙宁、马多秀、周晓梅、皇甫素飞等同学与朋友对我的关心与帮助。有时候，漫不经心的一次闲聊竟然也开阔了我的思路。正是因为有了他们，我的求学生涯时时充满了阳光，充满了快乐，读书路上让我备感温馨。在南师的日子恍如白驹过隙，这里的一草一木、一山一水将成为永难忘怀的记忆留在我的内心深处。

敦煌吐鲁番出土雇佣契约的研究虽然是一本小册子，但是由于我的学识与水平有限，书中错误与不足之处在所难免，真诚希望学界师长、同人批评指正，谢谢！

徐秀玲

修改于 2016 年 8 月